陶伦康　鄢本凤 / 著

生态安全屏障建设法律保障研究

上海交通大学出版社
SHANGHAI JIAO TONG UNIVERSITY PRESS

内容提要

本书以人与自然和谐共生为理念，遵循提出问题—分析问题—解决问题的研究思路，立足生态安全屏障构建的整体性、系统性、跨区域性、负外部性特征，坚持问题导向目标导向，在全面深入剖析生态安全屏障建设面临的现实困境与法治障碍的基础上，构建生态安全屏障建设法律保障的主体责任制度、法律支撑制度和责任追究制度。本书书后附有附录，主要是便于读者深入了解该领域的相关法律条文。本书适合高等院校法律专业师生、政府环境保护部门管理人员等阅读使用。

图书在版编目（CIP）数据

生态安全屏障建设法律保障研究 / 陶伦康，鄢本凤著. -- 上海：上海交通大学出版社，2024.6

ISBN 978-7-313-30676-0

Ⅰ. ①生… Ⅱ. ①陶… ②鄢… Ⅲ. ①生态安全－环境保护法－研究－中国 Ⅳ. ① D922.680.4

中国国家版本馆 CIP 数据核字（2024）第 090097 号

生态安全屏障建设法律保障研究

SHENGTAI ANQUAN PINGZHANG JIANSHE FALÜ BAOZHANG YANJIU

著　　者：陶伦康　鄢本凤

出版发行：上海交通大学出版社

地　　址：上海市番禺路951号

邮政编码：200030

电　　话：021-64071208

印　　制：定州启航印刷有限公司

经　　销：全国新华书店

开　　本：710mm×1000mm　1/16

印　　张：15.5

字　　数：244千字

版　　次：2024年6月第1版

印　　次：2024年6月第1次印刷

书　　号：ISBN 978-7-313-30676-0

定　　价：88.00元

前　言

党的十八大报告首次将生态文明建设与经济、政治、文化、社会建设放在同等重要位置之后，生态安全屏障建设进入快车道。党的十八届五中全会报告提出“筑牢生态安全屏障，坚持保护优先、自然恢复为主”生态建设目标与理念；《全国生态保护“十三五”规划纲要》提出“以改善环境质量为核心，以维护国家生态安全为目标”的生态建设思路；党的十九大报告将“建设美丽中国”提升到人类命运共同体理念的高度；党的十九届五中全会报告明确提出，2035年“美丽中国建设目标基本实现”的社会主义现代化远景目标，以及“十四五”时期“生态文明建设实现新进步”的新目标新任务；党的二十大报告提出牢固树立和践行“绿水青山就是金山银山”的理念，站在人与自然和谐共生的高度谋划发展。可见，生态安全屏障建设已成为党中央和国家高度关注的重大问题之一，而从法律保障角度对生态安全屏障建设问题进行研究，是对生态文明建设时代需求的学术回应。

研究内容立足生态安全屏障建设的整体性、系统性、跨区域性等，始终坚持问题导向、过程导向和目标导向，以解决生态安全屏障建设实际问题、服务生态安全屏障法律保障实践为宗旨。遵循提出问题（第一章）—分析问题（第二章、第三章、第四章）—解决问题（第五章、第六章、第七章）的研究思路，剖析生态安全屏障建设法制保障的规律性与特殊性，力求构建服务生态安全屏障法治建设实践的法律制度体系。

一、主要内容

第一章　研究的时代背景。本章从国际合作、国内实践和学术研究三方面阐述了生态安全屏障建设的时代背景。生态安全问题的全球性，决定了国际合作的必然性，围绕气候变化问题，国际社会展开了务实而卓有成效的合作；进入 21 世纪以来，我国的生态安全建设正发生历史性、转折性、全局性变化，对生态安全的思想认识程度之深、污染治理力度之大、制度出台频度之密、监管执法尺度之严前所未有。立足时代背景，确保研究内容紧扣时代主题。

第二章　研究的相关政策依据。本章以 21 世纪以来中国共产党全国代表大会报告和中央委员会公报、国务院政府工作报告、全国人民代表大会批准的“十五”至“十四五”规划纲要为基础，系统梳理了其中有关生态安全屏障建设的政策内容。准确理解政策内涵，既可为研究内容提供政策依据，又可确保研究内容的正确性。

第三章　研究的相关概念界定。本章对研究内容涉及的相关概念，如生态安全、生态安格局、生态安全屏障进行了学术界定，对它们的内涵与外延进行了理论上的厘清，为生态安全屏障法律保障制度构建奠定了理论基础。

第四章　生态安全屏障建设的现实困境与法治障碍。本章从现实困境和法治障碍两个方面，对生态安全屏障建设法制保障进行了深入剖析。现行体制中存在的多层委托代理关系和信息不对称在政府各层级的传导放大，是生态安全屏障建设面临的主要现实困境；生态环保系统存在的统管与分管部门职责权限划分不清、条块分割、独立性欠缺、权威性和协调性不够等，是生态安全屏障建设面临的主要法治障碍。坚持问题导向，立足实践现状，才能确保研究内容的准确性和科学性。

第五章　构建生态安全屏障建设主体责任法律制度。本章重点对生态安全屏障建设的三大主体应该承担的法律责任作了制度性探讨。生态安全屏障建设的主体涉及政府（包括中央政府、地方政府和环境规制机构）、企业、公众三类主体，其中政府作为环境规制的权力享有者、生态安全屏障建设的资源分配者，在生态安全屏障建设中居于核心、重要地位；企业作为环境规制对象，是环境规制和生态安全屏障建设市场主体参与者，是生态安全屏障建设的实际执行者和中坚力量；社会公众是环境规制的监督者、参与者、受益者，亦是生态安全屏障建设的消费者与监督者。

第六章　健全生态安全屏障建设法律支撑制度。生态安全屏障建设，除了需要从法律层面构建参与主体法律责任制度，也需要健全相应的法律支撑制度。通过健全强制性、调控性、引导性等配套性支撑制度，可以进一步增强政府在生态安全屏障建设中的主导作用，提升政府在生态安全屏障建设中精准发力的能力；可以进一步发挥企业在生态安全屏障建设中的主体作用，激发企业参与生态安全屏障建设的动力；可以进一步提高公众在生态安全屏障建设中的参与程度。

第七章　完善生态安全屏障建设法律责任追究制度。生态安全屏障建设的核心问题是生态安全屏障建设与生态环境治理过程中权力的配置与行使问题。不同主体在经济发展程度、治理生态环境问题能力、治理成本和收益等方面的差异，使生态安全屏障建设中的合作面临冲突和分歧。生态安全屏障建设的法律保障，是运用法律机制确定并落实不同主体在生态安全屏障建设中的责任，以及对生态安全屏障建设中的违法行为或渎职行为进行责任追究。

二、主要观点

（一）优化多元协同机制，形成生态安全屏障建设合力

生态安全屏障建设需要克服现行生态环境治理体制中统管与分管部门职责权限划分不清、条块分割与府际权责不对等不合作等弊端。生态安全屏障建设的系统性、跨区域性特征，决定了生态安全屏障法治建设

应坚持多元共治机制，多元共治机制是对政府管制型、市场调控型、企业自愿型、多中心共治型等生态环境治理机制的优化。多元共治协同治理机制强调政府、企业与社会公众协同参与，共享信息、共享权力，共同决策和共同行动。

（二）提升政府协作方式，突破生态安全屏障建设瓶颈

践行生态安全屏障建设多元协同治理机制的关键是创新政府协作方式。从法律层面完善以“助推式”和“激励式”为核心的政府协作制度设计，可以有效克服目前央地政府之间协作出现的信息不对称与信息失真，中央政府“理性的无知”与地方政府的“道德风险”，地方政府间协作出现的利益博弈冲突、监管体制破碎、合作考核评价缺失，以及政府各职能部门间协作出现的合作需求缺乏、长期合作关系难以建立等弊端。

（三）创新主体激励手段，激发生态安全屏障建设动能

生态安全屏障建设应聚焦主体激励手段。法律层面上应矫正央地政府之间的激励错配与政企之间的激励阻滞，规范各类激励手段的实施；通过市场激励制度设计和促进环保产业发展举措，真正解决市场主体在生态安全屏障建设中的无压力、无动力、无能力困境；通过制度创新，改善公众参与生态安全屏障建设的方式，并增加其深度与广度；通过维护公众的生态环境知情权、监督权，鼓励和促进公众参与生态安全屏障建设。

（四）培育生态交易市场，注入生态安全屏障建设内核

产权明晰前提下的生态交易是生态安全屏障建设的市场基础。产权明晰是生态交易开展的前提，法律保障机制在法律层面上确定生态资源的产权，而立足生态交易，是要为生态安全屏障法治建设注入市场内核，充分利用市场机制和市场的资源配置作用。因为当前生态补偿、水权交易、排污权交易与碳排放权交易等生态交易处于市场化探索初期，所以在制度设计上须明确产权交易规则、规范交易秩序，同时建设并规范生

态资源交易平台，开发生态资源金融产品。

（五）严格主体责任追究，筑牢生态安全屏障建设底线

生态安全屏障建设法律保障机制的核心是确定参与主体的责任分配，通过责任追究机制落实主体责任。生态安全屏障建设的责任分配困境表现为多元协同治理模式下主体环境治理权力分散。在责任追究上，应以环境行政问责与环境公益诉讼来追究主体的政治责任与法律责任，切实理顺环境公益诉讼与环境行政执法的关系；赋予社会组织提起行政公益诉讼的权利，注重环境公益诉讼制度内部职能的分工和衔接，如应当限制生态环境损害赔偿诉讼的适用范围。

三、研究价值与社会效益

（一）理论层面

对构建生态安全屏障法律保障，建设美丽中国的学术回应。研究立足生态安全屏障建设实践，揭示生态安全屏障建设法律保障机制的运行机理，探求生态安全屏障建设立法理念与实践的统一，有助于在理论上深化对生态安全屏障建设立法本质及其规律性认知与整体把握，并拓展和丰富新时代生态安全屏障法治建设的研究内容，形成丰硕的制度成果，为挖掘新时代生态安全屏障法治建设理论研究新的学术生长点提供学理支撑。

（二）应用层面

对构建生态安全屏障法律保障，建设美丽中国的实践指引。研究围绕生态安全屏障建设理念和《全国生态保护“十三五”规划纲要》提出的生态安全屏障建设思路，有助于在实践上完善和提升新时代生态安全屏障法治建设的时代价值内涵，对新时代生态安全屏障法治建设形成深刻的体验认知，为国家及地方生态安全屏障建设立法实践提供指导，为“美丽中国”建设实践提供“示范样本”，并可为国内同类问题研究提供实践例证。

（三）社会效益

在生态法治建设上，促使我国生态安全屏障建设立法活动符合生态环境建设规律，从而实现生态安全屏障建设立法活动的科学化，进而提升我国生态安全屏障建设的立法水平；在生态屏障建设上，促进我国生态安全屏障构筑的健康发展，从而推动形成以“两屏三带”为主体的生态安全格局，进而提升生态系统稳定性和生态服务功能，筑牢生态安全屏障。

回顾和反思整个研究过程，虽始终坚持理论联系实际的研究学风，在研究内容的理论求证和实证分析上也付出了大量的时间和精力，力求尽己所能去保证研究结论的可靠性和科学性，但终因学术造诣不深和调研范围所限，影响了研究质量，研究中有关生态安全屏障法治建设的完善建议更多是体系性和方向性的，对部分具体法律制度的研究还不够深入，调研的深度和广度还不够，研究内容是否具有足够的代表性还有待检验。在研究过程中也深深感悟到，生态安全屏障法律保障建设是一项复杂系统工程，不是一本研究专著就能够完全解决的，如多元协同治理模式下“权力分散”的问题，政府、企业、社会公众的权力分配与利益冲突的协调问题，政府主导、企业主体、社会公众参与的关系问题，我国传统科层制体系“命令与服从”政府管制模式的制度惯性，以及政府权威主导下多元协同治理模式的真实可行性问题等，都需要进一步跟踪和深入研究。

目 录

第一章　研究的时代背景

美国学者莱斯特·布朗（Lester Brown）在1977年《重新定义国家安全》的报告中，最早提出将生态安全问题纳入国家安全战略层面来考虑。国内外学者一般将生态安全、环境安全、绿色安全、生态环境安全等概念视为同一个概念使用，不作学术上的区分。在立法实务中，“生态安全”概念首次被1991年12月19日颁布的《俄罗斯苏维埃联邦社会主义共和国自然环境保护法》所使用。2000年我国国务院发布的《全国生态环境保护纲要》也首次提出了“维护国家生态环境安全”的目标。[①]

第一节　国际合作

自20世纪以来，尤其是进入20世纪70年代以来，随着跨国界、全球性的生态环境公害问题日益凸显，生态安全问题逐渐成为国际社会关注的重要议题，也成为世界各国的政策核心内容之一，并逐步上升为各

① 宋丽弘，唐孝辉．我国草原生态补偿制度探析[J]．理论与现代化，2012（2）：60-64.

国战略层面的重要议题。全球性生态问题，也称国际性生态问题，一般指超越主权国国界和管辖范围的全球性的生态污染和生态平衡破坏问题，具体表现为大气和空间环境的恶化（气候变暖、臭氧层破坏、空气污染）、酸雨蔓延、生物多样性减少、水资源危机、土地和森林退化造成的荒漠化、海洋污染等。2019 年 3 月，联合国环境规划署发布的第六期《全球环境展望》报告称，地球已受到很大的破坏，如果不采取紧急且更大力度的行动来保护环境，地球的生态系统和人类的可持续发展事业将受到更严重的威胁。①

一、国际社会在应对气候变化问题上的合作

1896 年，瑞典科学家斯万·阿尔伦尼乌斯（Swante Ahrrenius）就曾警告说，二氧化碳排放量可能会导致全球气候变暖。然而，直到 20 世纪 70 年代，随着科学家逐渐深入了解地球大气系统，该警告才引起了大众的广泛关注。②由于气候变化对全球经济社会的影响是全局性和弥散性的，全球气候的变化正成为影响人类生存与发展的问题。因此，对气候变化的重视成为催生国际社会生态安全理念兴起的直接动因。

（一）国际社会应对气候变化的行动进程

1979 年，第一次世界气候大会在瑞士日内瓦召开，鉴于全球气候变化带来了很大的影响，气候变化第一次作为一个受到国际社会关注的问题被提上议事日程。

1985 年，气候变化论坛（菲拉赫会议）在奥地利菲拉赫举行，会议认为，对地球生态系统、农业、水资源等造成深远影响的，将是大气中二氧化碳浓度的不断增加。

1988 年，关于“变化中的大气”的世界会议在加拿大多伦多召开，

① 汪万发，许勤华. 推动生态文明建设与 2030 年可持续发展议程对接 [J]. 国际展望，2021，13（4）：134-151+157-158.

② 崔波. 中国低碳经济的国际合作与竞争 [D]. 北京. 中共中央党校，2010.

会议呼吁有关各方“采取具体行动以减少由大气污染所导致的即将来临的危机”，并提出到 2005 年在 1988 年水平的基础上二氧化碳排放减少 20% 的“多伦多目标”①。

1988 年，为了让决策者和一般公众更好地理解气候变化给全球生态安全带来的影响，联合国环境规划署和世界气象组织成立了政府间气候变化专门委员会，专门负责评估气候变化状况及其影响。1990 年，该专门委员会首次发布评估报告，报告确定了气候变化的科学依据，它对政策制定者和广大公众都产生了深远的影响，也影响了后续的气候变化公约谈判。②

1990 年，第二次世界气候大会呼吁建立一个气候变化框架条约。本次会议由 137 个国家加上欧洲共同体进行部长级谈判，主办方为世界气象组织、联合国环境署和其他国际组织。

1990 年 12 月，联合国常委会批准了气候变化公约谈判。气候变化框架公约政府间谈判委员会在 1991 年 2 月至 1992 年 5 月期间共举行了 5 次会议，参加谈判的 150 个国家的代表最终确定了公约内容。

1992 年 6 月，在巴西里约热内卢举行的联合国环境与发展大会通过了《联合国气候变化框架公约》。该公约是世界上第一个为全面控制二氧化碳等温室气体排放，以应对全球气候变暖给人类经济和社会带来的不利影响的国际公约，未来数十年气候变化的减排进程在公约中得以设定。同时，该公约也为国际社会在应对全球气候变化问题方面进行国际合作构建了一个基本框架。公约于 1994 年 3 月 21 日正式生效。从 1995 年起，《联合国气候变化框架公约》缔约方每年召开大会谈论气候问题都以该公约为基础，该公约具有法律效力。

《联合国气候变化框架公约》缔约方召开的大会，为国际社会合作应

① 李慧明. 气候变化、综合安全保障与欧盟的生态现代化战略 [J]. 欧洲研究，2015，33（5）：18-34，5.

② 崔波. 中国低碳经济的国际合作与竞争 [D]. 北京：中共中央党校，2010.

对全球气候变化、建立国际生态安全等问题提供了重要平台。为全面了解国际社会在应对全球气候变化问题上的合作轨迹，笔者梳理并归纳了《联合国气候变化框架公约》缔约方大会历次大会（1995—2022 年）在应对全球气候变化上的合作成果（见表 1–1）。

表 1–1　1995—2022 年《联合国气候变化框架公约》缔约方大会一览

第次	会议主要成就
1	通过了工业化国家和发展中国家《共同履行公约的决定》 1995 年《联合国气候变化框架公约》第一次缔约方会议在德国首都柏林举行。会议决定成立一个工作小组，就减少全球温室气体排放量继续进行谈判，在两年内草拟一项对缔约方有约束力的保护气候议定书。会议通过了工业化国家和发展中国家《共同履行公约的决定》，要求工业化国家和发展中国家“尽可能开展最广泛的合作”，以减少全球温室气体排放量
2	会议争取通过法律减少工业化国家温室气体排放量 1996 年《联合国气候变化框架公约》第二次缔约方会议在瑞士日内瓦举行。各国就共同履行公约内容进行讨论，会议呼吁各国加速谈判，争取在 1997 年 12 月前缔结一项“有约束力”的法律文件，减少 2000 年以后工业化国家温室气体的排放量
3	通过了《京都议定书》 1997 年《联合国气候变化框架公约》第三次缔约方会议在日本首都东京举行。通过了《京都议定书》：2008—2012 年期间，主要工业发达国家的温室气体排放量要在 1990 年的基础上平均减少 5.2%，其中欧盟将 6 种温室气体的排放削减 8%、美国削减 7%、日本削减 6% 但是，《京都议定书》通过后还需要各国签署，只有在“不少于 55 个参与国签署该条约并且这些签约国温室气体排放量达到附件 1 中规定国家 (即需减排的国家) 在 1990 年总排放量的 55% 后的第 90 天”才能生效。条约最终于 2005 年 2 月 16 日开始强制生效
4	制订落实《京都议定书》的工作计划 1998 年《联合国气候变化框架公约》第四次缔约方会议在阿根廷首都布宜诺斯艾利斯举行。会议决定进一步采取措施，促使上次会议通过的《京都议定书》早日生效，同时制订了落实议定书的工作计划。发展中国家分化为 3 个集团，一个是易受气候变化影响、自身排放量很小的小岛国联盟，它们自愿承担减排目标；二是期待 CDM 的国家，期望以此获取外汇收入；三是中国和印度，坚持目前不承诺减排义务

（续表）

第次	会议主要成就
5	通过《京都议定书》时间表 1999 年《联合国气候变化框架公约》第五次缔约方会议在德国波恩举行。会议通过了商定《京都议定书》有关细节的时间表
6	未达成预期协议 2000 年《联合国气候变化框架公约》第六次缔约方会议在荷兰海牙举行。会议无法达成预期的协议，只得中断会议给与会各方更多时间继续商讨谈判，以争取在复会后能够最终达成应对全球变暖具体措施的议定书 大会期间，美国坚持要大幅度减少其减排指标，会议因此陷入僵局，大会主办者不得不宣布会议延期。2001 年 3 月，美国政府正式宣布退出《京都议定书》，理由是议定书不符合美国的国家利益
7	通过《马拉喀什协定》 2001 年《联合国气候变化框架公约》第七次缔约方会议在摩洛哥马拉喀什举行。通过了《马拉喀什协定》，通过了有关《京都议定书》履约问题的一揽子高级别政治决定，为《京都议定书》附件 1 所规定的缔约方批准《京都议定书》并使其生效铺平了道路 尽管该协定内容现在看来并无多大突破性，但在美国退出《京都议定书》的情况下，协定稳定了国际社会对应对气候变化行动的信心。会议结束了“波恩政治协议”的技术性谈判，从而朝着具体落实《京都议定书》迈出了关键的一步
8	通过《德里宣言》 2002 年《联合国气候变化框架公约》第八次缔约方会议在印度首都新德里举行。会议通过了《德里宣言》，强调应对气候变化必须在可持续发展的框架内进行，明确指出了应对气候变化的正确途径 宣言强烈呼吁尚未批准《京都议定书》的国家批准该议定书。会议在发展中国家的要求下，敦促发达国家履行《联合国气候变化框架公约》所规定的义务，在技术转让和提高应对气候变化能力方面为发展中国家提供有效的帮助
9	成果有限 2003 年《联合国气候变化框架公约》第九次缔约方会议在意大利米兰举行。会议取得的成果十分有限，在推动《京都议定书》尽早生效并付诸实施方面未能取得实质性进展，甚至没有发表宣言或声明之类的最后文件，有关气候变化领域内的技术转让等核心问题也推迟到下次大会继续磋商

（续表）

第次	会议主要成就
10	成效甚微 2004 年《联合国气候变化框架公约》第十次缔约方会议在阿根廷首都布宜诺斯艾利斯举行。会议同前几次相比成效甚微，在几个关键议程上的谈判进展不大，而这些议程主要涉及国际社会为应对全球气候变化而做的具体工作。其中，资金机制的谈判最为艰难
11	通过双轨路线的“蒙特利尔路线图” 2005 年《联合国气候变化框架公约》第十一次缔约方会议在加拿大蒙特利尔举行。通过了双轨路线的“蒙特利尔路线图”：在《京都议定书》框架下，157 个缔约方将启动《京都议定书》2012 年后发达国家温室气体减排责任谈判进程；在《联合国气候变化框架公约》基础上，189 个缔约方同时就控制全球变暖的长期战略展开对话，以确定应对气候变化所必须采取的行动
12	达成“内罗毕工作计划” 2006 年《联合国气候变化框架公约》第十二次缔约方会议暨《京都议定书》缔约方第二次会议在肯尼亚首都内罗毕举行。这次大会取得了两项重要成果：一是达成包括“内罗毕工作计划”在内的几十项决定，以帮助发展中国家提高应对气候变化的能力；二是在管理“适应基金”的问题上取得一致，基金将用于支持发展中国家具体的适应气候变化活动
13	通过“巴厘岛路线图” 2007 年《联合国气候变化框架公约》第十三次缔约方会议暨《京都议定书》缔约方第三次会议在印度尼西亚巴厘岛举行。通过了里程碑式的“巴厘岛路线图”：在 2005 年蒙特利尔会议的基础上，进一步确认了《联合国气候变化框架公约》和《京都议定书》下的“双轨”谈判进程，并决定于 2009 年在丹麦哥本哈根举行的气候公约第十五次缔约方会议上通过一份新的议定书，即 2012 年至 2020 年的全球减排协议，以代替 2012 年到期的《京都议定书》 按照“双轨制”要求，一方面，签署《京都议定书》的发达国家要执行其规定，承诺 2012 年以后的大幅度量化减排指标。另一方面，发展中国家和未签署《京都议定书》的发达国家则要在《联合国气候变化框架公约》下采取进一步应对气候变化的措施
14	正式启动 2009 年气候谈判进程 2008 年《联合国气候变化框架公约》第十四次缔约方会议暨《京都议定书》第四次缔约方会议在波兰波兹南举行。会议总结了“巴厘岛路线图”一年来的进程，正式启动 2009 年气候谈判进程，同时决定启动帮助发展中国家应对气候变化的适应基金。八国集团领导人就温室气体长期减排目标达成一致，并声明寻求与《联合国气候变化框架公约》其他缔约国共同实现到 2050 年将全球温室气体排放量减少至少一半的长期目标

（续表）

第次	会议主要成就
15	发表《哥本哈根协议》 2009年《联合国气候变化框架公约》第十五次缔约方会议暨《京都议定书》第五次缔约方会议在丹麦首都哥本哈根举行。大会发表了《哥本哈根协议》，决定延续“巴厘路线图”的谈判进程，授权《联合国气候变化框架公约》及《京都议定书》两个工作组继续进行谈判，并在2010年底完成工作 尽管《哥本哈根协议》是一项不具法律约束力的政治协议，但它表达了各方共同应对气候变化的政治意愿，锁定了已达成的共识和谈判取得的成果，推动谈判向正确方向迈出了第一步。同时，提出建立帮助发展中国家减缓和适应气候变化的绿色气候基金
16	确保2011年谈判按照“巴厘岛路线图”的双轨方式进行 2010年《联合国气候变化框架公约》第十六次缔约方会议暨《京都议定书》第六次缔约方会议在墨西哥坎昆举行。会议坚持《联合国气候变化框架公约》《京都议定书》和“巴厘岛路线图”，坚持“共同但有区别的责任”原则，确保了2011年的谈判继续按照“巴厘岛路线图”确定的双轨方式进行；针对适应、技术转让、资金和能力建设等发展中国家所关心问题的谈判取得了不同程度的进展，谈判进程继续向前，向国际社会发出了比较积极的信号
17	实施《京都议定书》第二承诺期并启动绿色气候基金 2011年《联合国气候变化框架公约》第十七次缔约方会议暨《京都议定书》第七次缔约方会议在南非德班举行。与会方同意延长5年《京都议定书》的法律效力(原议定书于2012年失效)，就实施《京都议定书》第二承诺期并启动绿色气候基金达成一致。大会同时决定建立德班增强行动平台特设工作组,即“德班平台”，在2015年前负责制定一个适用于所有《联合国气候变化框架公约》缔约方的法律工具或法律成果 大会决定实施《京都议定书》第二承诺期并启动绿色气候基金。大会确定基金为《联合国气候变化框架公约》下金融机制的操作实体，成立基金董事会，并要求董事会尽快使基金可操作化。在德班大会期间，加拿大宣布正式退出《京都议定书》
18	通过《多哈修正》 2012年《联合国气候变化框架公约》第十八次缔约方会议暨《京都议定书》第八次缔约方会议在卡塔尔多哈举行。通过了《多哈修正案》：最终就2013年起执行《京都议定书》第二承诺期及第二承诺期以8年为期限达成一致，从法律上确保了《京都议定书》第二承诺期在2013年实施。加拿大、日本、新西兰及俄罗斯明确不参加第二承诺期 大会通过了有关长期气候资金、《联合国气候变化框架公约》长期合作工作组成果、德班平台以及损失损害补偿机制等方面的多项决议

（续表）

第次	会议主要成就
19	发达国家再次承认应出资支持发展中国家应对气候变化 2013 年《联合国气候变化框架公约》第十九次缔约方会议暨《京都议定书》第九次缔约方会议在波兰首都华沙举行。会议主要取得三项成果：一是德班增强行动平台基本体现“共同但有区别的原则”；二是发达国家再次承认应出资支持发展中国家应对气候变化；三是就损失损害补偿机制问题达成初步协议，同意开启有关谈判
20	就 2015 年巴黎大会协议草案的要素基本达成一致 2014 年《联合国气候变化框架公约》第二十次缔约方会议暨《京都议定书》第十次缔约方会议在秘鲁首都利马举行。大会通过的最终决议就 2015 年巴黎气候大会协议草案的要素基本达成一致，为各方进一步起草并提出协议草案奠定了基础
21	各国达成协议努力将升温控制在 1.5 ℃ 2015 年《联合国气候变化框架公约》第二十一次缔约方会议在法国首都巴黎举行。196 个缔约方一致同意通过了于 2016 年生效的《巴黎协定》，是《联合国气候变化框架公约》下继《京都议定书》后第二份有法律约束力的气候协议，为 2020 年后全球应对气候变化行动作出安排。《巴黎协定》长期目标是将全球平均气温较前工业化时期上升幅度控制在 2 ℃以内，并努力将温度上升幅度限制在 1.5 ℃以内 《巴黎协定》规定所有国家应每 5 年审查一次其对减少温室气体排放的贡献。缔约双方承诺尽快达到全球温室气体排放峰值，以便在 21 世纪下半叶实现排放量与清除量之间的平衡。另外，要求各国加紧努力，减少温室气体排放。从 2020 年起，每年需要筹集 1 000 亿美元的公共和私人资源，以资助使各国适应气候变化影响（海平面上升、干旱等）或减少温室气体排放的项目。这笔资金应逐步增加，一些发展中国家也将自愿成为捐助者，帮助最贫穷的国家。这是全球气候变化行动的历史性转折点，将推动世界迈向零碳、具有气候韧性、繁荣和公平的未来。虽然协定本身并不足以解决问题，但清晰地指引人们向真正的全球解决方案前进
22	推进为实现“巴黎协定”目标的必要进程和结构 2016 年《联合国气候变化框架公约》第二十二次缔约方会议在摩洛哥马拉喀什举行。此次大会聚焦于如何以实际行动落实《巴黎协定》，包括近 200 个国家的自愿减碳作为

（续表）

第次	会议主要成就
23	讨论如何落实在2015年签署的《巴黎协定》 2017年《联合国气候变化框架公约》第二十三次缔约方会议在德国波恩举行。按照《巴黎协定》的要求，为2018年完成《巴黎协定》实施细则的谈判奠定基础，同时确认明年进行的促进性对话
24	达成了《巴黎协定》的实施细则 2018年《联合国气候变化框架公约》第二十四次缔约方会议在波兰卡托维兹举行。各缔约方达成了《巴黎协定》的实施细则，为落实《巴黎协定》提供了指引。名为"卡托维兹气候一揽子计划"的文件将促进应对气候变化的国际合作，也稳固了各国在国内层面开展更有力的气候行动的信心。尽管确定了巴黎规则手册的大部分内容，但各国未能就自愿市场机制的规则达成一致
25	就采取气候行动的紧迫性达成共识 2019年《联合国气候变化框架公约》第二十五次缔约方会议在西班牙首都马德里举行。大会就采取气候行动的紧迫性达成共识，但各国未能就一些重要领域达成一致。欧盟出台了新计划，致力截至2050年实现碳净零排放目标。很多排放量较小的国家也制定了类似的长期目标，但除欧盟外的其他主要碳排放国却在减排行动上有所迟疑，止步不前
26	达成《格拉斯哥气候公约》 2021年《联合国气候变化框架公约》第二十六次缔约方会议在英国格拉斯哥举行。经过激烈争论和各种妥协、让步，终于在当地时间11月13日晚达成《格拉斯哥气候公约》。《格拉斯哥气候公约》有史以来首次明确表述减少使用煤炭的计划，并承诺为发展中国家提供更多资金帮助其适应气候变化。与会各国同意2022年底提交更雄心勃勃的碳减排目标及更高的气候融资承诺，定期审评减排计划，增加对发展中国家的财政援助 会议期间，百余国代表就减少甲烷排放、停止森林砍伐达成协议，部分国家就停止使用煤炭作出承诺，掌控着130万亿美元资产的450家金融机构声明支持"清洁技术"和能源转型
27	设立"损失和损害"基金 2022年《联合国气候变化框架公约》第二十七次缔约方会议在埃及沙姆沙伊赫举行。作为一届强调"落实"的大会，最终通过了数十项决议，其中建立损失与损害基金成为一大亮点，它将用于补偿气候脆弱国家因气候变化而遭受的损害。与会代表同意在2023年下一次峰会前成立损失与损害基金，关键细节仍未敲定，出资国和受益国名单也将在明年商榷

资料来源：腾讯网 https：//www.qq.com/。

国际社会在应对气候变化的道路上任重道远，但由于气候变化带来的人类生态危机是国际社会的共识，合作应对气候变化的努力一直没有停止，因此取得了一定的显著成效。

（二）联合国政府间气候变化专门委员会的“六个报告”

联合国政府间气候变化专门委员会（IPCC）自 1988 年成立以来，已针对气候变化的科学基础、自然及社会经济影响，以及适应与减缓对策推出了六次评估报告，评估报告总结了气候变化的“现有知识”，反映出当前国际科学界在气候变化问题上的最新认识水平（见表 1–2）。[①]

联合国政府间气候变化专门委员会推出的六份评估报告，为国际社会应对气候变化提供了重要的科学咨询意见，成为气候变化国际谈判的重要科学基础，对气候变化国际谈判产生了重要影响，同时也为各国的可持续发展提供了重要的决策参考依据，在气候变化领域的科学研究中发挥重要的指导作用。[②]

表 1–2　联合国政府间气候变化专门委员会 (IPCC) 发布的六次评估报告内容摘要一览

第次	主要内容
第一次 1990	报告指出，过去 100 年全球平均地面温度已经上升 0.3 ～ 0.6 ℃，海平面上升 10 ～ 20 cm，温室气体尤其是二氧化碳由工业革命 (1750—1800 年) 时候的 230 ml/m³ 上升到 353 ml/m³。根据上述气候变化情景，评估了未来气候变化对农业、林业、自然地球生态系统、水文和水资源、海洋与海岸带、人类居住环境、能源、运输和工业各部门、人类健康和大气质量以及季节性雪盖、冰和多年冻土层的影响，并初步提出了针对上述气候变化的响应对策 该报告确认了有关气候变化问题的科学基础，为人们指明了气温升高的危险；报告促进了政府间的对话，促使联合国大会作出制定《联合国气候变化框架公约》的决定，推动了联合国环境与发展大会 1992 年通过《联合国气候变化框架公约》。该公约是世界上第一个旨在全面控制二氧化碳等温室气体排放、应对全球气候变暖给人类经济和社会带来的不利影响的国际公约

① 耿玉超. 全球气候治理中的中国选择 [J]. 合作经济与科技，2022（6）：13-17.
② 刘兰. 全球极端大气走向常态化 [J]. 生态经济，2021，37（9）：5-8.

（续表）

第次	主要内容
第二次 1995	报告指出，相对于 1990 年，2100 年的全球平均温度将上升 2 ℃，其范围为 1 ～ 3.5 ℃；海平面从 1990 年到 2100 年，预测将上升 50 cm，其可能变化范围为 15 ～ 95 cm；人类健康、陆地和水生生态系统、社会经济系统对气候变化的程度和速度是敏感的，其不利影响有一些是不可逆的，因此提出了使大气温室气体浓度稳定的方法和可能措施；提出了公平问题是制定气候变化政策、公约及实现可持续性发展需要考虑的一个重要方面 该报告提出“证据清楚地表明人类对全球气候的影响”，为系统阐述公约的最终目标提供了坚实的科学依据，在 1997 年《京都议定书》的谈判中发挥了重要作用
第三次 2001	报告指出，近百年温度上升的范围是 0.4 ～ 0.8 ℃，比第二次评估报告中的值提高了 0.1 ℃；20 世纪海平面上升了 10 ～ 20 cm；21 世纪全球平均气温将继续上升，预测达到 2.5 ℃，可能范围为 1.4 ～ 5.8 ℃。报告提出了减缓措施和对策建议，特别是限制或减少温室气体排放和增加“汇”的对策 该报告有关“科学基础”“影响、适应性和脆弱性”和“减缓”，以及侧重于各种与政策有关的科学与技术问题，受到决策者、科学界的普遍关注，成为《联合国气候变化框架公约》中适应和减缓议题谈判的重要依据，为制定气候变化政策以满足气候公约的目标提供了客观的科学信息，推动了公约谈判的进程
第四次 2007	报告指出，1750 年以来，全球大气中 CO_2、CH_4 和 N_2O 浓度显著增加，其中，CO_2 浓度已从工业化前约 280 ml/m³ 增加到了 2005 年的 379 ml/m³；最近 100 年 (1906—2005 年) 全球平均地表温度上升了 0.56 ～ 0.92 ℃；1961 年以来，全球海洋温度的增加已延伸到至少 3 000 m 深度，20 世纪全球海平面上升约 0.17 m；人类活动是全球变暖的主要原因 该报告对气候变化预估和不确定性问题进行了深入研究，更突出了气候系统的变化，阐述了当前对气候变化主要原因、气候系统多圈层观测事实和这些变化的过程及归因；阐述了过去 5 年里气候的变化及其影响，以及减缓气候变化可能对策等方面的最新研究进展和当前的科学认识水平。由于气候变化的明显表现，该报告在世界范围内引起很大反响，直接导致了气候变化问题在世界范围内的迅速升温，对各国气候保护决策和《联合国气候变化框架公约》等产生重要影响，为“巴厘岛路线图”的出台发挥了重要作用，为国际社会采取进一步应对气候变化行动，特别是 2012 年以后国际应对气候变化体制的建立提供了大量的科学依据和信息

（续表）

第次	主要内容
第五次 2014	报告指出，温室气体排放以及其他人为驱动因子已成为自20世纪中期以来气候变暖的主要原因，可能性在95%以上。1880年到2012年，全球海陆表面平均温度呈线性上升趋势，升高了0.85 ℃；2003年到2012年平均温度比1850年到1900年平均温度上升了0.78 ℃；在过去一个世纪里，全球的海平面已经上升了19 cm；1993—2010年间，海平面上升的速度是1901—2010年间的两倍；现在，全球66%地区的海平面将比1986—2005年间的高出0.29～0.82 m，比2007年的预期范围（0.18～0.59 m）高 该报告认为，人类对气候系统的影响是明确的，而且这种影响在不断增强，在世界各个大洲都已观测到种种影响。如果任其发展，气候变化对人类和生态系统造成严重、普遍和不可逆转影响的可能性将会增加。报告重要结论涉及历史责任划分、全球长期目标、各方减排目标、落实“共同但有区别的责任”原则等《联合国气候变化框架公约》谈判的核心内容，对“德班平台”下2015协议的谈判产生了重要影响
第六次 2021	报告指出，自1850—1900年以来，全球地表平均温度已上升约1 ℃，并指出从未来20年的平均温度变化来看，全球温升预计将达到或超过1.5 ℃。报告对未来几十年内超过1.5 ℃的全球升温水平的可能性进行了新的估计，指出除非立即、迅速和大规模地减少温室气体排放，否则将升温限制在接近1.5 ℃或甚至是2 ℃将是无法实现的 该报告首次从区域角度对气候变化进行了更详细的评估，包括重点关注有用的信息，从而为风险评估、适应和其他决策提供依据，并关注搭建新框架，以有助于对气候的自然变化（热、冷、雨、旱、雪、风、沿海洪水等）信息进行转化，使其对社会和生态系统具有意义。报告中的创新及其反映的气候科学的进步，为气候谈判和决策提供了宝贵的支持

资料来源：碳交易网 http：//www.tanjiaoyi.com/。

二、国际社会在其他生态安全问题上的合作

除了上文所述，国际社会在全球其他生态安全问题上的合作主要表现为一些重要国际生态安全会议的召开和一些重要国际生态安全公约的签订。

（一）重要国际生态安全会议的召开

1972年6月，联合国人类环境会议在瑞典斯德哥尔摩召开，会议通

过了《人类环境宣言》，标志着人类社会对环境问题的觉醒，宣言把“为了这一代和将来的世世代代的利益”作为共同的信念和原则，这正是日后的可持续发展理念。①

1992 年 6 月，联合国环境与发展会议在巴西里约热内卢召开，会议通过了关于环境与发展的《里约热内卢宣言》和《21 世纪议程》。会议指出，和平、发展和保护环境是互相依存、不可分割的，呼吁世界各国应在环境与发展领域加强国际合作，走可持续发展之路，为建立一种新的、公平的全球伙伴关系而努力。②

1997 年 6 月，第 19 次联合国特别会议在纽约联合国总部举行，这次特别会议的主题是审议保护地球环境、促进全球可持续发展的《21 世纪议程》的执行情况。会议最后通过了《进一步落实 21 世纪议程的方案》的总结性文件，重申《21 世纪议程》是实现可持续发展的基础，必须综合处理经济发展、环境保护和社会发展等各方面的问题，各国必须通力合作，增强可持续发展的力量。

2002 年 8 月，第一届可持续发展世界首脑会议在南非约翰内斯堡召开，全面审议 1992 年来环境发展大会所通过的《里约宣言》《21 世纪议程》等重要文件和其他一些主要环境公约的执行情况，并在此基础上就今后的工作形成面向行动的战略与措施，积极推进全球的可持续发展。

1972 年 12 月 15 日，联合国大会作出建立环境规划署的决议。1973 年 1 月，作为联合国统筹全世界环保工作的组织，联合国环境规划署正式成立，主要负责处理联合国在环境方面的日常事务，促进环境问题的调查研究，协调联合国内外的环境保护和环境管理工作。2013 年 3 月联合国大会通过决议，把原来 58 个成员国参与的联合国环境署理事会，升

① 刘友宾. 环境保护与可持续发展教育：在中日以水为主题的环境与可持续发展教育研讨会上的致辞 [J]. 环境教育，2007（12）：61-62.

② 胡小玲，张学军. 可持续发展战略选择与保护环境 [J]. 前沿，2003（10）：177-180.

级为普遍会员制的联合国环境大会，使联合国所有成员国共同在部长级层面，商讨全球环境和可持续发展议题并作出决策。[①]

2014 年 6 月，第一届联合国环境大会召开，主题为“可持续发展目标和 2015 年后发展议程，包括可持续消费和生产”，旨在商讨和确定一系列目标和指标，推动联合国千年发展目标的成功实现。

2016 年 5 月，第二届联合国环境大会召开，主题为“落实《2030 年可持续发展议程》中的环境目标”，号召各国采取共同行动应对当今世界所面临的环境挑战。

2017 年 12 月，第三届联合国环境大会召开，这次会议为讨论共同解决全球性的污染威胁而举办。大会的主题是“迈向零污染地球”，呼吁全球采取行动应对紧急的环境健康挑战。

2019年3月，第四届联合国环境大会召开，本届环境大会主题为“寻找创新解决方案，应对环境挑战并实现可持续的消费和生产”。

2021 年 2 月，第五届联合国环境大会因新冠疫情原因线上举行，大会主题为“加大力度保护自然，实现可持续发展”。与会各方就“如何建设一个有弹性和包容性的疫情后世界”进行了探讨。大会通过了题为《展望 2022 年联合国环境大会后续会议》的声明，成员国呼吁推动更具包容性的多边主义来应对环境挑战。

（二）重要国际生态安全公约的签署

1973 年 3 月 3 日，在美国华盛顿通过了《濒危物种国际贸易公约》，于 1975 年 7 月 1 日生效。

1979 年 6 月 23 日，在德国波恩通过了《保护迁徙野生动物物种公约》，于 1983 年 12 月 1 日生效。

1985 年 3 月 22 日，在奥地利维也纳通过了《保护臭氧层维也纳公约》，于 1988 年 9 月 22 生效。

① 蓝颖春. 首届联合国环境大会：共论可持续发展 [J]. 地球，2014（7）：54-57.

1989年3月22日，在瑞士巴塞尔通过了《控制危险废料越境转移及其处置巴塞尔公约》，于1992年5月生效。

1992年6月1日，在肯尼亚内罗毕通过了《生物多样性公约》，于1993年12月29日生效。

2001年5月22日，在瑞典斯德哥尔摩通过了《关于持久性有机污染物的斯德哥尔摩公约》，于2004年5月17日生效。

可见，进入20世纪以来，国际社会冲破了以环境论环境的狭隘观点，开始从整体上系统地解决环境问题，尤其自1992年6月环境与发展大会举行以来，国际合作应对全球生态安全问题取得了一定的成绩，但离《21世纪议程》所确定的目标还很远，全球生态日益恶化的趋势还未扭转，各种全球生态问题无一不在阻碍着人类的发展，仍需要国际社会继续加深合作，努力开展一场生态革命来拯救人类的命运。

第二节　中国行动

从1973年第一次全国环境保护会议召开，认识到社会主义国家同样存在环境污染和生态破坏问题开始，我国逐步走上了大规模的生态安全屏障法治建设之路，尤其是进入21世纪，党和政府将生态安全提到“治国富民安天下”的新战略高度，这一战略思想包含将生态安全问题与国家安全联系在一起，表明生态安全问题已成为党和政府高度关注的问题。生态安全屏障法治建设中国行动从建章立制到具体实践不断优化。

一、八次全国环境保护大会的召开

第一次全国环境保护会议（1973年8月）。这次会议是在联合国人类环境会议的推动下召开的，会议的最大贡献在于宣传和认识到了环境问题的严重性，首次打破了社会主义中国不存在环境污染和生态破坏的观念，正式提出了“全面规划，合理布局，综合利用，化害为利，依靠群众，大家动手，保护环境，造福人民”的环境保护战略方针。这次会议的最大影响在于：一是会后成立专门环保机构——国务院环境保护领导小组办公室；二是会后国务院制定并公布中国第一个全国性生态保护文件《关于保护和改善环境的若干规定》，这个规定在1973—1978年期间起了临时环保法的作用，是中国历史上第一个由国务院批转的具有法规性质的环境保护文件。

第二次全国环境保护会议（1983年12月）。这次会议正式将环境保护确立为国家的一项基本国策，并确立了“预防为主，防治结合”“谁污染谁治理”“强化环境管理”三大环保政策，同时提出了“三同步三统一”的环境保护战略方针，即“经济建设、城乡建设和环境建设要同步规划、同步实施、同步发展，做到经济效益、社会效益和环境效益的统一”①。会议确定环境保护是中国现代化建设中一项战略任务，是一项基本国策，因此这次会议是中国生态环境保护工作的一个转折点，为后来开创环境保护工作新局面奠定了思想和政策基础。②

第三次全国环境保护会议（1989年4月）。这次会议提出了深化环境管理的新五项制度，至此，对我国生态保护影响深远的八项制度和三项政策正式形成，即“环境影响评价”“三同时”“排污收费”“目标责任制”“城市环境综合整治”“限期治理”“集中控制”“排污登记与许可证”等八项制度和“预防为主，防治结合”“谁污染，谁治理”“强化环境管理”三项政策。正是由于制度体系已经建立，这次会议上提出了“向环

① 张首先.中国生态文明建设的发展战略及现实运动[J].大连干部学刊，2011，27(3)：33-36.

② 李春娟.改革开放以来中国环境政策及其实践走向[D].呼和浩特：内蒙古大学，2010.

境污染宣战”。

第四次全国环境保护会议（1996年7月）。这次会议对于部署落实跨世纪的环境保护目标和任务，实施可持续发展战略具有十分重要的意义。会议明确提出了“坚持污染防治和生态保护并重”的环境保护思路，并提出“保护环境是实施可持续发展战略的关键，保护环境就是保护生产力”①。会后，我国展开了大规模的重点城市、流域、区域、海域的污染防治及生态建设和保护工程，标志着我国环境保护工作进入新的阶段。

第五次全国环境保护会议（2002年1月）。这次会议的召开标志着我国环保事业进入了新的发展时期。会议首次提出生态环境保护与经济社会发展同等重要的观念，并将环境保护列为政府的五项重要职能之一，强化了政府在环保方面的职责，环境保护工作不仅是环保部门的事情，还需各有关部门密切配合，各负其责，按照社会主义市场经济的要求，动员全社会的力量去做好这项工作。

第六次全国环境保护大会（2006年4月）。这次会议提出了“三个转变”，即要加快实现从重经济增长、轻环境保护向保护环境与经济增长并重转变，从环境保护滞后于经济发展向环境保护与经济发展同步转变，从主要用行政办法向综合运用法律、经济、技术和必要的行政办法解决环境问题转变。这三个转变是方向性、战略性、历史性的，标志着我国对经济与环境关系的根本性调整，对促进我国新时期环境保护事业的发展有重要的指导意义。至此，我国环保工作进入了保护生态环境、优化经济增长的新阶段，主要目标是建设资源节约型、环境友好型社会，主要任务是推进历史性转变。②

第七次全国环境保护大会（2011年12月）。这次会议提出“坚持在

① 李春娟. 改革开放以来中国环境政策及其实践走向[D]. 呼和浩特：内蒙古大学，2010.

② 李春娟. 改革开放以来中国环境政策及其实践走向[D]. 呼和浩特：内蒙古大学，2010.

发展中保护、在保护中发展”的路线方针，是环境保护发展模式和资源配置的重大创新，既是此次环保大会的标志性成果，也是做好“十二五”环保工作的重要指南。会后，为落实会议精神，国务院先后于2013年颁布了《大气污染防治行动计划》(简称“大气十条”)、2015年颁布了《水污染防治行动计划》(简称“水十条”)、2016年颁布了《土壤污染防治行动计划》(简称“土十条”)三大行动计划。

第八次全国生态环境保护大会(2018年5月)。这次大会第一次冠以“全国生态环境保护大会”名义，凸显“生态”在我国经济社会发展中的重要性。强调目前环境治理仍处于关键期、攻坚期、窗口期；将建设生态文明是中华民族永续发展的“千年大计”上升为“根本大计”；将生态环境定位为关系党的使命宗旨的重大政治问题和关系民生的重大社会问题。会议提出，加大力度推进生态文明建设、解决生态环境问题，坚决打好污染防治攻坚战，更加明确“美丽中国”的时间表和路线图，为今后生态文明建设指明了方向。

二、保障生态安全的国家规范性文件大量颁布

进入21世纪，以党和国家一系列生态安全建设精神为指导，我国颁布了一批保障生态安全的规范性文件，这些规范性文件对生态安全建设具有纲领性的指导作用。

生态安全保护纲要。即《全国生态环境保护纲要》(2000年11月)。

生态安全保护规划。包括《国家环境保护“十一五”规划》(2007年11月)、《国家环境保护“十二五”规划》(2011年12月)等。

生态安全功能区规划。包括《国家重点生态功能保护区规划纲要》(2007年10月)、《全国生态功能区划》(2008年7月)、《全国生态脆弱区保护规划纲要》(2008年9月)、《全国主体功能区规划》(2010年12月)、《全国生态保护与建设规划(2013—2020年)》(2013年10月)、《全国生态功能区划(修编版)》(2015年11月)、《全国重要生态系统保护

和修复重大工程总体规划（2021—2035 年）》（2020 年 6 月）。

生态安全区域性规划。包括《大运河生态环境保护修复专项规划》（2020 年 8 月）、《长江三角洲区域生态环境共同保护规划》（2021 年 1 月）、《黄河流域生态保护和高质量发展规划纲要》（2021 年 8 月）、《成渝地区双城经济圈生态环境保护规划》（2022 年 2 月）、《黄河流域生态环境保护规划》（2022 年 6 月）。

生态安全专项规划。包括《全国地下水污染防治规划（2011—2020 年）》（2011 年 10 月）、《"十四五" 土壤、地下水和农村生态环境保护规划》（2022 年 1 月）、《"十四五" 生态环境监测规划》（2022 年 1 月）、《"十四五" 海洋生态环境保护规划》（2022 年 1 月）。

生态安全建设实施决定和意见。包括《关于落实科学发展观加强环境保护的决定》（2005 年 12 月）、《关于加强农村环境保护工作的意见》（2007 年 5 月）、《关于加强重点湖泊水环境保护工作的意见》（2008 年 2 月）、《关于推进大气污染联防联控工作改善区域空气质量的指导意见》（2010 年 5 月）、《关于加强环境保护重点工作的意见》（2011 年 10 月）、《关于加快推进生态文明建设的意见》（2015 年 5 月）、《关于划定并严守生态保护红线的若干意见》（2017 年 2 月）、《关于构建现代环境治理体系的指导意见》（2020 年 3 月）、《关于深入打好污染防治攻坚战的意见》（2021 年 11 月）。

生态安全建设实施计划和方案。包括《土壤污染防治行动计划》（2016 年 5 月）、《中国应对气候变化国家方案》（2007 年 6 月）、《生态文明体制改革总体方案》（2015 年 9 月）、《省级空间规划试点方案》（2017 年 1 月）、《"十四五" 城市黑臭水体整治环境保护行动方案》（2022 年 4 月）、《减污降碳协同增效实施方案》（2022 年 6 月）。

三、保障生态安全的法律体系不断完善

自党的十八大首次将生态文明建设与经济、政治、文化、社会建设

放在同等重要位置之后，保障生态安全的法律体系建设进入快车道。

2014 年 4 月修订的《中华人民共和国环境保护法》被称为“史上最严的环保法”，该法首次以法律条文的形式确立“保护环境”是我国的基本国策，为生态安全建设确定了法律基础；首次将“生态保护红线”写入法律；将“推进生态文明建设”作为立法目的之一，并提出“保障生态安全”。

2015 年 7 月制定的《中华人民共和国国家安全法》将维护国家生态安全的主要任务确定为：完善生态环境保护制度体系，加大生态建设和环境保护力度，划定生态保护红线，强化生态风险的预警和防控，妥善处置突发环境事件，保障人民赖以生存发展的大气、水、土壤等自然环境和条件不受威胁和破坏，促进人与自然和谐发展。

2016 年 11 月修订的《中华人民共和国固体废弃物污染环境防治法》将“维护生态安全，推进生态文明建设”写入立法目的。

2016 年 11 月修订的《中华人民共和国海洋环境保护法》规定：“国家在重点海洋生态功能区、生态环境敏感区和脆弱区等海域划定生态保护红线，实行严格保护。”

2017 年 6 月修订的《中华人民共和国水污染防治法》将“推进生态文明建设”写入立法目的，并规定“从事开发建设活动，应当采取有效措施，维护流域生态环境功能，严守生态保护红线”。

2018 年 3 月修订的《中华人民共和国宪法》将生态文明正式写入宪法，规定“推动物质文明、政治文明、精神文明、社会文明、生态文明协调发展”，并规定“把我国建设成为富强民主文明和谐美丽的社会主义现代化强国，实现中华民族伟大复兴”。

2018 年 3 月修订的《中华人民共和国大气污染防治法》和 2018 年 8 月制定的《中华人民共和国土壤污染防治法》都将“推进生态文明建设”写入立法目的。

2018 年 10 月修订的《中华人民共和国防沙治沙法》将“维护生态

安全”写入立法目的。

2019年12月修订的《中华人民共和国森林法》将“保障森林生态安全，建设生态文明”写入立法目的。

2020年12月制定的《中华人民共和国长江保护法》将“保障生态安全，实现人与自然和谐共生、中华民族永续发展”写入立法目的，并规定“国家对长江干流和重要支流源头实行严格保护，设立国家公园等自然保护地，保护国家生态安全屏障”“实施跨长江流域调水应当优先保障调出区域及其下游区域的用水安全和生态安全”等保障生态安全的具体举措。

2021年12月制定的《中华人民共和国噪声污染防治法》将“推进生态文明建设”写入立法目的。

2021年12月制定的《中华人民共和国湿地保护法》将“保障生态安全，促进生态文明建设”写入立法目的，并规定“重要湿地依法划入生态保护红线”。

四、生态安全屏障法治建设实践不断深入

2000年11月，国务院发布《全国生态环境保护纲要》，在国家规范性文件中首次将生态安全作为生态保护的目标，纳入国家安全的范畴。之后，我国的生态安全屏障法治建设实践以生态文明建设、生态安全建设、建设美丽中国、划定生态保护红线、应对全球气候变化等各种方式持续不断深入展开。

第一阶段，以《全国生态环境保护纲要》（2000年）、《关于落实科学发展观加强环境保护的决定》（2005年）、《国民经济和社会发展第十一个五年规划纲要》（2006年）和《国家环境保护“十一五”规划》（2007年）为指导，生态安全屏障法治建设以生态建设与重点治理为主，采用重要生态功能区、重点资源开发区、生态良好地区“三区”推进的战略思路，工作思路从重点区域治理转向保护优先、分区分类管理，在

生态安全屏障法治建设实践中初步形成了源头保护、分区分类、自然恢复生态理念。

第二阶段，以《国家重点生态功能保护区规划纲要》(2007年)、《全国生态功能区划》(2008年)、《全国生态脆弱区保护规划纲要》(2008年)、《全国主体功能区规划》(2010年)、《关于加强环境保护重点工作的意见》(2011年)为指导，生态安全屏障法治建设以生态空间和生态功能保护恢复为主，以生态功能保护区属于限制开发区为基础，2008年在全国划分50个重要生态功能区，明确各类生态功能区的保护方向，并于同年明确了生态脆弱区的保护任务，初步形成了以重要生态功能区、生态脆弱区为重点的生态空间保护体系。2010年，在50个重要生态功能区基础上，确定了25个国家重点生态功能区。随后，在重要生态功能区，以及陆地和海洋生态环境敏感区、脆弱区等区域划定生态保护红线，以一条红线管控重要生态空间的思路初步形成。①

第三阶段，以《全国生态保护与建设规划（2013—2020年）》(2013年)、《关于划定并严守生态保护红线的若干意见》(2017年)、《全国重要生态系统保护和修复重大工程总体规划（2021—2035年）》(2020年)为指导，生态安全屏障法治建设以构建十大国土生态安全屏障为基本框架，即东北森林屏障、北方防风固沙屏障、东部沿海防护林屏障、西部高原生态屏障、长江流域生态屏障、黄河流域生态屏障、珠江流域生态屏障、中小河流及库区生态屏障、平原农区生态屏障和城市森林生态屏障，并在此基础上构建以青藏高原生态屏障区、黄河重点生态区（含黄土高原生态屏障）、长江重点生态区（含川滇生态屏障）、东北森林带、北方防沙带、南方丘陵山地带、海岸带等“三区四带”为核心的全国重

① 王夏晖，何军，牟雪洁，等.中国生态保护修复20年：回顾与展望[J].中国环境管理，2021，13(5)：85-92.

要生态系统保护和修复重大工程总体布局。[①]2021—2025 年，着重抓好国家重点生态功能区、生态保护红线、重点国家级自然保护地等的生态保护和修复，解决一批重点区域的核心生态问题；2026—2035 年，各项重大工程全面实施，为建设美丽中国、基本实现社会主义现代化奠定坚实生态基础。[②]

可见，进入 21 世纪以来，我国的生态安全屏障建设正发生历史性、转折性、全局性转变，对生态安全的思想认识程度之深、污染治理力度之大、制度出台频度之密、监管执法尺度之严、生态环境质量改善速度之快都前所未有；生态环境质量正由“局部改善整体恶化”、稳中趋好态势，向总体性改善转折；由节约环保的国民经济体系、资源能源节约、生态修复、环境治理、制度建设等构成的生态安全建设格局取得了全面进展，正形成从硬件到软件，从制度到政策，从政府、企业到公众，从体制到机制的全局性的生态安全建设保障系统。[③]

第三节　研究态势

作为学术回应，国际、国内学者或组织对生态安全的研究从未间断，尤其进入 20 世纪 70 年代以后，国际组织和国际学者的研究热情空前高

① 田新程. 振奋！林业再绘宏伟蓝图：2011 年全国林业厅局长会议综述 [J]. 中国林业，2011（2）：4-7.

② 王永生. 在人与自然和谐共生中开好局、起好步：对第 52 个世界地球日主题的解读 [J]. 南方国土资源，2021（5）：11-14.

③ 吴舜泽，刘越，俞海. 全国生态环境保护大会三大成果的理论思考 [J]. 环境保护，2018，46（11）：12-16.

涨，世界各国学者以生态系统工程为视角，立足国家安全建设实践的现实需要，对生态安全与国家安全的关系、生态安全的构建等领域，展开了广泛而深入的研究。尽管从法学的角度研究成果不多，但梳理总结国内外学者从生态学、管理学、经济学方面的研究成就，可对本研究提供重要的理论支撑。

一、国际研究动态

国际生态安全问题开始于工业革命，19 世纪末也有部分学者开始关注国际生态安全问题，但国际生态安全真正广泛引起国际组织和学者的关注开始于 20 世纪 70 年代，当时大量的研究成果开始出现，这些研究成果既有来自国际生态组织的研究报告，也有来自学者及其团队的研究报告。

自 1941 年土地健康的概念被提出以来，有关生态系统健康与生态环境风险问题就在全球范围内得到发展。[①]1962 年，美国著名生态学家霍华德·T. 奥德姆（Howard T. Odum）首次提出了生态工程的概念，他认为“人对自然的管理即生态工程，更好的措施是与自然结成伙伴关系”[②]。随后，生态工程的理论与方法开始受到国内外学者的高度重视，学者从生态工程的视角重新审视人类面临的环境问题。

20 世纪 70 年代，国外学者对生态安全问题的主要探讨涉及生态安全的概念、外延及重要性等基础问题。1972 年，罗马俱乐部在其研究报告《增长的极限》中提出的“增长极限论”促使学者开始思考生态与人类发展的关系，随后“可持续发展”进入学术界的研究视野。20 世纪 80 年代，世界环境与发展委员会（WECD）与国际应用系统分析研究所（IIASA）正式提出生态安全问题及监测系统。生态安全成为世界安全中的重要一

---

① 叶鑫，邹长新，刘国华，等. 生态安全格局研究的主要内容与进展 [J]. 生态学报，2018，38（10）：3382-3392.

② 云正明，刘金铜，等. 生态工程 [M]. 北京：气象出版社，1998：5-9.

环，如联合国裁军和安全委员会将经济压力、资源缺乏、环境退化等在内的非军事威胁列为共同安全。美国著名生态专家莱斯特·R.布朗首次将生态因素纳入安全概念和国际政治范畴进行研究，其在1981年出版的《建设一个可持续发展的社会》中，对生态安全的各个领域都进行了深入阐述。[①]1989年联合国环境规划署发布《关于可持续发展的声明》，将可持续发展定义为“满足当前需要而又不削弱子孙后代满足其需要之能力的发展”，标志着人类对生态安全与人类发展相互关系的认知发生很大变化。1987年世界环境与发展委员会（WECD）的报告《我们共同的未来》提出，安全的范围应扩展到环境恶化和发展条件遭到破坏。[②]

20世纪90年代初期，国外学者深化并加强了对环境变化与安全的经验性研究。美国1991年的《国家安全战略报告》首次将生态视为国家安全并将其写入新的国家安全战略。1992年联合国召开环境与发展高峰会议，专题商讨危害全球生态安全的环境问题，并通过了会议宣言和相关的公约。[③]1996年《地球公约》的《面对全球生态安全的市民条约》中有100多个国家的200多万人签字。该条约建立在生态安全、可持续发展和生态责任的基础之上，要求各成员国和各团体组织互相协调利益，履行责任和义务。1997年美国中央情报局成立“生态研究中心”，以维护国家生态安全。[④]另外，北约1999年发布的《国际背景下的环境与安全》和加拿大1999年的《环境、短缺和暴力》，也是这一时期较有代表性的研究成果。

① 布朗.建设一个可持续发展的社会[M].祝友三，等译.北京：科学技术文献出版社，1981：3.

② 世界环境与发展委员会.我们共同的未来[M].王之佳，柯金良，等译.长春：吉林人民出版社，1997：6-7.

③ 唐先武.关注中国的生态安全[N].科技日报，2002-03-15.

④ 曹鼎新.生态安全研究进展[J].江西化工，2008（4）：54-56.

21 世纪以来，对生态安全问题讨论比较活跃的国家有美国、英国、德国、加拿大等国。讨论比较积极的组织有北约、欧洲安全与合作组织、欧盟、联合国环境规划署，以及斯德哥尔摩国际和平研究所等。国外生态安全领域的代表性研究成果有：德国外交部、环境部、经济合作部 2000 年完成了《环境和安全：通过合作预防危机》；罗伯特·康士坦（Robert Costanza）在 2000 年研究了生态系统服务的社会目标和价值，提出评价生态系统服务要综合考虑包括生态可持续性、生态公平性和经济效率等在内的一系列目标、指标；[①]2001 年美国学者莱斯特·R. 布朗在《生态经济：有利于地球的经济构想》一书中，明确提出为防地球气温加快上升，应把碳排放量减少一半，既要提高能源利用效率又要向可再生能源转变；[②] 沃尔特·里德（Walter Reid）于 2002 年组织 2 000 多位专家，开展了 4 年的全球生态系统健康调查，全面分析了人类活动对生态系统的影响；[③]SIWI Seminar 研究了生态系统评价指标值的确定，探索在生态底线上实现人类活动与生态平衡的策略、途径等；[④]2005 年，联合国千年生态系统评估报告中指出，生态系统服务退化将严重影响人类的生存环境，对区域和全球的生态安全造成威胁。依据联合国千年发展目标，由中国发起的国际生态安全合作组织（IESCO）于 2006 年成立。2012 年，联合国环境署主持下的生物多样性和生态系统服务政府间科学政策平台（IPBES）正式成立，力求通过科学评估为政策决策服务。这些均表明国际社会对有关人类福祉的生态

---

① COSTANZA R. Social goals and the valuation of ecosystem services[J]. Ecosystems, 2003, 3 (1): 2-3.

② 布朗. 生态经济：有利于地球的经济构想 [M]. 林自新，戢守志，等译. 北京：东方出版社，2002：76.

③ PROBST A, MARKO M, KMETKO L. Ecosystem health: The state of the planet[J]. Nature, 2002, 417 (6885): 112-113.

④ 孙海燕，王泽华，罗靖. 国内外生态安全屏障建设的经验与启示 [J]. 昆明理工大学学报（社会科学版），2016，16 (5)：19-25.

系统服务、生态安全与可持续发展高度重视。[①]

综上所述，国外在生态安全问题上的相关研究主要集中于辨识生态安全系统外部的冲突及压力，解析外部压力与生态安全系统间的互动，并注意到人文社会系统演变对生态脆弱性的影响，其研究的尺度大多是在全球或是国家层面上，研究对象主要是发展中国家及处于贫困和边缘化状态的国家。[②]主要取得的共识有：①与日俱增的环境压力——资源数量的减少和质量的降低、不公平的加剧及不公正的自然资源获得——可能引发冲突，影响到社会经济和政治。这种冲突趋向发生在国内而不是国家之间。②由于人口的持续增长、消费量和污染的增多及土地利用的改变，环境压力引发了很多冲突和灾害。这种效应主要体现在发展中国家和处于贫困和边缘化状态的国家。③冲突和灾害破坏了环境保护和发展的成就。针对生态安全适应性的策略牵涉到经济活动、社会结构、机构机制和组织规章，有助于减轻环境变化的影响。④生态安全不能仅停留在国家的层面，而应在不同层面加以考虑，大至全球，小至地方，同时不仅要考虑外部的压力，还要注意系统自身社会与生态上的脆弱性，强调环境压力与安全的关系是“共振”而不是因果关系。[③]尽管当前国际上已取得了不少研究成果，但是这些研究过多地关注全球环境变化带来的威胁，探讨的多是全球或国家层面上的问题，而对地方或区域（如海岸带）层面的生态安全研究尚显薄弱，因此对一些地方或区域特别的环境压力与安全的关系有所忽略。

---

① 叶鑫，邹长新，刘国，等.生态安全格局研究的主要内容与进展[J].生态学报，2018，38（10）：3382-3392.

② 秦晓楠，卢小丽，武春友.国内生态安全研究知识图谱：基于 Citespace 的计量分析[J].生态学报，2014，34（3）：3693-3703.

③ 崔胜辉，洪华生，黄云凤，等.生态安全研究进展[J].生态学报，2005（4）：861-868.

二、国内研究动态

2000 年国务院发布《全国生态环境保护纲要》，首次明确提出了“维护国家生态环境安全”的目标，认为保障国家生态安全是生态保护的首要任务。自 2002 年以来，我国学术界以生态安全屏障和生态安全格局为主题的研究成果逐渐增多。根据 2002 年 1 月至 2022 年 7 月《中国期刊全文数据库（CNKI）》统计，相关研究成果共计 1 013 篇，其中期刊论文 629 篇、学位论文 134 篇、会议论文 56 篇、报纸文章 183 篇、研究报告 11 篇，按发表年份统计如表 1–3 所示。

表 1–3 《中国期刊全文数据库（CNKI）》统计

年份	生态安全格局	生态安全屏障	合计
2022	41	35	76
2021	97	81	178
2020	68	35	103
2019	62	41	103
2018	44	38	82
2017	40	30	70
2016	31	30	61
2015	21	29	50
2014	21	24	45
2013	21	16	37
2012	12	13	25

（续表）

年份	生态安全格局	生态安全屏障	合计
2011	11	47	58
2010	8	29	37
2009	16	21	37
2008	6	8	14
2007	4	12	16
2006	4	9	13
2005	2	3	5
2004	4	\	4
2003	1	\	1
2002	2	\	2

根据发表在核心期刊的论文和博士论文，对相关研究内容梳理说明如下。

2002—2008 年，属于研究的早期阶段，研究内容聚焦于生态安全屏障和生态安全格局相关理论内涵的定性探讨和生态过程的定量格局分析，研究多以区域性和景观修复为主题，代表性成果有：关文彬等认为景观生态恢复与重建是区域生态安全格局构建的关键途径；陈彤等对新疆塔城老风口生态安全格局与可持续发展战略进行了研究；钟祥浩等对西藏高原国家生态安全屏障保护与建设进行了研究；熊文等以广州市城乡一体生态安全格局为例，对城乡一体化景观生态安全格局进行了探讨；柴宇等对沈阳生态安全屏障法治建设进行了深入论证，并对卧龙湖的退化原因进行了分析，提出了相应对策；李宗尧等以安徽沿江地区为例，对经济快速发展地区生态安全格局的构建进行了广泛而深入的探究；李月辉等对沈阳市城市空间扩展的生态安全格局进行了深入论证；张玉虎以永定河流域门头沟段为例，对流域典型区土地利用/覆被变化与生态安全格局构建进行了深入分析；谢花林梳理了这一时期土地利用生态安全格局研究进展情况。

2009—2018年，属于研究的中期阶段，研究内容聚焦于生态安全屏障和生态安全格局相关目标的静态格局组分与斑块配置，研究主题向生态过程的定量格局分析转化。针对格局构建的具体方法，以具体区域的生态问题为研究内容，构建相应的生态安全格局，代表性成果有：王伟霞等以九江市为例，对沿江开发建设的生态安全格局进行了研究；俞孔坚等对北京市生态安全格局及城市增长预景、国土尺度生态安全格局进行了深入论证；史振华对天津市城镇扩展中的生态安全格局构建进行了探索；覃家科等研究了广西北部湾生态安全屏障保护与建设情况；滕明君以武汉市为例，对快速城市化地区的生态安全格局构建进行了研究；蔡青以景观生态学为视角，通过对城市空间格局演变规律的分析，论证了生态安全格局的构建路径；孙鸿烈等研究了青藏高原国家生态安全屏障保护与建设情况；蒙吉军等研究了鄂尔多斯市土地利用生态安全格局构建情况；郑晓燕等对闽东地区生态安全格局及空间发展模式特征进行了深入分析；苏泳娴等提出了佛山市高明区生态安全格局和建设用地扩展预案；胡海德等研究了大连城市生态安全格局的构建路径问题；吴健生等研究了深圳市景观生态安全格局源地综合识别问题；周锐研究了快速城镇化地区城镇扩展的生态安全格局问题；曾振等以长沙市苏托垸为例，以生态干扰分析为手段，研究了城市生态安全格局的构建及效益评估问题；田青等研究了甘肃河西地区1986—2011年水土保持生态安全格局情况；余瑛等对镇江市十里长山智谷的生态安全格局规划进行了深入论证；徐德琳等从生态保护红线视角，深入研究了生态安全格局构建；杨姗姗等以江西省为例，基于生态红线划分，深入探究了生态安全格局的构建问题；张家其等对武陵山区生态安全格局演变进行了分析；孙小丽等深入研究了甘肃国家生态安全屏障制度化保障机制的构建；张慧从生态服务功能的视角，研究了南京市生态安全格局问题；刘加林等对西部生态脆弱区生态保护红线划定与生态安全格局耦合问题进行了深入探析；刘国华深入研究了西南生态安全格局的形成机制及演变机理；陈利顶等研究了京津冀城市群地区生态安全格局构建问题，并提出了可操作性的保障对策；白佳玉等对海洋生态安全屏障法治建设的理论起源与制度创新进行了深入论证；储金龙等深入研究了山水型城市生态安全格局构建与建设用地开发策略问题；吴健生等以重庆两江新区为例，从生态系统服务价值重构的视角，深入论证了生态安全格局的构建路径；彭建等对区域生态安全格局构建研究进展进行了梳理，并展望未来研究方向；侯鹏等对自然保护地与国家生态安全格局构建的关系进行了全方位、多视角论证；杜世勋等研究了山西省生态安全格局空间识别问题；吕文广以甘肃省退耕还林还草为例，对生态安全屏障法治建设中的生态补偿政策效益评价进行了深入探讨；黄麟等深入研究了西藏生态安全屏障保护与建设工程的宏观生态效应等问题；王斌等以海洋生态质量目标识别为视角，对海洋生态安全格局进行了深入研究；李国煜等以福建省福清市为例，研究了生态源地识别与生态安全格局构建的关系问题；彭德胜以锦绣天府国际健康谷生态安全格局专项规划为例，提出了生态安全格局构建的策略；张纪华强调划定并严守生态保护红线，筑牢西南生态安全屏障；叶鑫等梳理了近年来国内外生态安全格局研究的主要内容与进展情况；黄智洵等以闽三角城市群为例，对耦合生态系统服务供求关系的生态安全格局进行了动态分析；王振波等深入探讨了京津冀特大城市群生态安全格局时空演变特征及其影响因素；景永才等以生态系统服务供需为视角，探究了城市群生态安全格局构建框架问题。

2019—2022 年，属于研究的当前阶段，研究更加关注生态过程的动态模拟、动态博弈，以及生态空间扩展与格局综合优化等方面，通过动态格局模拟预测建立具有区域特色的生态安全格局是当前阶段研究的主流与热点领域，代表性成果有：王玉莹以苏南地区为例，研究了东部发达区生态安全格局构建问题；赵筱青等以杞麓湖流域为例，研究了典型高原湖泊流域生态安全格局构建问题；王云等以张掖市甘州区为例，从生态系统服务价值重构视角，研究了干旱内陆河流域生态安全格局优化问题；黄璐以生态系统连通性为视角，研究了湖南省生态安全格局构建问题；王晓玉立足生态安全格局，深入研究了山水林田湖草生态保护与修复问题；冯琰玮等以内蒙古呼和浩特市为例，探讨了干旱区城市生态安全格局优化问题；周汝波等基于生态系统服务的重要性，系统阐述了粤港澳大湾区生态安全格局的构建问题；卢慧婷等研究了雄安新区多尺度生态安全格局构建框架问题；蒋蕾等对长春都市圈西北部生态安全屏障法治建设策略进行了深入探讨；周介元等系统全面研究了浙江省生态安全格局时空演变特征及其影响因素；王浩等从生态系统服务重要性和生态敏感性为切入点，探究了广东省生态安全格局构建问题；郭天威等以扬州市为例，立足三生空间耦合，深入论证了生态安全格局构建与优化；胡秋红以承德市为例，研究了典型生态屏障区生态安全格局构建问题；张萌对吉林省西部生态安全格局构建进行了深入研究；张敏深入研究了内蒙古边境牧区生态安全屏障法治建设路径；张慧以克东县为例，研究了农业主产区土地生态安全格局构建问题；刘江等深入研究了北方防沙带东部区生态安全格局构建及优化问题；周亦峰以习近平生态文明思想为视域，研究了西藏筑牢国家生态安全屏障的法治逻辑；傅伯杰等对青藏高原生态安全屏障状况与保护对策进行了深入探讨；邬志龙等以瑞金市为例，探讨了南方丘陵山区生态安全格局构建与优化修复问题；王佳雪等对北方防沙带典型县域生态安全格局进行了研究；马才学等从生态压力视角，对长三角地区生态安全格局构建与优化进行了深入论证；许晓彤等以“山水林田湖草泉”系统性为视角，研究了济南市生态安全格局构建问题；魏家星等以苏南城市群为例，立足生态供需空间，研究了区域生态安全格局构建问题；王雪然等基于空间形态学-最小累积阻力模型，深入论证了太湖流域生态安全格局构建与调控问题；朱陇强等以临洮县为例，研究了半干旱区县域生态安全格局构建问题；易浪等对国内近二十年来生态安全格局构建的概念、框架进行了梳理与总结，并展望未来的研究方向及重点领域；韦家怡等对粤港澳大湾区生态安全格局及重要生态廊道识别问题进行了深入研究。

总之，21世纪以来，国内学界对生态安全屏障和生态安全格局的研究经历了从定性描述到定量分析、从静态评估到动态演变及预测、从刚性条件约束到弹性目标最优的转变，研究重点由关注数量结构的“生态优化发展”，逐步转向集成新技术与新方法对生态过程监测的“空间格局优化”。在研究方法、研究尺度和研究内容上均取得了较大进展。在研究方法上，学者对生态安全屏障和生态安全格局的设计原则、规划方法、指标构建、格局优化等方面开展了大量的探索，从最初定性分析、静态评估、单一寻优等逐步发展为定量评价、动态模拟、综合研究。在研究尺度上，随着国家对城市群与区域一体化概念与政策的大力推广，以特定城市群和流域范围为特征的大尺度研究正逐步兴起，如长江经济带、京津冀经济圈、粤港澳大湾区等。在研究内容上，经过“早期、中期、当前”三个研究阶段，形成了基本的研究范式，即“研究基础—源地识别、研究重点—阻力面构建与修正、研究实践—生态功能区”。

但总体来看，国内外学者对生态安全屏障和生态安全格局的研究在多方面都有待进一步提升：①“源地识别—阻力面构建—廊道提取”的基本研究框架有待发展；②生态源地识别缺乏统一的科学标准，对生态系统服务供需关系的考虑未能兼顾；③生态廊道提取方法有待进一步优化；④地理空间联动性和生态系统功能的相互性考虑欠缺；⑤自然生态系统与社会经济系统间耦合关系研究较为薄弱。

因此，未来生态安全屏障和生态安全格局的研究应基于时间与空间两大维度，动态考量生态过程与生态安全标准的量化，积极推进有关生态安全格局的实践应用研究，逐步加强区域生态安全规划的多方参与机制，以改善规划结果的现实性和可持续性。在此基础上，要进一步匹配国家战略层面需求，根据区域现实情况、格局形成机理、变化趋势、作用机制与技术方法，合理规划设计生态工程并进行有益干预，从而全面完善国家生态治理体系，服务国家发展建设需要，为构建和谐、健康、可持续发展生态文明建设提供理论参考。①

① 易浪，孙颖，尹少华，等.生态安全格局构建：概念、框架与展望[J].生态环境学报，2022，31（4）：845-856

第二章　研究的相关政策依据

以21世纪以来中国共产党全国代表大会报告和中央委员会公报、国务院政府工作报告、全国人民代表大会批准的“十五”至“十四五”规划纲要为基础，系统梳理其中的生态安全屏障法治建设政策内容，力求准确理解政策内涵，为本研究提供政策依据。

第一节　党中央报告 / 公报中的相关内容

梳理2002年党的十六大以来，党的全国代表大会报告和中央委员会公报中有关生态安全屏障法治建设的相关内容，准确把握党的生态安全屏障法治建设政策的发展脉络与丰富内涵，对本研究具有重要的指导意义（见表2–1）。

表 2-1　2002—2022 年党中央报告 / 公报中有关生态安全屏障法治建设内容整理一览

文件名称	生态安全屏障法治建设内容
党的十六大报告[①]（2002 年 11 月）	主题：将保护资源与保护环境一起列为基本国策 内容摘要：坚持保护环境和保护资源的基本国策；合理开发和节约使用各种自然资源；进行海洋开发，搞好国土资源综合整治；树立全民环保意识，搞好生态保护和建设。到 2020 年“可持续发展能力不断增强，生态环境得到改善，资源利用效率显著提高，促进人与自然的和谐，推动整个社会走上生产发展、生活富裕、生态良好的文明发展道路”
党的十六届五中全会公报（2005 年 10 月）	主题：提出建设资源节约型、环境友好型社会，大力发展循环经济 内容摘要：要加快建设资源节约型、环境友好型社会，大力发展循环经济，加大环境保护力度，切实保护好自然生态，认真解决影响经济社会发展，特别是严重危害人民健康的突出的环境问题，在全社会形成资源节约的增长方式和健康文明的消费模式
党的十七大报告[②]（2007 年 10 月）	主题：将建设生态文明当作全面建设小康社会奋斗目标的新要求之一 内容摘要：建设生态文明，基本形成节约能源资源和保护生态环境的产业结构、增长方式、消费模式；生态文明观念在全社会牢固树立；加强能源资源节约和生态环境保护，增强可持续发展能力；坚持节约资源和保护环境的基本国策；把建设资源节约型、环境友好型社会放在工业化、现代化发展战略的突出位置；完善有利于节约能源资源和保护生态环境的法律和政策，加快形成可持续发展体制机制；落实节能减排工作责任制；建立健全资源有偿使用制度和生态环境补偿机制
党的十七届五中全会公报（2010 年 10 月）	主题：把建设资源节约型、环境友好型社会作为加快转变经济发展方式的重要着力点 内容摘要：坚持把建设资源节约型、环境友好型社会作为加快转变经济发展方式的重要着力点；加快建设资源节约型、环境友好型社会，提高生态文明水平；大力发展循环经济；加强资源节约和管理，加大环境保护力度；加强生态保护和防灾减灾体系建设，增强可持续发展能力

① 江泽民. 全面建设小康社会 开创中国特色社会主义事业新局面：在中国共产党第十六次全国代表大会上的报告[M]. 北京：人民出版社，2002：37-39.

② 胡锦涛. 高举中国特色社会主义伟大旗帜 为夺取全面建设小康社会新胜利而奋斗：在中国共产党第十七次全国代表大会上的报告[M]. 北京：人民出版社，2007：67-69.

（续表）

文件名称	生态安全屏障法治建设内容
党的十七届六中全会公报（2011年10月）	主题：将生态文明建设与经济建设、政治建设、文化建设、社会建设并列提出 内容摘要：全面推进社会主义经济建设、政治建设、文化建设、社会建设以及生态文明建设
党的十八大报告①（2012年11月）	主题：将生态文明建设纳入“五位一体”的总布局；建设美丽中国 内容摘要：全面落实经济建设、政治建设、文化建设、社会建设、生态文明建设五位一体总体布局；建设生态文明，是关系人民福祉、关乎民族未来的长远大计；努力建设美丽中国；坚持节约资源和保护环境的基本国策；优化国土空间开发格局；构建科学合理的生态安全格局；全面促进资源节约；严守耕地保护红线；发展循环经济；加大自然生态系统和环境保护力度；加强生态文明制度建设；积极开展节能量、碳排放权、排污权、水权交易试点；努力走向社会主义生态文明新时代
党的十八届三中全会公报（2013年11月）	主题：划定生态保护红线 内容摘要：紧紧围绕建设美丽中国深化生态文明体制改革，加快建立生态文明制度，建立系统完整的生态文明制度体系；健全自然资源资产产权制度和用途管制制度，划定生态保护红线；实行资源有偿使用制度和生态补偿制度；改革生态环境保护管理体制
党的十八届五中全会公报（2015年10月）	主题：提出绿色发展，将“生态环境质量总体改善”列入全面建成小康社会的新目标 内容摘要：牢固树立并切实贯彻创新、协调、绿色、开放、共享的新发展理念；推动生产方式绿色化；推进空间格局绿色化；加强生态文明制度建设；坚持节约资源和保护环境的基本国策；推进美丽中国建设；构建科学合理的生态安全格局；推动建立绿色低碳循环发展产业体系；加快建设主体功能区；推动低碳循环发展，建设清洁低碳、安全高效的现代能源体系，实施近零碳排放区示范工程；实行省以下环保机构监测监察执法垂直管理制度；筑牢生态安全屏障

① 胡锦涛. 坚定不移沿着中国特色社会主义道路前进 为全面建成小康社会而奋斗：在中国共产党第十八次全国代表大会上的报告[M]. 北京：人民出版社，2012：33-35.

（续表）

文件名称	生态安全屏障法治建设内容
党的十九大报告①（2017年10月）	主题：将“建设美丽中国”提升到人类命运共同体理念的高度，就“美丽中国”的强国目标制定明晰的时间表，将建设生态文明提升为“千年大计” 内容摘要：到2020年，坚决打好污染防治攻坚战；到2035年，生态环境根本好转，美丽中国目标基本实现；到21世纪中叶，把我国建成富强民主文明和谐美丽的社会主义现代化强国，物质文明、政治文明、精神文明、社会文明、生态文明将全面提升。坚持人与自然和谐共生，建设生态文明是中华民族永续发展的千年大计；树立和践行绿水青山就是金山银山的理念，坚持节约资源和保护环境的基本国策，像对待生命一样对待生态环境；加快生态文明体制改革，建设美丽中国；推进绿色发展；着力解决突出环境问题；加大生态系统保护力度
党的十九届四中全会公报（2019年10月）	主题：坚持和完善生态文明制度体系 内容摘要：坚持和完善生态文明制度体系，促进人与自然和谐共生；生态文明建设是关系中华民族永续发展的千年大计；践行绿水青山就是金山银山的理念，坚持节约资源和保护环境的基本国策;坚持节约优先、保护优先、自然恢复为主的方针；坚定走生产发展、生活富裕、生态良好的文明发展道路，建设美丽中国;实行最严格的生态环境保护制度，全面建立资源高效利用制度，健全生态保护和修复制度，严明生态环境保护责任制度
党的十九届五中全会公报（2020年10月）	主题：明确提出2035年“美丽中国建设目标基本实现”的社会主义现代化远景目标和“十四五”时期“生态文明建设实现新进步”的新目标新任务 内容摘要：广泛形成绿色生产生活方式，碳排放达峰后稳中有降，生态环境根本好转，美丽中国建设目标基本实现;生态文明建设实现新进步;推动绿色发展，促进人与自然和谐共生；坚持绿水青山就是金山银山的理念，坚持尊重自然、顺应自然、保护自然，坚持节约优先、保护优先、自然恢复为主，守住自然生态安全边界；深入实施可持续发展战略，完善生态文明领域统筹协调机制，构建生态文明体系，促进经济社会发展全面绿色转型，建设人与自然和谐共生的现代化；要加快推动绿色低碳发展，持续改善环境质量，提升生态系统质量和稳定性，全面提高资源利用效率

① 习近平.决胜全面建成小康社会 夺取新时代中国特色社会主义伟大胜利：在中国共产党第十九次全国代表大会上的报告[M].北京：人民出版社，2017：26-28.

（续表）

文件名称	生态安全屏障法治建设内容
党的二十大报告（2022年10月）	主题：推动绿色发展，促进人与自然和谐共生 内容摘要：牢固树立和践行绿水青山就是金山银山的理念，站在人与自然和谐共生的高度谋划发展。加快发展方式绿色转型，加快推动产业结构、能源结构、交通运输结构等调整优化，发展绿色低碳产业，倡导绿色消费，推动形成绿色低碳的生产方式和生活方式；深入推进环境污染防治，坚持精准治污、科学治污、依法治污，持续深入打好蓝天、碧水、净土保卫战；提升生态系统多样性、稳定性、持续性。以国家重点生态功能区、生态保护红线、自然保护地等为重点，加快实施重要生态系统保护和修复重大工程；积极稳妥推进碳达峰碳中和，立足我国能源资源禀赋，坚持先立后破，有计划分步骤实施碳达峰行动，提升生态系统碳汇能力；积极参与应对气候变化全球治理

可见，党的十六大以来，党对生态安全建设的认知经历了从“保护资源与保护环境作为基本国策、将生态良好提升到道路高度”，到“建设资源节约型、环境友好型社会”；从“促进人与自然相和谐”到“建设生态文明”；从“提高生态文明水平”，到“坚持人与自然和谐共生”等几个阶段。[①] 总体来看，党的十八大以前，我们党仍然把生态安全问题看作一个局部阻碍问题，相较于政治、经济、文化、社会问题而言，生态安全问题是附庸于社会主义政治、经济事业的，生态安全问题仍然被视作一个如果处理不好就会影响中国特色社会主义发展的局部阻碍问题。[②] 生态安全建设思路主要是倡导绿色循环低碳经济，强调“必须把建设资源节约型、环境友好型社会放在工业化、现代化发展战略的突出位置”，进而提出了科学发展观的战略思想。党在十八大上第一次将生态文明建设纳入中国特色社会主义“五位一体”总体布局，首次提出

① 蒋光贵. 从十六大到十八大党对生态文明建设的认识历程[J]. 上海党史与党建，2013（4）：7-9.

② 聂义明. 建国以来中国共产党生态文明认识历程及特点[J]. 农村经济与科技，2020，31（23）：47-49.

“美丽中国”的生态文明建设总体目标，把生态文明建设提升到与“政治、经济、文化、社会”同样重要的战略高度，并进而在党的十九大上提出了“坚持人与自然和谐共生”的基本方略，这说明我们党认识到生态环境质量与人类文明的延续密切相关，开始把生态问题视为全局发展问题，从而提出了“生态兴则文明兴，生态衰则文明衰”的生态安全建设理念。

第二节　国务院政府工作报告中的相关内容

梳理2000年以来国务院政府工作报告中有关生态安全屏障法治建设的相关政策内容，准确理解国家有关生态安全屏障法治建设的政策内涵，厘清国家在不同社会发展阶段所采用生态安全屏障法治建设具体政策的差异性，既可为本研究提供重要的政策依据，又可确保研究内容的准确性和科学性（见表2-2）。

表2-2　2000—2022年国务院政府工作报告中生态安全屏障法治建设内容整理一览

年份	内容
2000年	主题：坚持走可持续发展道路 内容摘要：坚持走可持续发展道路；加大城市环境污染治理力度，抓好重点城市、流域、区域、海域污染防治工程，全面实现既定的环境保护和治理目标；搞好城乡规划工作；加强自然资源管理，依法保护和合理利用土地、森林、草原、矿产、海洋和水资源

（续表）

年份	内容
2001 年	主题：继续实施可持续发展战略 内容摘要：促进人口、资源、环境协调发展，把实施可持续发展战略放在更突出的位置；保护和合理利用资源；加强对海洋资源的综合开发利用和保护；积极开展资源回收利用，大力提高资源综合利用率；健全资源的有偿使用制度；完善资源保护和利用的法律法规，强化执法监督；加强生态建设和环境保护；抓好长江上游、黄河上中游等地区的天然林保护工程建设；继续加强东北、华北、西北和长江中下游等重点防护林体系建设；加强天然草原的保护和建设；抓紧治理京津地区风沙源；继续开展重点流域、区域、海域的污染治理；综合治理城市污染，搞好城市绿化，使大中城市环境质量明显改善；重视农村污染治理和环境保护；健全环境、气象和地震监测体系，做好防灾减灾工作。在西部大开发中把水资源的保护、节约和开发放在突出位置，加强规划，合理配置，努力提高水的利用效率；有步骤且因地制宜地推进天然林保护、退耕还林还草以及防沙治沙、草原保护等重要工程的建设，注意发挥生态的自我修复能力，逐步建成我国西部牢固的绿色生态屏障
2002 年	主题：走可持续发展之路 内容摘要：走可持续发展之路，依法保护和合理利用土地、矿产、淡水、海洋、森林、草原和气候资源，实行严格的耕地、林地管理制度，注重节水节能；提高资源综合利用率，健全资源有偿使用制度；继续加大环保投入，加强生态环境保护和污染防治；加快重点治理工程建设，改善重点流域、区域、城市、海域的环境质量，有效控制和降低污染物排放；推行清洁生产，发展环保产业；加强生态示范区建设；大力植树种草，加强湿地保护；建立环境保护和防灾减灾保障体系。在西部大开发中继续实施退耕还林、天然林保护、“三北”防护林和防沙治沙工程
2003 年	主题：认真实施可持续发展战略 内容摘要：切实保护、合理开发和节约使用各种自然资源；进行海洋开发；加强生态环境保护和建设，大力发展环保产业；加强重点流域、区域、海域污染防治和城市环境综合整治。在西部大开发中继续加强生态环境建设，切实搞好退耕还林、天然林保护和防沙治沙工作；实施天然草原退牧还草工程，加强相关法治建设
2004 年	主题：积极实施可持续发展战略 内容摘要：积极实施可持续发展战略，认真实施全国生态环境保护和建设规划，实施以生态建设为主的林业发展战略；加大执法力度，强化生态环境监管；严格控制主要污染物排放，抓紧解决严重威胁人民群众健康安全的环境污染问题；大力发展循环经济，推行清洁生产；依法保护与合理利用国土资源；重视海洋资源开发与保护；加强水资源保护和节约利用

（续表）

年份	内容
2005年	主题：加快推进经济结构调整和增长方式转变 内容摘要：注重能源资源节约和合理利用，坚决实行开发和节约并举、把节约放在首位的方针；鼓励开发和应用节能降耗的新技术；抓紧进行专项规划，明确各行业节能降耗的标准、目标和政策措施；抓好重点行业的节能节水节材工作；大力发展循环经济；从资源开采、生产消耗、废弃物利用和社会消费等环节，加快推进资源综合利用和循环利用；积极开发新能源和可再生能源；完善资源开发利用补偿机制和生态环境恢复补偿机制；大力倡导节约能源资源的生产方式和消费方式，在全社会形成节约意识和风气，加快建设节约型社会；加强环境保护和生态建设；以水污染防治为重点，加强工业和城市污染治理，加强农村面源污染治理，加强饮用水源地保护；实行严格的排污总量控制制度，加大环保监督和执法力度；大力推行清洁生产，发展环保产业；继续搞好天然林保护和草原建设，加强风沙源和水土流失治理
2006年	主题：加大产业结构调整、资源节约和环境保护力度 内容摘要：抓好资源节约工作，促进资源合理开发和节约使用；抓紧制定和完善各行业节能、节水、节地、节材标准，推进节能降耗重点项目建设，促进土地集约利用；大力推动以节能降耗为重点的设备更新和技术改造，加快淘汰高耗能、高耗水、高耗材的工艺、设备和产品；大力发展循环经济，在重点行业、产业园区、城市和农村实施一批循环经济试点；全面加强管理，把节能降耗纳入经济社会发展的统计、评价考核体系，建立信息发布制度；在全社会广泛持久地开展资源节约活动，使建设资源节约型社会深入人心，蔚成风气；加快建设环境友好型社会；加强对水源、土地、森林、草原、海洋等自然资源生态保护；大力推行清洁生产，加强工业废水治理工程建设；抓好大气污染防治和重点城市污水处理、生活垃圾无害化处理；继续实施自然生态保护工程；抓紧建立生态补偿机制；强化环境和生态保护执法检查，健全环境保护的监测体系、评价考核和责任追究制度

（续表）

年份	内容
2007年	主题：大力抓好节能降耗、保护环境和节约集约用地 内容摘要：把节能降耗、保护环境和节约集约用地作为转变经济增长方式的突破口和重要抓手；完善并严格执行能耗和环保标准；突出抓好重点行业和企业；健全节能环保政策体系，健全矿产资源有偿使用制度，加快建立生态环境补偿机制；保护和合理开发利用海洋资源；加快节能环保技术进步；加强资源综合利用和清洁生产，大力发展循环经济和节能环保产业；加大污染治理和环境保护力度；禁止污染企业和城市污染物向农村扩散，控制农村面源污染；强化执法监督管理，建立更加有效的节能环保监督管理体系；认真落实节能环保目标责任制；抓紧建立和完善科学、完整、统一的节能减排指标体系、监测体系和考核体系，实行严格的问责制；守住全国耕地不少于18亿亩这条红线；大力倡导节约、环保、文明的生产方式和消费模式，让节约资源、保护环境成为每个企业、村庄、单位和每个社会成员的自觉行动，努力建设资源节约型和环境友好型社会
2008年	主题：加大节能减排和环境保护力度，做好产品质量安全工作 内容摘要：落实电力、钢铁、水泥、煤炭、造纸等行业淘汰落后生产能力计划；抓好重点企业节能和重点工程建设，加快十大重点节能工程实施进度；开发和推广节约、替代、循环利用资源和治理污染的先进适用技术，实施节能减排重大技术和示范工程；做好“三河三湖”、南水北调水源及沿线、三峡库区和松花江等重点流域污染防治工作，实施渤海环境保护总体规划；加强农村饮用水水源地保护，推进农村生活污染治理，严格控制农村地区工业污染，加强畜禽、水产养殖污染治理，控制农业面源污染；鼓励和支持发展循环经济，促进再生资源回收利用。全面推行清洁生产；加强土地、水、草原、森林、矿产等资源的保护和节约集约利用，严厉查处乱采滥挖矿产资源等违法违规行为。搞好海洋资源保护和合理利用，发展海洋经济；实施应对气候变化国家方案，加强应对气候变化能力建设；完善能源资源节约和环境保护奖惩机制；增强全社会生态文明观念，动员全体人民更加积极地投身于资源节约型、环境友好型社会建设

（续表）

年份	内容
2009 年	主题：加强节能减排和生态环保工作 内容摘要：继续抓好国家《节能减排综合性工作方案》的实施工作。突出抓好工业、交通、建筑三大领域节能工作，继续推进十大重点节能工程建设，落实电机、锅炉、汽车、空调、照明等方面的节能措施。积极发展核电、风电、太阳能发电等清洁能源，推进洁净煤技术产业化。认真落实生态环保的各项政策措施。继续强化重点流域、区域污染防治，加强石漠化、荒漠化治理，实施重点防护林、天然林保护和京津风沙源治理等生态建设工程。推进农村环境综合整治。整顿规范矿产资源开发秩序。合理开发利用海洋资源。继续做好应对气候变化国家方案的工作。加强气象、地震、防灾减灾、测绘基础研究和能力建设
2010 年	主题：打好节能减排攻坚战和持久战 内容摘要：以工业、交通、建筑为重点，大力推进节能工作，提高能源利用效率。扎实推进十大重点节能工程、千家企业节能行动和节能产品惠民工程，今年新增 8 000 万吨标准煤的节能能力。所有燃煤机组都要加快建设并运行烟气脱硫设施。加强环境保护，积极推进重点流域区域环境治理及城镇污水垃圾处理、农业面源污染治理、重金属污染综合整治等工作，新增城镇污水日处理能力 1 500 万立方米、垃圾日处理能力 6 万吨。积极发展循环经济和节能环保产业。支持循环经济技术研发、示范推广和能力建设。抓好节能、节水、节地、节材工作。推进矿产资源综合利用、工业废物回收利用、余热余压发电和生活垃圾资源化利用。合理开发利用和保护海洋资源。积极应对气候变化，加强适应和减缓气候变化的能力建设，大力开发低碳技术，推广高效节能技术，积极发展新能源和可再生能源，加强智能电网建设。加快国土绿化进程，增加森林碳汇，新增造林面积不低于 592 万公顷。努力建设以低碳排放为特征的产业体系和消费模式。积极参与应对气候变化国际合作，推动全球应对气候变化取得新进展

（续表）

年份	内容
2011 年	主题：加强节能环保和生态建设，积极应对气候变化 内容摘要：抓好工业、建筑、交通运输、公共机构等领域节能工作。继续实施重点节能工程。大力开展工业节能工作，推广节能技术，运用节能设备，提高能源利用效率。加大既有建筑节能改造投入，积极推进新建建筑节能。大力发展循环经济。推进低碳城市试点。加强适应气候变化特别是应对极端气候事件能力建设。建立完善温室气体排放和节能减排统计监测制度。加强海洋污染治理。加快重点流域水污染治理、大气污染治理、重点地区重金属污染治理和农村环境综合整治，控制农村面源污染。继续实施重大生态修复工程，加强重点生态功能区保护和管理，实施天然林资源保护二期工程，落实草原生态保护补助奖励政策，巩固退耕还林还草、退牧还草等成果，大力开展植树造林，加强湿地保护与恢复，推进荒漠化、石漠化综合治理
2012 年	主题：推进节能减排和生态环境保护 内容摘要：抓紧制定出台合理控制能源消费总量工作方案，加快理顺能源价格体系。突出抓好工业、交通、建筑、公共机构、居民生活等重点领域和千家重点耗能企业节能减排工作，进一步淘汰落后产能。加强用能管理，优化能源结构，加强能源通道建设。深入贯彻节约资源和保护环境基本国策。开展节能认证和能效标识监督检查，大力发展循环经济。加强环境保护，着力解决关系民生的突出环境问题。努力减少农业面源污染。严格监管危险化学品。推进生态建设，建立健全生态补偿机制，促进生态保护和修复，加强草原生态建设，大力开展植树造林，推进荒漠化、石漠化、坡耕地治理，严格保护江河源、湿地、湖泊等重要生态功能区。加强适应气候变化特别是应对极端气候事件能力建设，提高防灾减灾能力。坚持共同但有区别的责任原则和公平原则，建设性推动应对气候变化国际谈判进程
2013 年	主题：大力加强生态文明建设和环境保护 内容摘要：坚持节约资源和保护环境的基本国策，加强生态文明制度建设，着力推进绿色发展、循环发展、低碳发展。大力推进能源资源节约和循环利用，重点抓好工业、交通、建筑、公共机构等领域节能工作，控制能源消费总量，降低能耗、物耗和二氧化碳排放强度。加快调整经济结构和布局，抓紧完善标准、制度和法规体系，采取切实的防治污染措施，促进生产方式和生活方式的转变，解决好关系群众切身利益的大气、水、土壤等突出环境污染问题。做好气象、地质、地震等方面工作，提高防灾减灾能力。优化国土空间开发格局，合理控制开发强度，调整空间结构。加强海洋综合管理，发展海洋经济，提高海洋资源开发能力，保护海洋生态环境，维护国家海洋权益。大力宣传我国提出的生态文明建设战略决策

（续表）

年份	内容
2014年	主题：努力建设生态文明的美好家园 内容摘要：①强化污染防治。以雾霾频发的特大城市和区域为重点，以细颗粒物（PM_5）和可吸入颗粒物（PM_{10}）治理为突破口，抓住产业结构、能源效率、尾气排放和扬尘等关键环节，健全政府、企业、公众共同参与新机制，实行区域联防联控，深入实施大气污染防治行动计划。实施清洁水行动计划，推进重点流域污染治理。实施土壤修复工程。整治农业面源污染，建设美丽乡村。②推动能源生产和消费方式变革。加大节能减排力度，提高非化石能源发电比重。推进资源性产品价格改革，建立健全居民用水、用气阶梯价格制度。实施建筑能效提升、节能产品惠民工程，发展循环经济，提高应对气候变化能力。强化节水、节材和资源综合利用。加快开发应用节能环保技术和产品。③推进生态保护与建设。继续进行退耕还林还草，实施退牧还草、天然林保护、防沙治沙、水土保持、石漠化治理、湿地恢复等重大生态工程。加强三江源生态保护。落实主体功能区制度，推动建立跨区域生态补偿机制
2015年	主题：加强环境治理和生态保护 内容摘要：①继续抓好节能减排和环境治理。深入实施大气污染防治行动计划，实行区域联防联控。推广新能源汽车，在重点区域内重点城市全面供应国五标准车用汽柴油。实施水污染防治行动计划，实行从水源地到水龙头全过程监管。加强土壤污染防治。推行环境污染第三方治理。做好环保税立法工作。严格环境执法。积极应对气候变化，扩大碳排放权交易试点。②推动能源生产和消费方式变革。大力发展风电、光伏发电、生物质能，积极发展水电，安全发展核电，开发利用页岩气、煤层气。控制能源消费总量，加强工业、交通、建筑等重点领域节能。积极发展循环经济，大力推进工业废物和生活垃圾资源化利用。把节能环保产业打造成新兴的支柱产业。③推进生态保护与建设。推进重大生态工程建设，拓展重点生态功能区，办好生态文明先行示范区，开展国土江河综合整治试点，扩大流域上下游横向补偿机制试点，保护好三江源。扩大天然林保护范围，有序停止天然林商业性采伐

（续表）

年份	内容
2016年	主题：加大环境治理力度，推动绿色发展取得新突破 内容摘要：①重拳治理大气雾霾和水污染。主要污染物排放继续减少。着力减少燃煤排放和机动车排放。加强煤炭清洁高效利用。全面实施燃煤电厂超低排放和节能改造。加快淘汰不符合强制性标准的燃煤锅炉。增加天然气供应，完善风能、太阳能、生物质能等发展扶持政策，提高清洁能源比重。全面推广车用燃油国五标准。在重点区域实行大气污染联防联控。全面推进城镇污水处理设施建设与改造，加强农业面源污染和流域水环境综合治理。加大工业污染源治理力度，对排污企业全面实行在线监测。严格执行新修订的环境保护法，依法严厉打击超排偷排者，依法严肃追究姑息纵容者。②大力发展节能环保产业。扩大绿色环保标准覆盖面。完善扶持政策，支持推广节能环保先进技术装备，广泛开展合同能源管理和环境污染第三方治理。开展全民节能、节水行动。③加强生态安全屏障法治建设。健全生态保护补偿机制。停止天然林商业性采伐，实行新一轮草原生态保护补助奖励政策。推进地下水超采区综合治理试点，实施湿地等生态保护与恢复工程，继续治理荒漠化、石漠化和水土流失
2017年	主题：加大生态环境保护治理力度 内容摘要：①坚决打好蓝天保卫战。加快解决燃煤污染问题，实施散煤综合治理，加大燃煤电厂超低排放和节能改造力度，抓紧解决机制和技术问题，优先保障清洁能源发电上网，加快秸秆综合利用。全面推进污染源治理，开展重点行业污染治理专项行动。对所有重点工业污染源实行24小时在线监控，确保监控质量。有效应对重污染天气，加强对大气污染的源解析和雾霾形成机理研究，扩大重点区域联防联控范围，强化预警和应急措施。严格环境执法和督查问责。②强化水、土壤污染防治。抓好重点流域、区域、海域水污染和农业面源污染防治。进行土壤污染详查，分类制定实施治理措施。加强城乡环境综合整治，倡导绿色生活方式，普遍推行垃圾分类制度。培育壮大节能环保产业，发展绿色再制造和资源循环利用产业，使环境改善与经济发展实现双赢。③推进生态保护和建设。抓紧划定并严守生态保护红线。积极应对气候变化。启动森林质量提升、长江经济带重大生态修复、第二批山水林田湖生态保护工程试点，加强荒漠化、石漠化治理，积累更多生态财富，构筑可持续发展的绿色长城

（续表）

年份	内容
2018年	主题：推进污染防治取得更大成效 内容摘要：巩固蓝天保卫战成果。推动钢铁等行业超低排放改造。提高污染排放标准，实行限期达标。大力发展清洁能源。开展柴油货车、船舶超标排放专项治理，继续淘汰老旧车。深入推进水、土壤污染防治。实施重点流域和海域综合治理工作，全面整治黑臭水体。加大污水处理设施建设力度，完善收费政策。加强固体废弃物和垃圾分类处置，严禁"洋垃圾"入境。加强生态系统保护和修复，全面划定并严守生态保护红线，增加耕地轮作休耕试点面积，加强地下水保护和修复，扩大湿地保护和恢复范围，深化国家公园体制改革试点。严控填海造地。严格环境执法和问责。要携手行动，建设天蓝、地绿、水清的美丽中国
2019年	主题：加强污染防治和生态建设，大力推动绿色发展 内容摘要：①持续推进污染防治。持续开展京津冀及周边、长三角、汾渭平原大气污染治理攻坚工作，加强工业、燃煤、机动车三大污染源治理。加快治理黑臭水体，防治农业面源污染，推进重点流域和近岸海域综合整治。加强固体废弃物和城市垃圾分类处置，促进减量化、资源化、无害化。加强污染防治重大科技攻关。改革创新环境治理方式。②壮大绿色环保产业。坚持源头治理，调整优化能源结构。推进煤炭清洁化利用。健全天然气产供储销体系。大力发展可再生能源，促进资源节约集约和循环利用。推广绿色建筑、绿色快递包装。改革完善环境经济政策，健全排污权交易制度。加快发展绿色金融，培育一批专业化环保骨干企业，提升绿色发展能力。③加强生态系统保护修复。推进山水林田湖草生态保护修复工程试点。持续抓好国土绿化，加强荒漠化、石漠化、水土流失治理。加大生物多样性保护力度。继续开展退耕还林还草还湿。深化国家公园体制改革。健全生态补偿机制
2020年	主题：提高生态环境治理成效 内容摘要：①突出依法、科学、精准治污。深化重点地区大气污染治理攻坚。加强污水、垃圾处置设施建设，推进生活垃圾分类。加快人口密集区危化品生产企业搬迁改造。壮大节能环保产业。②严惩非法捕杀、交易、食用野生动物行为。实施重要生态系统保护和修复重大工程，促进生态文明建设

（续表）

年份	内容
2021 年	主题：加强污染防治和生态建设，持续改善环境质量 内容摘要：①继续加大生态环境治理力度。深入实施可持续发展战略，巩固蓝天、碧水、净土保卫战成果，促进生产生活方式绿色转型。强化大气污染综合治理和联防联控。整治入河入海排污口和城市黑臭水体，提高城镇生活污水收集和园区工业废水处置能力，严格土壤污染源头防控，加强农业面源污染治理。继续严禁洋垃圾入境。有序推进城镇生活垃圾分类处置。推动快递包装绿色转型。加强危险废物、医疗废物收集处理。研究制定生态保护补偿条例。落实长江十年禁渔，实施生物多样性保护重大工程，科学推进荒漠化、石漠化、水土流失综合治理，持续开展大规模国土绿化行动，保护海洋生态环境，推进生态系统保护和修复，让人们生活的家园拥有更多碧水蓝天。②扎实做好碳达峰、碳中和各项工作。制定 2030 年前碳排放达峰行动方案。优化产业结构和能源结构。推动煤炭清洁高效利用，大力发展新能源，在确保安全的前提下积极有序发展核电。扩大环境保护、节能节水等企业所得税优惠目录范围，促进新型节能环保技术、装备和产品研发应用，培育壮大节能环保产业，推动资源节约高效利用。加快建设全国用能权、碳排放权交易市场，完善能源消费双控制度。提升生态系统碳汇能力。以实际行动为全球应对气候变化做出应有贡献。实施金融支持绿色低碳发展专项政策，设立碳减排支持工具
2022 年	主题：持续改善生态环境，推动绿色低碳发展 内容摘要：①加强生态环境综合治理。深入打好污染防治攻坚战。强化大气多污染物协同控制和区域协同治理，加大重要河湖、海湾污染整治力度，持续推进土壤污染防治。加强固体废物和新污染物治理，推行垃圾分类和减量化、资源化。完善节能节水、废旧物资循环利用等环保产业支持政策。加强生态环境分区管控，科学开展国土绿化，统筹山水林田湖草沙系统治理，保护生物多样性，推进以国家公园为主体的自然保护地体系建设，要让人们生活的家园更绿更美。②有序推进碳达峰与碳中和工作。落实碳达峰行动方案。推动能源革命，确保能源供应，立足资源禀赋，坚持先立后破、通盘谋划，推进能源低碳转型。加强煤炭清洁高效利用，有序减量替代，推动煤电节能降碳改造、灵活性改造、供热改造。推进大型风光电基地及其配套调节性电源规划建设，加强抽水蓄能电站建设，提升电网对可再生能源发电的消纳能力。支持生物质能发展。推进绿色低碳技术研发和推广应用，建设绿色制造和服务体系，推进钢铁、有色、石化、化工、建材等行业节能降碳，强化交通和建筑节能。坚决遏制高耗能、高排放、低水平项目盲目发展。提升生态系统碳汇能力。推动能耗“双控”向碳排放总量和强度“双控”转变，完善减污降碳激励约束政策，发展绿色金融，加快形成绿色低碳生产生活方式

资料来源：中华人民共和国中央人民政府网 https://www.gov.cn。

2000—2022 年国务院政府工作报告中，对生态安全建设的相关内容呈现出阶段性特征，政策理念经历了从“污染防治观”到“生态文明观”的演变，政策类别经历了从政府干预到市场激励，再到公众参与和全社会共同监督的演进。

2000—2004 年以“可持续发展战略”为主题，无论在具体制度安排上还是在具体工程建设上都紧紧围绕“可持续发展战略”展开。在具体政策上，突出强调完善提高自然资源利用效率的相关制度；在具体工程建设上，突出强调重点流域、区域、海域的工程治理。

2005—2007 年以“节约节能”为主题，将调整产业结构、转变经济增长方式、大力发展循环经济作为打造资源节约型和环境友好型社会的有效途径。在具体政策上，突出强调完善节约节能的相关举措；在具体工程建设上，继续搞好天然林保护和草原建设，加强风沙源和水土流失治理工程。

2008—2012 以“节能减排”为主题，强调节能与减排并举，积极应对气候变化。在具体政策上，抓好节能、节水、节地、节材工作；在工程建设上，突出抓好工业、交通、建筑三大领域节能工程，着力推进十大重点节能工程建设。

2013 至今以“生态文明、绿色发展”为主题，强调建设生态文明的美好家园，加大生态环境保护治理力度，推进污染防治取得更大成效，推动绿色低碳发展。在具体政策上，突出生态文明体制和制度建设，完善生态安全建设法律体系；在工程建设上，实施大气污染防治行动计划，深入打好污染防治攻坚战，有序推进碳达峰碳中和工作，实施重要生态系统保护和修复重大工程。

第三节　规划纲要中的相关内容

进入21世纪以来，我国先后颁布实施了“十五”至“十四五”国民经济与社会发展规划纲要，精准理解5部“五年”规划纲要中有关生态安全政策的连贯性与系统性，对在研究中坚持问题导向、把脉问题症结具有重要意义（见表2–3）。

表2–3　“十五”至“十四五”规划纲要中生态安全屏障法治建设内容整理一览

文件名称	内容
《中华人民共和国国民经济和社会发展第十个五年计划纲要》	主题：加强生态建设，保护和治理环境 目标：生态恶化趋势得到遏制，森林覆盖率提高到18.2%，城市建成区绿化覆盖率提高到35%。城乡环境质量改善，主要污染物排放总量比2000年减少10%。资源节约和保护取得明显成效 内容摘要：把改善生态、保护环境作为经济发展和提高人民生活质量的重要内容，加强生态建设，遏制生态恶化，加大环境保护和治理力度，提高城乡环境质量 1. 加强生态建设。组织实施重点地区生态环境建设综合治理工程，长江上游、黄河上中游和东北内蒙古等地区的天然林保护工程，以及退耕还林还草工程。加强以京津风沙源和水源为重点的治理与保护，建设环京津生态圈。继续建设“三北”、沿海、珠江等防护林体系，加速营造速生丰产林和工业原料林。“十五”期间，新增治理水土流失面积2 500万公顷，治理“三化”草地面积1 650万公顷 2. 保护和治理环境。强化环境污染综合治理，使城乡特别是大中城市环境质量得到明显改善。抓紧治理水污染源，加快城市污水处理设施建设，加强近岸海域水质保护，加强大气污染防治，推行垃圾无害化与危险废弃物集中处理。推行清洁生产，加强噪声污染治理。积极开展农村环境保护工作，完善环境标准和法规，全面推行污水和垃圾处理收费制度，推行绿色消费方式

（续表）

文件名称	内容
《中华人民共和国国民经济和社会发展第十一个五年规划纲要》	主题：建设资源节约型、环境友好型社会 目标：可持续发展能力增强；耕地保有量保持1.2亿公顷，淡水、能源和重要矿产资源保障水平提高；生态环境恶化趋势基本遏制，主要污染物排放总量减少10%，森林覆盖率达到20%，控制温室气体排放取得成效 内容摘要：落实节约资源和保护环境基本国策，建设低投入、高产出，低消耗、少排放，能循环、可持续的国民经济体系和资源节约型、环境友好型社会 1. 发展循环经济。坚持开发节约并重、节约优先，按照减量化、再利用、资源化的原则，在资源开采、生产消耗、废物产生、消费等环节，逐步建立全社会的资源循环利用体系。节约能源；节约用水；节约土地；节约材料；加强资源综合利用；强化促进节约的政策措施 2. 保护修复自然生态。生态保护和建设的重点要从事后治理向事前保护转变,从人工建设为主向自然恢复为主转变,从源头上扭转生态恶化趋势。在天然林保护区、重要水源涵养区等限制开发区域建立重要生态功能区，促进自然生态恢复。健全法制、落实主体、分清责任，加强对自然保护区的监管。有效保护生物多样性，防止外来有害物种对我国生态系统的侵害。按照谁开发谁保护、谁受益谁补偿的原则，建立生态补偿机制 3. 加大环境保护力度。坚持预防为主、综合治理，强化从源头防治污染，坚决改变先污染后治理、边治理边污染的状况。以解决影响经济社会发展特别是严重危害人民健康的突出问题为重点，有效控制污染物排放，尽快改善重点流域、重点区域和重点城市的环境质量。加强水污染防治；加强大气污染防治；加强固体废物污染防治；实行强有力的环保措施 4. 强化资源管理实行有限开发、有序开发、有偿开发，加强对各种自然资源的保护和管理。加强水资源管理；加强土地资源管理；加强矿产资源管理 5. 合理利用海洋和气候资源。保护和开发海洋资源；开发利用气候资源

（续表）

文件名称	内容
《中华人民共和国国民经济和社会发展第十二个五年规划纲要》	主题：绿色发展，建设资源节约型、环境友好型社会 目标：资源节约环境保护成效显著。耕地保有量保持在 18.18 亿亩（约等于 12 533 平方米）。单位工业增加值用水量降低 30%，农业灌溉用水有效利用系数提高到 0.53。非化石能源占一次能源消费比重达到 11.4%。单位国内生产总值能源消耗降低 16%，单位国内生产总值二氧化碳排放降低 17%。主要污染物排放总量显著减少，化学需氧量、二氧化硫排放分别减少 8%，氨氮、氮氧化物排放分别减少 10%。森林覆盖率提高到 21.66%，森林蓄积量增加 6 亿立方米 内容摘要：以节能减排为重点，健全激励与约束机制，加快构建资源节约、环境友好的生产方式和消费模式，增强可持续发展能力，提高生态文明水平 1. 积极应对全球气候变化。坚持减缓和适应气候变化并重，充分发挥技术进步的作用，完善体制机制和政策体系，提高应对气候变化能力。控制温室气体排放；增强适应气候变化能力；广泛开展国际合作 2. 加强资源节约和管理。落实节约优先战略，全面实行资源利用总量控制、供需双向调节、差别化管理，大幅度提高能源资源利用效率，提升各类资源保障程度。大力推进节能降耗；加强水资源节约；节约集约利用土地；加强矿产资源勘查、保护和合理开发 3. 大力发展循环经济。按照减量化、再利用、资源化的原则，减量化优先，以提高资源产出效率为目标，推进生产、流通、消费各环节循环经济发展，加快构建覆盖全社会的资源循环利用体系。推行循环型生产方式；健全资源循环利用回收体系；推广绿色消费模式；强化政策和技术支撑 4. 加大环境保护力度。以解决饮用水不安全和空气、土壤污染等损害群众健康的突出环境问题为重点，加强综合治理，明显改善环境质量。强化污染物减排和治理；防范环境风险；加强环境监管 5. 促进生态保护和修复。坚持保护优先和自然修复为主，加大生态保护和建设力度，从源头上扭转生态环境恶化趋势。构建生态安全屏障；强化生态保护与治理；建立生态补偿机制 6. 加强水利和防灾减灾体系建设。加强水利基础设施建设，在继续推进大江大河治理基础上，积极开展重要支流、湖泊和中小河流治理，增强城乡供水和防洪能力。健全防灾减灾体系，增强抵御自然灾害能力。提高供水保障能力；增强防洪能力；加强山洪地质气象地震灾害防治

（续表）

文件名称	内容
《中华人民共和国国民经济和社会发展第十三个五年规划纲要》	主题：加快改善生态环境 目标：生态环境质量总体改善。生产方式和生活方式绿色、低碳水平上升。能源资源开发利用效率大幅提高，能源和水资源消耗、建设用地、碳排放总量得到有效控制，主要污染物排放总量大幅减少。主体功能区布局和生态安全屏障基本形成 内容：以提高环境质量为核心，以解决生态环境领域突出问题为重点，加大生态环境保护力度，提高资源利用效率，为人民提供更多优质生态产品，协同推进人民富裕、国家富强、中国美丽 1. 加快建设主体功能区。强化主体功能区作为国土空间开发保护基础制度的作用，加快完善主体功能区政策体系，推动各地区依据主体功能定位发展。推动主体功能区布局基本形成；健全主体功能区配套政策体系；建立空间治理体系 2. 推进资源节约集约利用。树立节约集约循环利用的资源观，推动资源利用方式根本转变，加强全过程节约管理，大幅提高资源利用综合效益。全面推动能源节约；全面推进节水型社会建设；强化土地节约集约利用；加强矿产资源节约和管理；大力发展循环经济；倡导勤俭节约的生活方式；建立健全资源高效利用机制 3. 加大环境综合治理力度。创新环境治理理念和方式，实行最严格的环境保护制度，强化排污者主体责任，形成政府、企业、公众共治的环境治理体系，实现环境质量总体改善。深入实施污染防治行动计划；大力推进污染物达标排放和总量减排；严密防控环境风险；加强环境基础设施建设；改革环境治理基础制度

（续表）

文件名称	内容
《中华人民共和国国民经济和社会发展第十四个五年规划和2035年远景目标纲要》	主题：推动绿色发展促进人与自然和谐共生 目标：远景目标是广泛形成绿色生产生活方式，碳排放达峰后稳中有降，生态环境根本好转，美丽中国建设目标基本实现；“十四五”时期经济社会发展主要目标是生态文明建设实现新进步。国土空间开发保护格局得到优化，生产生活方式绿色转型成效显著，能源资源配置更加合理、利用效率大幅提高，单位国内生产总值能源消耗和二氧化碳排放分别降低13.5%、18%，主要污染物排放总量持续减少，森林覆盖率提高到24.1%，生态环境持续改善，生态安全屏障更加牢固，城乡人居环境明显改善 内容：坚持绿水青山就是金山银山的理念，坚持尊重自然、顺应自然、保护自然，坚持节约优先、保护优先、自然恢复为主，实施可持续发展战略，完善生态文明领域统筹协调机制，构建生态文明体系，推动经济社会发展全面绿色转型，建设美丽中国 1. 提升生态系统质量和稳定性。坚持山水林田湖草系统治理，着力提高生态系统自我修复能力和稳定性，守住自然生态安全边界，促进自然生态系统质量整体改善。完善生态安全屏障体系；构建自然保护地体系；健全生态保护补偿机制 2. 持续改善环境质量。深入打好污染防治攻坚战，建立健全环境治理体系，推进精准、科学、依法、系统治污，协同推进减污降碳，不断改善空气、水环境质量，有效管控土壤污染风险。深入开展污染防治行动；全面提升环境基础设施水平；严密防控环境风险；积极应对气候变化；健全现代环境治理体系 3. 加快发展方式绿色转型。坚持生态优先、绿色发展，推进资源总量管理、科学配置、全面节约、循环利用，协同推进经济高质量发展和生态环境高水平保护。全面提高资源利用效率；构建资源循环利用体系；大力发展绿色经济；构建绿色发展政策体系

资料来源：中国人大网 http：//www.npc.gov.cn。

“十五”规划纲要以遏制生态恶化为目标，以加强生态建设、保护和治理环境为手段，把改善生态、保护环境作为经济发展和提高人民生活质量的重要内容。这期间，组织实施了重点地区防护林工程建设，以京津风沙源和水源为重点的治理与保护，全面推行污水和垃圾处理收费制度。“十一五”规划纲要以增强可持续发展能力为目标，以建设资源节约型、环境友好型社会为路径。首次提出源头保护和自然恢复的观念，第一次把节约资源作为基本国策，说明生态安全建设的重点从事后治理向事前保护转变、从人工建设为主向自然恢复为主转变，注重从源头上扭转生态恶化趋势。[①]这段时期，中国环境与经济关系发生根本性调整，中国环境保护进入了以环境优化经济增长的新阶段[②]，生态保护修复方面更加突出源头保护和自然恢复的观念。“十二五”规划纲要以提高资源节约环境保护成效为目标，以绿色发展，建设资源节约型、环境友好型社会为路径，生态安全建设以节能减排为重点，坚持保护优先和自然修复为主，加大生态保护和建设力度，构建生态安全屏障，从源头上扭转生态环境恶化趋势。因此，从总体来看，国家在“十五”“十一五”和“十二五”期间，生态安全建设主要还是以遏制和扭转环境恶化为目的。“十三五”规划纲要以改善生态环境总体质量为目标，以加快改善生态环境为手段，以提高安全质量为核心，以解决生态安全领域突出问题为重点。生态安全建设理念实现了从人与自然对立统一向人与自然和谐共生、从“在发展中保护、保护中发展”到“坚持生态优先”的转变。生态安全建设实践注重主体功能区布局和生态安全屏障构建。“十四五”规划纲要将生态文明建设实现新进步和美丽中国建设基本实现作为生态安全建设的近期目标和远景目标，通过推动绿色发展来促进人与自然和谐共生，坚持绿水青山就是金山银山的理念，坚持节约优先、保护优先、生态优先。总之，国家在“十三五”“十四五”期间，生态安全建设真正实现了由“谁污染谁治理”到“坚持污染防治和生态保护并重”，再到经济与环境协调发展的转变，最后转向生态优先。

---

① 侯鹏，高吉喜，陈妍，等. 中国生态保护政策发展历程及其演进特征[J]. 生态学报，2021，41（4）：1656-1667.

② 周建. 环境保护进入以环境优化经济增长的新阶段[J]. 中国发展观察，2007（4）：34-35.

第三章　研究的相关概念界定

本章对研究内容涉及的相关概念，如生态安全、生态安全格局、生态安全屏障进行了学术界定，对它们的内涵与外延进行了理论上的厘清，为生态安全屏障法律保障制度构建奠定了理论基础。

第一节　生态安全

生态安全作为国家安全重要组成部分已成为世界各国的共识，特别是随着世界可持续发展大会、经济与环境大会、联合国气候大会等的召开，可持续发展、生态文明、人与自然生命共同体等理念的提出，以及全球和各国生态治理实践的深入，生态安全作为环境生态法学、政治学、社会学、外交学等学科研究呈现出愈久弥新的趋势。

一、生态安全的认知过程

国内外学者对生态安全的认知起始于“安全”定义的扩展，具体则重点围绕“环境变化”和“安全”之间的关系展开研究。对生态安全的认知过程经历了由浅入深的三个阶段。

（一）安全定义扩展阶段

美国学者莱斯特·R. 布朗最早将环境变化内涵明确引入安全概念。他早在1977年就提出要对国家安全重新界定，并在1981年的一本著作《建设一个持续发展的社会》中指出：“目前对安全的威胁，来自国与国间关系的较少，而来自人与自然间关系的可能较多。”“土壤侵蚀、地球基本生物系统的退化和石油储量的枯竭，目前正在威胁着每个国家的安全。”①

世界环境与发展委员会（WCED）1987年的报告《我们共同的未来》中明确指出：“安全的定义必须扩展，超出对国家主权的政治和军事威胁，而要包括环境恶化和发展条件遭到的破坏。”②

这个阶段，国际上对安全定义的扩展立足于“全球的”或是“全面的”安全视角，将安全概念从把环境压力作为主权国家安全的一个重要威胁扩展到把环境变化看成全球安全的共同问题。

（二）环境变化与安全的经验性认知阶段

国外学者对环境变化与安全之间关系的大量经验性研究，开始于20世纪90年代初期，环境退化与暴力冲突的关系是这时期研究的重点，研究项目主要有环境变化和剧烈冲突项目、环境与冲突项目。

环境变化和剧烈冲突项目的研究结论是：一方面，许多发展中国家环境资源亏缺成为导致暴力冲突的重要因素之一，且这种暴力冲突具有

---

① 布朗. 建设一个持续发展的社会[M]. 北京：科学技术文献出版社，1984：17-18.

② 世界环境与发展委员会. 我们共同的未来[M]. 王之佳，柯金良，等译. 长春：吉林人民出版社，1997：8-9.

分散性和持久性；另一方面，环境识别和环境变化所起的作用不同，不同的制度结构在环境识别或变化情况下存在着差别。

尽管上述两个研究计划所得出的环境变化与安全的经验性认知过分强调环境因素，对结论的概括具有投机性和局限性，但是环境退化至少作为冲突和不安全的一个诱因被越来越多的人所接受，而造成冲突的因子除了环境变化之外，还有诸如不公平和贫穷等。研究得出了让人直观上可以接受的结论：环境变化与不安全相关的条件有不平等、制度的缺陷和贫穷。①

（三）环境变化与安全的内在关系认知阶段

经历过对安全定义的扩展和环境变化与安全关系的经验性认知，揭示了部分环境变化和安全关系的复杂性。2001 年之后，学者开始发现，“安全”和“环境变化”是两个相差极大的概念，将它们结合到一起，会使得“生态安全”概念具有很大的模糊性、复杂性和争议性。因此，国际全球环境变化人文因素计划的全球环境变化和人类安全研究项目，开始将环境退化、贫穷和不安全之间的联系，作为进入 21 世纪的 3 个关键问题，并从一个新视角，通过多学科交叉和综合观点，来确定研究目标、方法、内容和行动。

这一时期，国外代表性的研究计划有：美国环保局的环境监测和评价计划、瑞典斯德哥尔摩环境研究所的风险和脆弱性研究计划等。另外，有关社会和生态系统脆弱性问题也逐渐成为研究的中心问题。②

这一阶段学者对生态安全的认知，主要是深入影响环境安全的具体因素，既包括外部的压力，也包括系统自身社会与生态的脆弱性。特别注意的是，科学家已经将生态安全和人类的生计安全联系起来，考虑如

① 崔胜辉，洪华生，黄云凤，等.生态安全研究进展[J].生态学报，2005(4)：861-868.

② 崔胜辉，洪华生，黄云凤，等.生态安全研究进展[J].生态学报，2005(4)：861-868.

何同时实现和平衡生态安全和人类生计安全。对生态安全内涵的认知已成为当前持续性科学研究的一个重要内容，并趋于融合。

二、生态安全的内涵

生态安全概念自20世纪70年代提出后，由于其内涵丰富复杂，一直众说纷纭，国内外学者对生态安全的内涵有着许多不同的认知，表述的侧重点也各有差异，因而迄今未能形成统一的广为接受的定义。

目前，一种为大多数学者所接受的生态安全的定义表述为：生态安全应是指人与自然这一整体免受不利因素危害的存在状态及其保障条件，并使得系统的脆弱性不断得到改善。根据这一表述，生态安全一方面是指在外界不利因素的作用下，人与自然不受损伤、侵害或威胁，人类社会的生存发展能够持续，自然生态系统能够保持健康和完整；另一方面是指生态安全的实现是一个动态过程，需要通过脆弱性的不断改善，保障人与自然处于健康有活力的状态。因此，生态安全包括三层基本含义：①生态系统安全。生态系统自我维持、自我演替、自我调控、自我发展遵循一定规律，且在受到胁迫之后能够自我修复。②生态系统修复和保护。通过生态系统动态管理，防止生态系统退化；通过增进生态资源资产，增强对可持续发展的支撑能力。③生态风险管理。防止生态危机引发灾害，产生连锁反应，引起经济衰退、政治动荡，特别是造成大量生态难民，从而威胁到地区乃至国家安全。

对生态安全内涵的理解应把握四个结合。①生态安全状态性与动态性的结合。生态安全既是一种状态，也是一个不断前进、不断变化、不断积累的动态过程。②生态安全绝对性与相对性的结合。对生态安全绝对性和相对性的认知，有助于定量评价安全状况、采取应对行动、维护生态安全。③生态安全时间维度与空间维度的结合。生态安全随着人类生态系统结构、功能和利用的变化而变化，且取决于在一定时空条件下人类所要求的生态因子的质量。④生态安全是生态功能客观存在与主体价值发现的结合。生态安全是人类尊重自然规律、根据自身需求、发挥主观能动性不断发现生态服务价值的过程。

因此，生态安全主要聚焦于生态系统健康维持和生态服务安全提供，必须要求人类活动影响不得超过临界点，即生态系统必须维持所需的最低的结构水平、活力水平和弹性水平。

第二节 生态安全格局

生态安全格局是保障区域生态安全的基础，是人类维护绿色、健康与可持续发展的重要手段，生态安全格局对维护生态系统结构与功能完整、保护生物多样性、保障区域生态安全和提升人类福祉具有重要意义。

一、生态安全格局认知过程

对生态安全格局的认知历程基本可归纳为四个阶段：初期聚焦于相关理论内涵的定性探讨，早期聚焦于生态过程的定量格局分析，中期聚焦于目标的静态格局组分与斑块配置，当前聚焦于动态格局模拟预测与格局综合优化。

（一）相关理论内涵的定性探讨阶段

这一阶段起始于20世纪八九十年代，这一阶段的认知成果主要是1984年梅里安（Merriam）提出的“生态连接度”概念等。随后，中国学者对生态安全格局的认知研究逐渐增多，以马克明、肖笃宁、俞孔坚等为典型代表，形成了研究初期的“相关理论内涵的定性探讨”。

（二）聚焦于生态过程的定量格局分析阶段

这一阶段对生态安全格局的认知研究向生态过程的定量格局分析转

化。研究成果主要体现为：提出了生态过程与景观格局之间的相互影响是决定如何规划出更具有针对性与稳定性生态格局的关键，是实现生态过程有效控制的重要环节等观点。

（三）聚焦于目标的静态格局组分与斑块配置阶段

这一阶段对生态安全格局的研究主要体现在生态安全格局构建的具体方法上，研究初始阶段主要通过 GIS 与 RS 等具体信息与影像处理技术，以具体区域的生态问题为研究目标，构建相应的生态安全格局，代表性成果有：董张玉构建了三江平原湿地生态系统格局、蒙吉军等构建了鄂尔多斯土地利用安全格局、吴健生等构建了重庆两江生态安全格局等。

（四）聚焦于动态格局模拟预测与格局综合优化阶段

由于静态、单一的景观组分和斑块配置无法满足复杂多变的生态系统与生态安全格局的构建，因此这一阶段的研究更加关注生态过程的动态模拟、动态博弈，以及生态空间扩展与格局综合优化等方面，代表性成果有：陈永林等构建的长株潭城市群生态安全格局、黄智洵等构建的闽三角城市群生态安全格局、张利等构建的曹妃甸新区生态安全格局、何玲等基于生态系统服务价值构建的黄骅市生态安全格局。可见，通过动态格局模拟预测建立具有区域特色的生态安全格局将是未来研究的主流与热点领域。

总之，对生态安全格局内涵的认知正处于不断更新完善过程之中，认知内容涉及对生态安全格局的研究方法、研究尺度、研究内容等方面。整体而言，当前学者对生态安全格局内涵的认知突出体现为构建生态安全格局的基本架构，即诊断生态问题、明晰研究内容、界定研究尺度、确定研究方法。

二、生态安全格局内涵透析

生态安全格局的概念源于生态安全，是多学科、多尺度、多层次的综合性研究问题，从不同理论角度出发解析其内涵存在差异性。目前，国内外学者针对生态安全格局相关概念与构建展开了大量的探索性研究。

国外研究相对更聚焦于宏观视野领域，集中于国家安全、可持续发展与全球化进程，并将人口、资源与环境等问题纳入国家安全的治理范畴。通过梳理国外文献可知，绿色基础设施、生态网络、生态系统服务、生态控制线、城市增长边界等研究涉及生态安全格局的相关内容，有利于学界更全面、精准地理解生态安全格局的相关内涵。① 代表性研究成果有：2002 年，Benedictetal 等提出的绿色基础设施强调自然生态要素应融入交通等灰色基础设施之中，形成国家层面的自然生态保障系；2009 年，Esbahetal 等提出的生态网络强调国家生态环境应由节点、廊道、缓冲区与自然保护区等共同构成网络状结构，保护生态多样性发展；2010 年，Kongetal 等提出的生态控制线强调在一定范围内严禁建设开发用地，形成区域生态保护边界；2010 年，Wuetal 等提出的城市增长边界则强调应防止城市无序扩张，通过具体技术手段划分城市与乡村的边界，保护自然生态领域不受城市开发建设的侵犯；2013 年，Elmqvistetal 等提出的生态系统服务强调人类直接或间接从生态系统中获得的各种服务价值，包括生态红线的建构。在此基础上，国外多个组织构建了多个生态安全保护区，研究领域逐渐转向生态系统与社会经济耦合实践研究，为全球可持续发展奠定了理论与实践基础。②

国内侧重从技术层面研究生态安全格局。从 20 世纪 90 年代开始，中国学者进行了大量生态安全格局构建方面的研究工作。代表性研究成果有：1998 年，俞孔坚等提出生态安全格局是由维护生态过程安全关键功能的点、局部和空间关系构成的空间格局，可应用于生物多样性

① 易浪，孙颖，尹少华，等. 生态安全格局构建：概念、框架与展望 [J]. 生态环境学报，2022，31（4）：845-856.

② 叶鑫，邹长新，刘国华，等. 生态安全格局研究的主要内容与进展 [J]. 生态学报，2018，38（10）：3382-3392.

保护；[①]2002年，肖笃宁等指出研究应注重生态风险评价和生态系统管理；[②]2004年，马克明等强调生态安全格局应在排除区域生态环境问题干扰的基础上，保护和恢复生物多样性、维持生态系统结构和过程的完整性；[③]2010年，刘洋等认为生态安全格局是通过对各种自然和人文要素进行布局、设计、组合，得到多层次和多类别的空间配置方案，保证生态系统健康、稳定和持续发展。[④]另外，基于不同的研究背景、关注点与拟解决的问题，学界对于生态安全格局的理解不尽相同。例如，景观生态学角度的景观格局优化、地理学角度的土地利用结构优化配置、景观生态安全格局、水生态安全格局、土地利用生态安全格局、经济学角度的产业结构优化、耕地生态安全格局、城市生态安全格局、草原生态安全格局等。虽然国内学者研究背景、研究领域、研究关注点不同，但对生态安全格局的研究目标基本相同，即促使经济发展和环境保护达到较高水平，并为两者协调提供有效支撑。[⑤]

综上可知，维护生态系统的稳定性和可持续性是生态安全格局内涵的核心要义，其概念内涵可归纳为：在社会可持续发展的背景下，以关键生态问题为研究对象，从审视景观格局与生态过程的相互关系入手，探究生态系统中重要组成部分及空间分布，进一步合理配置与优化生态要素，从而达到改善与修复生态系统中气候变化和人类活动所造成的生

① 俞孔坚，李迪华，段铁武．生物多样性保护的景观规划途径[J]．生物多样性，1998（3）：45-52.

② 肖笃宁，陈文波，郭福良．论生态安全的基本概念和研究内容[J]．应用生态学报，2002（3）：354-358.

③ 马克明，傅伯杰，黎晓亚，等．区域生态安全格局：概念与理论基础[J]．生态学报，2004（4）：761-768.

④ 刘洋，蒙吉军，朱利凯．区域生态安全格局研究进展[J]．生态学报，2010，30（24）：6980-6989.

⑤ 杨天荣，匡文慧，刘卫东，等．基于生态安全格局的关中城市群生态空间结构优化布局[J]．地理研究，2017，36（3）：441-452.

态薄弱环节与受损生态功能的目的。其研究目标为针对错综复杂的区域生态环境问题，通过规划设计区域性空间格局来保护和恢复生物多样性，维持生态系统结构过程的完整性，从而有效控制和持续改善生态环境问题。因此，生态安全格局研究应通过多学科交融的规划手段，基于对区域生态变化的趋势和内在关系的理解，结合生态问题诊断、生态功能需求评估和景观格局规划，充分发挥人的主观能动性，促使生态系统向健康、稳定和可持续方向发展，全面保障生态系统的功能性与服务性。①

第三节　生态安全屏障

生态安全是生态安全屏障建设的目标。目前，国内外学者从不同角度对生态安全屏障的理论与方法进行了深入的探讨，进而形成了生态安全屏障是处于特定的区域、具有保护功能的生态安全系统的理念，但由于生态安全屏障具有复杂性与特殊性，目前其概念、类型及特点等研究尚处于发展中。

一、生态安全屏障内涵分析

“生态安全屏障”概念源于我国生态环境保护实践，同时涉及生态系统生态学和保护生物学范畴。②与生态安全屏障概念相似的术语有“绿色屏障”“生态安全屏障工程”“生态环境保护屏障”等。

① 易浪，孙颖，尹少华，等．生态安全格局构建：概念、框架与展望[J]．生态学报，2022，31（4）：845-856.

② 代云川，李迪强．生态屏障的内涵、评价体系、建设实践研究进展[J]．地理科学进展，2022，41（10）：1969-1978.

（一）生态安全屏障内涵学术检视

2001年，在四川省林学会举办的“建设长江上游生态安全屏障学术研讨会”上，与会专家围绕生态安全屏障的内涵进行了热烈讨论，第一次对生态安全屏障的概念形成了较为规范的表述：“生态安全屏障就是指维持和庇护生物生存繁衍，维护自然生态平衡，为人们提供良好的生产、生活条件的保障体系。”[①]

之后，我国研究生态安全屏障的文章逐渐增加，主要研究领域集中于生态安全屏障科学内涵、区域生态安全屏障建设的思考与总结、国内生态安全屏障建设会议综述等方面，学术界对生态安全屏障内涵进行的探讨逐渐趋于广泛和深入。杨冬生认为生态安全屏障是“一个物质能量良性循环的生态系统，它的输入、输出对相邻环境具有保护性作用”[②]；陈国阶提出生态安全屏障是指“生态系统的结构和功能，能起到维护生态安全的作用，包括生态系统本身处于较完善的稳定良性循环状态，处于顶级群落或向顶级群落演化的状态”，同时，“生态系统的结构和功能符合人类生存和发展的生态要求”；[③]潘开文等认为“生态安全屏障就是指在一个区域的关键地段，有一个具有良好结构的生态系统（很显然植被生态系统是生态安全屏障的主体及第一要素，但不是全部），依靠其自身的自我维持与自我调控能力，对系统外或内的生态环境与生物具有生态学意义的保护作用与功能，是维护区域乃至国家生态安全与可持续发展的结构与功能体系”[④]；王玉宽等认为生态安全屏障是指“处于某一特定

---

① 四川省林学会办公室．四川省林学会建设长江上游生态屏障学术研讨会纪要[J]．四川林业科技，2002（1）：41-43.

② 杨冬生．论建设长江上游生态屏障[J]．四川林业科技，2002（1）：1-6.

③ 陈国阶．对建设长江上游生态屏障的探讨[J]．山地学报，2002（5）：536-541.

④ 潘开文，吴宁，潘开忠，等．关于建设长江上游生态屏障的若干问题的讨论[J]．生态学报，2004（3）：617-629.

区域的复合生态系统，其结构和功能符合人类生存和发展的生态要求”①；王小丹等认为生态安全屏障是指一个区域生态系统的结构、功能和过程维持不受或少受外界环境破坏与威胁的状态，是一种多层次和有序化的稳定格局，对周边地区的生态环境起屏蔽和保护作用，是维持区域内、外生态安全与可持续发展的复合体系；②代云川等认为，生态安全屏障具有地域和功能双重含义，生态安全屏障在位于生态关键性区域，具备完善的生态系统结构、过程与功能，能够维持生态—经济—社会之间的平衡，有效保障区域内外乃至国家生态安全。③

可见，学者对“生态安全屏障”内涵的理解虽有差异，但都认为生态安全屏障的客观本质是一种生态系统，这对人们深入理解“生态安全屏障”无疑具有启迪作用。

（二）生态安全屏障内涵再认识

生态安全屏障的概念从字面上来理解，“屏”即遮挡，“障”即阻隔，“屏障”主要表现为对物流和能流等的阻挡、阻滞与分流，对生态环境起重要的调节作用，进而为生态环境安全带来重要影响。

一般来说，生态系统是复合生态系统，既包括自然生态系统，也包含半自然和人工生态系统，通过对自然生态系统的保护和人工生态系统的建设，在空间上形成多层次的结构和有序化的格局，并对相邻环境乃至更大尺度环境的安全起到保障作用。从生态安全屏障的概念看，其具有明确的空间区位，具备生态系统多样性特征，具有特定的生态系统过程，具有特定的防护对象，是生态—经济—社会的复合系统，具有公共

① 王玉宽，孙雪峰，邓玉林，等. 对生态屏障概念内涵与价值的认识 [J]. 山地学报，2005（4）：4431-4436.

② 王小丹，程根伟，赵涛，等. 西藏生态安全屏障保护与建设成效评估 [J]. 中国科学院院刊，2017，32（1）：29-34.

③ 代云川，李迪强. 生态屏障的内涵、评价体系、建设实践研究进展 [J]. 地理科学进展，2022，41（10）：1969-1978.

产品属性等。

因此，生态安全屏障是一种“复合生态系统”，即构成生态安全屏障的生态系统或生态系统组合，除具有一般自然生态系统的属性和功能外，还应具有特定的社会与经济属性和功能，而非一般意义上所指的某一时间、某一地域由生产者、消费者和分解者共同组成的单元生态系统，更不是非生态的工程系统。这一“复合生态系统”，一方面明确了构成生态安全屏障系统所处的空间位置，即“某一特定区域”；另一方面明确了对生态安全屏障系统功能方面的要求，即“其结构和功能符合人类生存和发展的生态要求”。由于人类的需求不同，生态安全屏障可以具有不同的外延特征。就目前我国提出建设的生态安全屏障而言，有以防风为主要功能的生态安全屏障，如内蒙古自治区提出的“北方生态安全屏障”；有以保持土壤、涵养水源、保护生物多样性等为主要目标的生态安全屏障，如四川、贵州等地提出的“长江上游生态安全屏障”；有以特殊区域为范围的生态安全屏障，如西藏自治区提出的“西藏生态安全屏障”。

二、生态安全屏障的研究展望

生态安全屏障是具有特定生态功能的复合生态系统，它有明确的保护对象和防御对象，对提升生态系统服务和实现区域生态安全具有重要价值。生态安全屏障研究的学术价值在于它丰富和拓展了生态系统生态学的内容，促进了恢复生态学理论的发展，同时对生态系统服务功能评价提出了新的要求。其实践价值在于，生态安全屏障概念的提出强调了人与生态环境的关系，明确了生态环境建设的目标，为生态环境建设规划与实施提供了决策指南，为生态环境建设实践中实施系统工程和进行长远布局提出了更高的决策目标。尽管国内学者就生态安全屏障进行了较多研究，但尚不系统，对生态安全建设的意义有限。生态安全屏障的下列领域应成为今后学术界的研究重点。

首先，进一步加强生态安全屏障内涵探讨，探究不同地域、不同生态系统类型生态位与生态系统服务之间的相关性、限制因素和提升措施。例如，东北地区森林生态系统退化机制和演变规律研究，探讨生态服务形成机制，评估区域森林生态系统服务能力及退化森林生态系统恢复与重建、功能提升等关键技术；北方荒漠－绿洲的动态变化过程研究，揭示绿洲生态系统的维持机制，构建绿洲生态安全保障体系；南方丘陵屏障带人工林改造与服务提升技术研究；黄土高原生态系统结构改变对生态系统服务的影响及其优化研究等。

其次，以主体功能区划为基础的生态安全屏障范围划定研究。生态安全屏障具有特殊重要生态功能，是保障和维护国家生态安全的底线和生命线。目前，以主体功能区划的生态安全屏障研究还有诸多不完善之处，因此结合生态红线，科学划定生态安全屏障范围，将生态安全屏障落实到地块，明确不同地区生态安全屏障类型及服务功能的研究具有重要的发展前景。

最后，开展生态恢复理论研究。合理构建生态安全屏障—生态系统服务—生态安全的级联框架，基于定量化模型，如辐射效益模型，探讨生态安全屏障与邻近区域或更大尺度上的生态系统服务和生态安全的关系，为区域生态系统的协调管理提供决策依据。

第四章 生态安全屏障建设的现实困境与法治障碍

目前，我国正在构建包括四横（阿尔泰山、北部、中部和南部生态安全屏障带）[①]、两环（东部平原和沿海生态安全屏障带）[②]、一纵（长江中

① 四横，包括位于阿尔泰山的阿尔泰山生态安全屏障带，涉及新疆阿勒泰地区6县（市、区），构成新疆北部的生态安全屏障，保护北疆的绿洲经济；北部生态安全屏障带，西起新疆的乌孜别里山往东沿天山山脉、阴山山脉、贺兰山脉、大青山脉与东部平原生态屏障带相接，范围涉及新疆、甘肃、青海、内蒙古4个省（自治区）的47个县（市、区、旗），总面积452 889平方千米，占国土面积的5%；中部生态安全屏障带，西起西藏的日土县往东沿昆仑山脉、秦岭、伏牛山、桐柏山、大别山至江苏南京的浦口区，范围涉及西藏、青海、新疆、甘肃、陕西、河南、四川、安徽、湖北、江苏10省（自治区）的96县（市、区），总面积1 329 231平方千米，占国土面积的14%；南部生态屏障带西起云南宾川县往东沿苗岭、南岭、武夷山、黄山、天目山至浙江安吉，范围涉及云南、贵州、广西、湖南、广东、江西、福建、安徽、浙江9省（自治区）的123县（市、区），总面积266 009平方千米，占国土面积的3%。周洁敏，寇文正. 中国生态屏障格局分析与评价[J]. 南京林业大学学报（自然科学版），2009，33（5）：1-6.

② 东部平原生态屏障带，从东往北沿长白山脉、小兴安岭、大兴安岭至燕山、吕梁山、太行山，涉及吉林、辽宁、黑龙江、内蒙古、河北、河南、山西、陕西8省（自治区、森工局）的173县（市、区），总面积635 103平方千米，占国土面积的7%；沿海生态安全屏障带，北起辽宁的鸭绿江口，南至广西的北仑河口，包括辽宁、河北、天津、山东、江苏、上海、浙江、福建、广东、广西、海南11个沿海省（自治区、直辖市）的245县（市、区），总面积247 731平方千米，占国土面积近3%。周洁敏，寇文正. 中国生态屏障格局分析与评价[J]. 南京林业大学学报（自然科学版），2009，33（5）：1-6.

下游生态安全屏障带）[①]的生态安全屏障格局，建设总面积3 176 076平方千米，占国土面积的33%，约占我国现计入森林覆盖率面积的43%，生态安全屏障共涉及725个单位，其中有434个国家级、省级和县级自然保护区，240个国家森林公园，5个国际重要湿地，6个国家湿地公园。[②]尽管我国已基本形成生态安全屏障法律保障体系，但与生态安全屏障建设的实践需要仍有很大的差距，导致生态安全屏障建设实践依然存在“局部改善、总体恶化”，“治理速度赶不上退化速度”，牧区“人—矿—草—畜”等突出矛盾。

第一节 生态安全屏障建设的现实困境

生态安全屏障建设涉及四方主体：中央政府与地方政府、环境规制机构、被规制企业与社会公众，呈现多层委托—代理关系，其中社会公众是政府实施环境规制的委托人；环保部门作为各级政府环境治理的代理部门，身负多重委托关系，如地方环保部门既隶属于地方政府，又受上级环保部门管理。企业接受政府委托开展自我环境管理或代为开展第三方治理，若治理无效或违背委托则要受到规制制裁。体制内的中央政府与地方政府也存在委托代理关系。委托代理关系越复杂、产生委托代

① 一纵，指长江中下游生态安全屏障带，包括云贵高原西部、青藏高原东南部，涉及四川、云南2省（自治区、直辖市）的35县（市、区），总面积达134 613平方千米，占国土面积的1%以上。周洁敏，寇文正．中国生态屏障格局分析与评价[J]．南京林业大学学报（自然科学版），2009，33（5）：1-6.

② 周洁敏，寇文正．中国生态屏障格局分析与评价[J]．南京林业大学学报（自然科学版），2009，33（5）：1-6.

理“陷阱”以及偏差的可能性就越大，也就越可能导致委托代理的最终效果偏离最初目的。[①]各层次都存在信息不对称问题且不断积累经跨层传导放大，导致生态安全屏障建设整体陷入无效博弈。

一、央地协作治理困境

中央政府推行环境规制主要依靠自上而下的行政权威，但随着危及生态安全情境的变化，中央政府环境规制逐渐从控制转向激励，试图通过政治晋升和财政分权的激励，使地方政府开展生态安全治理。但由于央地政府生态安全屏障建设的目标不一致，信息不对称，中央的激励方式就可能错配。同时，生态安全屏障建设的不可分割性、跨域性，使其无法通过标准量化方式来激励地方政府，降低了地方政府严格执行生态治理规制的意愿，而地方政府更关注发展经济的“硬指标”，扩大财政规模。近年来，尽管我国央地关系不断改革、演进，但中央控制地方的中央集权制仍是我国央地关系的根本特征。[②]中央政府对地方各级政府的控制，包括人事任免、立法活动、经济活动、行政活动和政治活动等。这种“命令与控制”型的央地关系，在生态安全屏障建设上具有明显滞后效应。中央政府依赖约束性生态环境指标作为主要的生态环境规制工具，但其无法全面监控地方政府执行生态环境规制政策，面临生态环境治理规制失灵或软化，以及“数字减排”困境。

表 4-1 所示为党十九大以来生态环境部曝光的地方政府监管不力的典型案例。

---

① 张新宇. 多元化环境治理体系：理论框架与实现机制 [M]. 天津：天津社会科学院出版社，2021：7-8.

② 谢庆奎. 中国政府的府际关系研究 [J]. 北京大学学报（哲学社会科学版），2010（1）：26-31.

表 4-1　十九大以来生态环境部曝光的地方政府监管不力典型案例一览

2017-12-15	江苏省南通市及通州区对中央环保督察整改不到位问题
2018-04-02	湖北黄冈市罗田县经济开发区环境污染问题
2018-04-20	1. 湖南邵阳市洞口县威凌金属有限公司污染反弹问题 2. 湖南湘西自治州永顺县鸿升纸业污染反弹问题 3. 江苏盐城市辉丰公司严重环境污染问题
2018-05-13	1. 山西临汾市三维集团违规倾倒工业废渣问题 2. 安徽池州市前江工业园区违规堆放固体废物问题 3. 四川成都双流区金桥镇舟渡村违规堆放垃圾问题 4. 浙江台州温岭市城东街道非法掩埋垃圾问题 5. 江苏盐城市辉丰公司违法填埋危险废物问题 6. 广东广州市非法转移倾倒污泥等固体废物问题 7. 广东东莞市非法转移倾倒污泥等固体废物问题
2018-05-15	通报：2018 年第一季度水环境质量达标滞后的 73 个地级市名单，其中，达标滞后情况最为突出的 10 个城市为铁岭市、延安市、吉林市、四平市、哈尔滨市、昆明市、信阳市、延边朝鲜族自治州、鞍山市、合肥市
2018-06-07	黑龙江哈尔滨松北区小月亮湾垃圾堆存场非法倾倒危险废物问题
2018-06-10	广西钦州市小冶炼企业严重污染环境问题
2018-06-12	1. 江西南昌市南昌强力热镀锌有限公司、艾格菲饲料厂、江西汇仁药业有限公司等环境污染虚假整改问题 2. 广西北海市北海诚德镍业有限公司、一批制砖企业等环境整改流于形式问题
2018-06-13	云南昭通市垃圾污染久拖不治、敷衍整改问题
2018-06-14	1. 河北石家庄市、定州市大沙河环境污染整改不力问题 2. 宁夏石嘴山平罗县太沙工业园有关企业环境违法、敷衍整改问题
2018-06-15	1. 江苏南通如皋市敷衍整改，非法掩埋危险废物威胁长江水质安全问题 2. 黑龙江齐齐哈尔市乌裕尔河国家级自然保护区整改不力问题；10 余万吨污泥对嫩江水环境安全构成严重威胁问题；齐齐哈尔化工集团海量电石渣露天堆存等敷衍整改问题
2018-06-16	广东佛山三水区在漫水河治污上虚假整改问题、在禁养区清理上搞变通问题
2018-06-17	河南洛阳市义煤集团新义煤业有限公司违法排污问题

（续表）

2018-06-18	1. 江西宜春市丰城市华宏工业燃料油有限公司虚假整改问题 2. 江西宜春铜鼓县红福机制炭厂敷衍整改、废水废气直排问题 3. 江西上饶市风顺生活垃圾处理有限公司整改不力、污水超标排放问题
2018-06-20	1. 江西抚州市崇仁县三山乡长仁砖厂废气直排问题 2. 江苏泰州泰兴市中国精细化工（泰兴）开发园区在长江岸堤内侧填埋 3 万多立方米化工废料和其他固废问题 3. 宁夏中卫市宁夏宇光能源实业有限公司污染物直排屡罚不改问题
2018-06-21	1. 广东汕头市、揭阳市对练江流域污染整治严重失职失责问题 2. 云南曲靖市罗平锌电股份有限公司重金属污染隐患突出问题
2018-06-23	宁夏银川灵武再生资源循环经济示范区侵占白芨滩国家级自然保护区问题
2018-06-25	1. 广西梧州市对饮用水水源保护区环境整治十年不作为问题 2. 河南三门峡市对其境内的黄河湿地国家级自然保护区生态环境敷衍整改问题
2018-06-26	1. 内蒙古呼伦贝尔市呼伦湖生态环境治理成效不明显问题 2. 江苏徐州新沂市蓝丰公司、江苏泽龙石英有限公司污染环境问题 3. 江苏宿迁沭阳县对木炭加工企业污染环境问题监管不力问题
2018-06-27	1. 云南玉溪市杞麓湖生态环境受威胁问题 2. 河北邯郸市露天矿山整治不力问题
2018-06-28	1. 江苏苏州张家港市沙钢集团百万吨钢渣弃置长江边，威胁水生态环境安全问题 2. 广西南宁市黑臭水体污染反弹严重问题
2018-07-01	内蒙古包头市固体废物违规倾倒、管理混乱问题
2018-07-02	河南信阳市生活垃圾违规处理问题
2018-07-03	内蒙古巴彦淖尔市乌梁素海生态环境综合治理不严不实问题
2018-07-04	江苏镇江市丹徒区茂源化工有限公司违法排污问题
2018-07-05	内蒙古乌兰察布市凉城县岱海生态退化趋势难遏制问题
2018-07-06	云南红河个旧市冶炼企业在线监控形同虚设问题
2018-07-07	内蒙古霍林郭勒市霍林河露天煤矿生态恢复治理严重滞后问题
2018-07-08	黑龙江省畜禽养殖污染严重，典型的有肇东市龙头企业污染严重、绥化市望奎县畜禽粪污处理示范项目成为摆设、哈尔滨有关区县监管不力等问题

（续表）

2018-08-23	通报：2018年上半年水环境质量达标滞后的39个城市名单。其中，达标滞后情况最突出的10个城市为鞍山、四平、盘锦、保定、长春、沈阳、大同、哈尔滨、昆明、齐齐哈尔
2018-09-18	1. 辽宁葫芦岛市绥中滨海经济区管委会违法围填海、虚假整改问题 2. 辽宁葫芦岛市东野环保产业开发有限公司、华兴锆钛有限公司和锦航钛业有限公司长期违法排污、整改弄虚作假问题 3. 安徽宿州市上报督察整改情况不严不实问题 4. 贵州黔东南州天柱化工有限公司虚假整改问题
2018-10-17	1. 江苏镇江市文旅集团江滩开发管理处在长江豚类省级自然保护区内违法开发问题 2. 内蒙古锡林郭勒盟苏尼特右旗、赤峰市、呼伦贝尔市鄂温克旗等国土资源部门对矿山占用草原生态治理及验收工作不严不实问题 3. 内蒙古乌兰察布市兴和县兴旺角工业园区大量工业废渣随意倾倒问题 4. 江苏连云港市灌云县临港产业区化工集中区、灌南县连云港化工产业园区整改不到位问题
2018-10-18	1. 河北沧州市域范围内的沧浪渠、石碑河、廖家洼河、岔河等河流污染问题 2. 宁夏银川市污水处理厂提标改造工作敷衍整改问题 3. 宁夏经信委重发展轻保护的思想严重，以环保“背锅”推脱责任问题 4. 河北石家庄市赞皇县“黑加油站”屡禁不止问题
2018-10-20	1. 广西玉林市对督察整改工作重视不够、态度消极问题 2. 广西贵港市污泥处置弄虚作假问题
2018-10-22	1. 云南大理州洱海流域无序开发、生态环境严重破坏问题 2. 云南丽江市古城湖畔国际高尔夫球场违规侵占自然保护区问题
2018-10-23	1. 黑龙江绥化市青冈县、望奎县等农村环境连片整治示范项目管理混乱问题 2. 黑龙江省农垦总局红兴隆管理局八五三农场在挠力河国家级自然保护区内破坏生态问题
2018-11-14	1. 湖南岳阳市绿色化工产业园云溪片区破坏生态问题 2. 吉林辽源市对仙人河黑臭水整改敷衍问题
2018-11-16	1. 陕西西安长安区皂河黑臭水体整改敷衍问题 2. 四川绵阳市安州区磷石膏堆积如山、整改推进不力问题 3. 山西太原市迎泽区禁煤“一刀切”影响群众温暖过冬问题

（续表）

2018-11-19	1. 山东潍坊市滨海开发区围滩河撒药治污、表面整改问题 2. 辽宁葫芦岛市绥中县政府、东戴河新区管委会编造文件虚假整改问题
2018-11-21	1. 山西运城新绛县高义钢铁公司违法倾倒钢渣侵占耕地污染环境问题 2. 贵州贵阳市开阳县洋水河流域总磷污染、敷衍整改问题
2018-11-23	1. 湖南郴州宜章县淘汰小造纸厂乱作为问题 2. 吉林四平市二龙山水库水源保护区生态涵养林被砍伐，生态遭破坏问题
2018-11-25	1. 山东东营市广饶县非法填埋危废固废，虚假整改竟成正面典型问题 2. 湖北荆州市城区对生活污水直排整改不力，对沿河沿渠排污表面整改问题
2018-11-27	1. 辽宁鞍山台安县大量油泥油渣倾倒坑塘污染严重问题 2. 安徽亳州谯城区金刚石加工企业污染环境、弄虚作假应付督察问题
2018-11-29	1. 陕西宝鸡市部分县区对“散乱污”企业治理滥作为问题 2. 贵州黔西南州兴仁市金兴公司敷衍整改、金矿尾矿库环境隐患突出问题
2018-12-01	1. 四川内江市黑臭水体整治不到位，沱江支流威远河水质仍在下降问题 2. 辽宁抚顺市高新技术产业开发区企业敷衍整改，东洲河水质严重恶化问题
2018-12-03	1. 陕西韩城市龙门煤化工公司、合力煤焦公司、中汇煤化公司敷衍治理污染突出问题 2. 安徽芜湖市集中式饮用水水源地安全保障、入河排污口排查整治、黑臭水体治理、边督边改等敷衍整改问题
2018-12-05	1. 湖北荆门市磷化工企业环境污染十分突出，敷衍整改问题 2. 山西吕梁市文水县废水污染严重，敷衍整改问题
2018-12-07	1. 四川西昌市对马道大山坡废旧回收市场危险废物非法回收点非法堆放 32 吨危废虚报整改问题 2. 湖南衡阳常宁市大义山省级自然保护区以调代改，为矿产开发让路问题
2018-12-08	1. 贵州黔东南州台江经济开发区重金属污染隐患突出，整改不力问题 2. 山东物流运输企业违规使用普通柴油或其他高硫分燃油问题突出，工商部门整改做样子问题

（续表）

2019-04-22	1. 吉林辽源、四平、公主岭等市对辽河污染防治工作重视不够，辽河流域水质恶化严重问题 2. 浙江宁波、温州、舟山等市政府及相关部门和相关区县政府违法实施大量围填海工程问题 3. 山东省发改委对化解电解铝行业严重过剩产能审核不严，省经信委、原省环保厅审核监督流于形式，滨州市党委、政府放任纵容，聊城市相关部门纵容包庇，导致过剩产能违法建设问题 4. 海南三亚市政府违规干预执法，致使三亚小洲岛产权式度假酒店项目突破规划许可，在三亚珊瑚礁国家级自然保护区和海岸带 200 米范围内违法建设行为长期未得以制止问题 5. 四川原省国土资源厅在全省自然保护区内大量违规审批和延续采矿探矿权 6. 青海 144 个项目未依法办理草原征占用审批手续，农牧部门监管不到位，原省国土资源厅违规办理土地征用手续，造成草原生态破坏问题 7. 新疆乌鲁木齐市米东区政府及其相关部门违规同意中德丰泉污水处理厂、河东污水处理厂将污泥倾倒在北沙窝区域国家级公益林内；由于监管不到位，米东科发、甘泉堡工业园区污水处理厂将大量污泥倾倒于同一地点，环境污染和隐患突出问题
2019-05-05	湖南益阳赫山、桃江、安化等区县石煤矿山环境污染问题
2019-05-09	1. 四川泸州市江阳、龙马潭、纳溪 3 个片区，泸州老窖股份有限公司罗汉酿酒基地，泸州国粹酒厂等大量污水直排长江问题 2. 四川绵竹市新市工业园区整改敷衍，部分企业环境污染突出问题 3. 四川成都市高新区整改敷衍，绛溪河水质严重恶化问题
2019-05-10	1. 山东烟台市龙口东海高尔夫球场、东方烟台高尔夫球场、马山寨伍思南高尔夫球场等瞒报事实、逃避整改问题 2. 山东淄博桓台县博汇集团非法处置危险废物、桓台县山东辰龙集团非法填埋污泥等问题
2019-06-13	约谈：对 2018—2019 年秋冬季未完成空气质量改善任务的 6 个城市进行约谈，包括河北省保定、廊坊，河南省洛阳、安阳、濮阳，山西省晋中等
2019-08-09	海南澄迈县在花场湾红树林自然保护区、盈滨内海肆意围填海、破坏红树林问题
2019-08-11	1. 上海振华重工（集团）股份有限公司长兴基地肆意排污问题 2. 青海西宁市甘河工业园区青海欣固工程机械有限公司沥青项目违法投产，严重污染环境问题

（续表）

2019-08-14	1. 江西赣州赣县红金稀土有限公司环境问题久拖不治、敷衍整改问题 2. 重庆巫山县淘汰落后产能滞后，永年集团重庆矿业开发有限公司长期违法排污问题
2019-08-18	1. 福建漳州漳浦县矿山非法开采严重破坏生态环境问题 2. 贵州黔东南州天柱县中国化工集团贵州天柱化工有限公司虚假整改问题
2019-08-21	1. 辽宁营口市中国五矿营口中板公司长期超标排放，申报弄虚作假问题 2. 青海海北门源县、海晏县部分垃圾填埋场设置暗管渗滤液直排，环境污染突出问题
2019-08-24	1. 重庆大足区玉滩湖水质不升反降问题 2. 四川自贡市中国化工集团昊华鸿鹤化工有限责任公司长期逃避生态环保主体责任问题
2019-08-26	1. 海南东方市好德实业有限公司矿山生态破坏严重问题 2. 福建福清市江阴港城经济区管委会治污不力，周边部分海域水质严重恶化问题
2019-08-27	生态环境部组织 2019 上半年水环境达标滞后城市（18 个）和黑臭水体整治滞后城市（50 个）会商
2019-08-29	1. 甘肃甘南州玛曲县、夏河县矿山整治修复工作不力，矿产开发生态破坏依然严重问题 2. 上海外高桥港区、宝山区吴淞口、浦东新区临港物流园和洋山港等地黑加油站点屡禁不止问题
2019-09-04	山东临沂兰山区及部分街镇环保搞“一刀切”问题
2020-01-16	通报：2019 年统筹强化监督（第二阶段）中，57 个城市黑臭水体消除比例低于 80%
2020-04-30	生态环境部组织 2020 年一季度水环境达标滞后城市（26 个）和黑臭水体整治滞后城市（6 个）会商
2020-09-24	1. 浙江台州仙居县经开区现代医化园区部分化工企业、黄岩区中兴沙场、台州市振港染料化工有限公司违法排污，椒江近岸海域污染严重问题 2. 天津津南区大韩庄垃圾填埋场渗滤液污染问题突出 3. 北京昌平区延寿镇玉盛祥石材有限责任公司无证开采毁坏大片林地问题
2020-09-28	1. 北京房山区十渡镇拒马河自然保护区八渡水文站变身为经营性酒店问题 2. 天津东丽区供热企业临时编造虚假台账应付环境督察问题 3. 浙江衢州绿色产业集聚区环境违法问题

（续表）

2020-09-29	1. 国家林业和草原局监管不到位，察汗淖尔湿地保护修复亟待加大工作力度问题 2. 山西霍东煤炭矿区国家能源局审核把关不严，霍泉水源违规开采问题
2020-10-18	1. 浙江金华磐安县政府追求短期利益，磐安县有关部门在涉林垦造耕地项目上监管不严，毁林开垦，生态环境遭到破坏问题 2. 北京平谷区水务局失职失责，洳河污水处理厂污泥处置乱象丛生问题 3. 原天津市建委项目办及其主管部门住建委失职失责，西青区青凝侯污泥填埋场污泥违规处置危害环境问题
2020-10-30	通报：2020 年 1—9 月云南、江西、山西、广东等 4 省“千吨万人”水源保护区划定工作进展相对滞后；长江经济带云南、江西等 2 省乡镇级水源保护区划定工作相对滞后；山西、黑龙江、广东等 15 省（区）部分城市黑臭水体消除比例低于 90%，治理进度滞后
2021-02-22	约谈：对长江经济带突出生态环境问题整改不力的 6 个城市进行约谈，包括安徽省池州、江西省上饶、湖北省孝感、湖南省衡阳、重庆市南川和四川省遂宁等
2021-03-31	通报：由生态环境部审批的 35 个重点建设项目中有 25 个项目环境保护“三同时”制度落实和竣工环境保护自主验收工作存在问题，问题率高达 71.4%，反映出部分地方政府、生态环境部门和建设单位还存在环境监管责任履行不到位、环境治理主体责任落实不到位问题
2021-04-16	1. 云南保山市党委、政府认识不到位，隆阳区政府工作敷衍应付，保山的“母亲河”东河沦为纳污河问题 2. 广西崇左市黑臭水体治理工作中申报不严不实，整治敷衍应付问题 3. 山西晋中介休、平遥、灵石等县（市）盲目上马焦化项目，违规取水，带来严重生态环境问题 4. 湖南湘潭市港口、码头污染防治能力不足，环境污染严重问题 5. 辽宁铁岭市委、市政府及其有关部门长期不作为，凡河新区管委会环境主体责任缺位，凡河新区水环境污染问题 6. 河南郑州、开封等市党委、政府不顾水资源实际，借引黄调蓄、生态治理、民生供水之机行人工造湖、旅游开发之实，进一步加剧地区水资源、水生态、水环境承载压力问题 7. 江西抚州金溪县陆坊工业区环境违法突出，污染严重问题 8. 安徽滁州凤阳县机动车拆解行业监管缺失，环境污染严重问题

（续表）

2021-04-22	1. 山西太原清徐县敷衍应对，南白石河污染仍未根本解决问题 2. 辽宁沈阳经济技术开发区管委会主体责任落实不到位，区域生态环境污染严重问题 3. 安徽黄山市政府及相关部门监督不力，黄山区政府整改不严不实，太平湖流域局部生态破坏问题 4. 江西新余市委、市政府对露天矿山综合整治重视不够，渝水区、分宜县政府整改敷衍，矿山开采违法行为乱象丛生、生态修复严重滞后问题 5. 河南平顶山市汝州天瑞煤焦化有限公司违法排污问题 6. 湖南邵阳市邵阳县委、县政府对生态环境保护重视不够，长阳矿区生态环境破坏不断加剧问题 7. 广西河池凤山县委、县政府乱作为，凤山世界地质公园遭到破坏性开采、违规建设问题 8. 云南景洪市政府重视不够，景洪市江北街道生活垃圾处理场环境问题突出
2021-04-28	1. 山西省国资委整改工作形式主义，山西焦煤集团有限责任公司下属山西西山晋兴能源有限责任公司斜沟煤矿敷衍整改，煤炭开发破坏生态问题 2. 辽宁省一些地方项目管控不到位，部分“两高”项目违法建设、节能审查审批监管不到位、能耗“双控”形势严峻等问题 3. 安徽蚌埠市固镇经济开发区盲目上马工业项目，放松监督管理，企业违法排污问题突出 4. 江西吉安市永丰县委、县政府工作失职失责，永丰县循环经济产业园污染严重问题 5. 河南安阳市委、市政府落实国家“以钢定焦”政策不力，对压减焦化产能工作推进不力问题 6. 湖南洞庭湖区岳阳市、常德市和益阳市化肥减量工作普遍存在部署敷衍了事、推进不严不实、统计虚假失真等问题 7. 广西北海市、南宁横州市、贵港桂平市、梧州市岑溪市等地生活垃圾处理短板明显，环境风险突出问题 8. 云南文山州违建二河沟一级电站，敷衍整改，严重破坏国家级自然保护区生态环境问题

（续表）

2021-05-06	1. 山西忻州代县、繁峙县等地采选企业乱堆乱弃废渣，破坏生态环境问题 2. 辽宁朝阳市生活污泥无害化处置工作推进缓慢，有关主管部门监管缺位，环境风险隐患突出问题 3. 安徽铜陵市郊区处置荷花塘水环境污染问题 4. 江西南昌市当地党委、政府对国家重大决策部署认识不到位，生活污水直排整治不力问题 5. 河南焦作博爱县当地党委、政府不作为、乱作为问题突出，馒头山遭非法开采问题 6. 湖南湘西州委、州政府重视程度不高、主动作为不够，垃圾焚烧发电项目建设严重滞后，小型焚烧炉久未取缔污染严重问题 7. 广西梧州岑溪市推进中央生态环境保护督察整改不力，花岗岩矿山粗放式开采生态破坏严重问题 8. 云南昆明市当地党委、政府政治站位不高，在滇池保护治理上态度不坚决，晋宁长腰山过度开发，严重影响滇池生态系统完整性问题
2021-05-17	1. 山西晋中太谷区委、区政府督促企业整改表态调门高、行动落实少，山西太谷恒达煤气化有限公司长期违法排污问题 2. 辽宁抚顺沈抚新区管委会监管缺位，沈抚改革创新示范区李石街道“散乱污”企业久拖不治，废钢渣污染问题 3. 安徽淮北市有关部门及区县落实打赢蓝天保卫战相关部署要求不到位，减煤工作不严不实、对焦化企业监管不力、大气污染防治形势严峻问题 4. 江西九江德安等县区能耗总量控制不力，高耗能行业无序发展问题 5. 推动督察整改不深不实河南新乡市、辉县市、卫辉市、获嘉县等履行生态环境保护主体责任不到位，垃圾填埋污染隐患依然突出问题 6. 湖南株洲市工作不严不实，污水管网改造滞后，雨污混流水直排湘江问题 7. 云南玉溪市监督指导不力，通海县污染治理不担当不作为，杞麓湖污染治理治标不治本，水质长期得不到改善问题
2021-09-06	1. 四川遂宁市不作为、乱作为，监管严重缺失，放任有关企业长期以“土壤改良”之名非法处置污泥，严重污染周边环境 2. 湖北黄冈、孝感、襄阳等市推进磷石膏资源化综合利用不力，污染问题突出 3. 广东茂名市水污染治理工作推进不力，污水管网建设滞后，治污设施管理不善，污水直排问题突出，水环境质量下降

（续表）

2021-09-17	1. 四川眉山市违法开发房地产，黑龙滩水源地生态环境遭到破坏 2. 吉林辽源市能耗双控工作不力，“两高”项目违法问题突出 3. 山东济宁市矿山综合整治不力，督察整改责任不落实 4. 湖北通山县九宫山国家级自然保护区小水电清理整改工作滞后 5. 广东清远市有关部门和区县对垃圾填埋场运行监管不力，渗滤液处置风险管控不足，非法倾倒打击不力，处置敷衍，环境污染问题突出
2021-09-27	1. 四川南充市流域监管不力，嘉陵江南充段生态环境问题突出 2. 湖北孝感市生活垃圾填埋场渗滤液长期积存，环境风险突出 3. 广东云浮市能耗控制形势严峻，未批先建和违规用能问题突出 4. 吉林白山市矿山监管缺位，生态修复严重滞后
2021-10-09	1. 吉林长春市建成区部分水体返黑返臭，群众反映强烈 2. 山东菏泽市黑臭水体整治不力，水体返黑返臭问题突出 3. 广东一些出海水道内非法洗砂洗泥活动多发，协同监管打击不力 4. 四川宜宾市江安县工业园区环境风险问题突出
2021-10-26	1. 吉林松原扶余市黑土地保护措施落实不到位，部分黑土地遭到破坏 2. 山东一些地市部分湿地公园管理混乱，违规问题突出 3. 湖北阳新、大冶部分工业园区“两高”项目控制不严，违规问题突出 4. 广东中山市治水工作部署推进不力，内河涌污染问题突出 5. 四川乐山产业转型升级推进缓慢，陶瓷等行业一些项目盲目发展问题突出
2021-12-16	1. 宁夏石嘴山平罗县用水管控不力，化工园企业违规取水，污染隐患突出 2. 黄河陕西韩城龙门段长期非法倾倒大量废渣破坏黄河生态，环境隐患突出 3. 贵州毕节市大量生活污水长期直排，生态环境问题突出 4. 黑龙江萝北县石墨园区环境违法违规问题突出，生态破坏严重
2021-12-22	1. 贵州黔南州罗甸县水产种质资源保护区违法问题突出，生态破坏严重 2. 陕西榆林兰炭行业淘汰落后不力，违规建设多发，环境问题突出
2021-12-29	1. 黑龙江哈尔滨何家沟、松浦支渠返黑返臭，大量污水未经处理排入松花江 2. 贵州六盘水市盲目布局焦化项目，“两高”企业违法问题突出 3. 陕西安康市蒿坪河环境风险隐患突出，重点环境治理工作推进迟缓 4. 宁夏吴忠盐池县工业园无序发展，违法排污多发

（续表）

2022-01-09	1. 黑龙江绥化市黑土地保护不力，违法占用黑土耕地问题严重 2. 贵州一些地方矿产开发生态破坏严重，绿色矿山建设问题突出 3. 陕西咸阳市推动解决大气污染“老大难”问题不力 4. 宁夏宁东基地和吴忠、中卫、石嘴山等地违规上马“两高”项目问题突出
2022-01-17	1. 黑龙江哈尔滨市阿城区石材矿山长期无序开采，生态环境破坏问题突出 2. 贵州安顺夏云工业园区违法问题突出，环境污染严重 3. 陕西渭南市潼关县双桥河流域生态环境问题突出 4. 宁夏银川固原部分垃圾处理设施长期带病运行，环境风险隐患大
2022-04-06	1. 河北承德兴隆县非法采矿问题突出，严重破坏生态环境 2. 江苏镇江长江岸线清理整治推进不力，生态环境问题突出 3. 内蒙古巴彦淖尔乌拉特前旗铁矿等开采违法违规问题突出，生态破坏严重 4. 西藏昌都水泥项目批小建大，生态破坏问题突出 5. 新疆玛纳斯河流域水资源管理不力，部分生态功能区退化严重
2022-04-14	1. 新疆“乌昌石”区域大气污染防治推进不力，重污染天气多发 2. 西藏那曲色尼区砂石开采违法违规问题突出，严重破坏高寒草原生态环境 3. 内蒙古鄂尔多斯棋盘井区域违法取水用水问题突出，生态环境影响严重 4. 江苏宿迁生态保护不到位，大运河宿迁段环境问题突出 5. 河北邯郸钢铁行业去产能存在乱象，产业结构调整落实不力
2022 04 19	1. 统筹不力，监管缺失，河北部分市县违规处置污泥问题突出 2. 江苏淮安部分区县污水收集处理不到位，水环境问题突出 3. 内蒙古赤峰克什克腾旗违规占用国家森林公园，生态破坏问题突出 4. 西藏空港新区污水处理设施建设严重滞后，生活污水长期直排 5. 新疆一些地方落后产能淘汰不力，违规产能管控不严不实

资料来源：中华人民共和国生态环境部网 https：//www.mee.gov.cn/。

可见，即使是党的十九大之后，在中央如此重视生态治理并重拳出击打击生态治理问题的情况下，仍然有不少地方政府在生态监管方面表现消极。因此，央地协作治理问题仍是目前生态安全屏障建设面临的现实困境之一。

（一）“委托—代理”关系下中央与地方政府信息不对称与信息失真

在行政逐级发包制下，地方政府的权力实际来自中央党政机关的委托，法律上表现为中央享有统一监管权和决策权，而地方主要负责执行中央制定的法律与政策。在地方生态安全屏障建设方面，中央和地方政府事实上构成了一种“委托—代理”关系。中央政府是委托人，地方政府和企业是接受委托的代理人（或称受托人）。为实现委托人设定的法律与政策目标，代理人的行动应当符合委托人的利益。中国现行环境政策仍主要采用命令—控制型的环境指标政策，并以最终结果为主要控制目标，给地方政府留下相对的自主空间，地方政府所承受的主要压力来源于最终结果的控制。①

1. 委托代理关系下的信息不对称与信息失真

央地委托代理关系呈现的层级控制体系中，上级基于信息来决策、协调和引导下级行为，信息链条长度和有效性是核心，将直接影响中央政府对地方政府的激励效果和地方政府的行为策略。②在权力结构中普遍存在信息不对称现象。“信息不对称”是指在政府、经济等社会活动中相互影响的“经济人”之间存在的信息分布失衡现象。③其中，处于信息优势地位的“经济人”可以通过采取某些行为改变特定事件发生概率，从而影响决策的正常走向，导致交易关系或契约安排的不公平或效率耗损。生态屏障建设中同样面临环境信息不对称和失真问题。我国现行体制下生态政策主要由位于权力中心的中央政府负责制定，地方各级政府具体

---

① 唐啸，陈维维.动机、激励与信息：中国环境政策执行的理论框架与类型学分析[J].国家行政学院学报，2017（1）：76-81，127-128.

② 唐啸，陈维维.动机、激励与信息：中国环境政策执行的理论框架与类型学分析[J].国家行政学院学报，2017（1）：76-81，127-128.

③ 余敏江，黄建洪.生态区域治理中中央与地方府际间协调研究[M].广州：广东人民出版社，2011：3-4.

执行。央地政府间是事实上的委托代理关系，中央政府是生态政策制定者与政策执行的委托人，各级地方政府则是政策执行中的代理人。[①] 为实现委托人的政策目标，地方政府本应按照委托人的利益行事，但事实并非如此。

从信息获取看，中央政府获取信息的成本巨大，处于信息劣势地位；地方政府更接近信息源，处于信息优势地位，所拥有关于本辖区环境污染与治理的信息要远多于作为委托人的中央政府。上级环境保护主管部门获取环境信息主要依靠地方政府逐级上报，鉴于客观（基层环境监测体系落后，难以进行有效监测）或主观（即便能够有效监测，但地方可能谎报或瞒报）的原因，中央政府难以获得有效信息，只能掌握代理人行为的不完全信息，由此产生信息不对称，而建立于此种不完全信息基础上的环境规制很难具有针对性和有效性。[②] 央地政府间的信息不对称表现在地方政府治理的努力程度及其需要的各种资源、生态环境政策实际执行效果的知悉程度以及生态治理目标群体的反馈等方面，中央政府均处于劣势。[③] 现实中也普遍存在环境信息失真问题。环境信息失真包括规则性失真（即环境信息规则的不科学而导致的信息失真）、违规性失真（即有关单位和人员故意违反法律规章制度而导致的信息失真）和行为性失真（即环境监测人员素质不能满足监测工作需要而导致的信息失真）[④]，其中违规性失真是我国当前环境污染信息失真的主要问题，危害最大。

2. 央地政府间信息不对称的风险与危害

（1）中央政府的“理性的无知”。面对高昂的信息搜寻成本，没有

① 张崇清. 环境政策的有效性：以瓯海区水污染物总量控制政策为例 [D]. 上海：复旦大学，2010.

② 张宝. 环境规制的法律构造 [M]. 北京：北京大学出版社，2018：34.

③ 余敏江，黄建洪. 生态区域治理中中央与地方府际间协调研究 [M]. 广州：广东人民出版社，2011：6-7.

④ 邓志强. 我国工业污染防治中的利益冲突与协调研究 [D]. 长沙：中南大学，2009.

人可能或愿意获取所需的全部信息与知识，相反人们选择只获取特定的部分信息并保留对其他信息的无知，即“理性的无知”[①]。地方政府可能严格实施或虚假实施中央政府制定的生态政策，但因为信息不对称和信息失真，中央信息收集和鉴别成本高于其监督核查的收益，且地方政府为实现自身收益最大化可能有意封锁或传递虚假信息，使信息成本进一步上升，理性的中央政府可能选择不核查而处于理性无知局面。[②]

（2）生态政策的“逆向选择”。逆向选择即在信息不对称状态下，接受合约一方利用其拥有的“隐蔽信息”和另一方信息缺乏而使对方不利，使博弈或交易过程偏离信息缺乏一方的意愿。[③]在生态安全屏障建设中，中央政府由于信息缺乏无法衡量地方政府备用方案的实际效果，而地方政府倾向于选择劣质备选方案来“落实”政策，导致最后结果与中央理想效益预期存在差距。[④]

（3）地方政府的“道德风险”。道德风险指代理人利用信息优势，减少要素投入或采取机会主义行为来达到自我效用最大化，从而影响组织的整体利益。[⑤]为获取额外收入，有些地方政府人为隐藏环境信息，致使中央政府给那些表面上看污染少的地方多分派排放的污染总量指标，从而破坏了生态环境。当中央政府对地方政府的不合作干预乏力时，地方政府会对生态环境治理采取“不作为”或“搭便车”，使得生态环境

---

① 段志国.分权背景下的地方金融监管权研究[D].北京：中央财经大学，2016.

② 余敏江，黄建洪.生态区域治理中中央与地方府际间协调研究[M].广州：广东人民出版社，2011：6-7.

③ 高燕妮.试论中央与地方政府间的委托—代理关系[J].改革与战略，2009，25（1）：29-30，66.

④ 高燕妮.试论中央与地方政府间的委托—代理关系[J].改革与战略，2009，25（1）：29-30，66.

⑤ 高燕妮.试论中央与地方政府间的委托—代理关系[J].改革与战略，2009，25（1）：29-30，66.

供给持续性不足，诸侯经济、地方保护主义等现象滋生。[①]

（二）“委托—代理”关系下央地政府间动态博弈的利益分歧与目标差异

中央监管地方时面临信息不对称和有限能力约束问题，地方有不完全或者扭曲执行中央环境政策的动机，导致央地政府间的博弈。[②]中央政府与地方政府彼此的决策目标和环境信息不同，风险偏好也有差异。央地政府在平衡环境政策与经济增长的关系时目标不一致。

中央政府以全社会和谐、经济可持续发展为最终目标，更关注环境质量而不会支持地方政府为了短期经济发展和财政收入而牺牲环境的行为；中央政府不存在环保效益外溢性，因为全国范围内任何地区环境改善的积极效果都归属于整个国家，都会增加社会总收益。[③]中央政府呈现非生产性，追求社会福利和资源配置效率最大化，其自利倾向和晋升偏好相对较小；其利益在于政权稳定，更关注全局经济、社会发展与资源环境保护的协调，其立足全局，对环境治理更积极，追求长远利益，如中央政府已将保护环境上升为基本国策。[④]

受晋升绩效考核影响，地方政府往往以促进地方经济发展为首要目标，更关注局部、眼前的经济利益和本地短期经济发展情况。[⑤]地方政府基于自身目的与理性人特性，以最少的经济成本获得最大的经济收益，

① 余敏江，黄建洪.生态区域治理中中央与地方府际间协调研究[M].广州：广东人民出版社，2011：22-23.

② 姜珂.游达明.基于央地分权视角的环境规制策略演化博弈分析[J].中国人口·资源与环境，2016，26（9）:139-148.

③ 贺年.城市环境治理投入的中央政府与地方政府博弈[J].天水行政学院学报，2013，14（1）：67-70.

④ 邓志强，罗新星.环境管理中地方政府和中央政府的博弈分析[J].管理现代化，2007（5）：19-21.

⑤ 邓志强，罗新星.环境管理中地方政府和中央政府的博弈分析[J].管理现代化，2007（5）：19-21.

其考虑“成本—收益”，花费巨大物力、人力、财力去治理环境却会造成财政收入减少。理性人特性使其希望转嫁或少付成本，期望中央政府投入大量环保资金。[①]实践中，地方政府官员更注重经济发展，环境治理无法很快产生经济收益，而对其投入较少或者消极应对、牺牲环境追求局部经济利益最大化的行为并不鲜见。

（三）央地财政分权制度导致的障碍

财政分权是指国家根据中央和地方以及不同部门各自的职权与职责范围和受益范围，将财政权力合理地划分、配置给各政府部门，中央政府和上级政府只处理地方政府和下一级政府无力解决和不善解决的事务，市场的事务交由市场解决，超越市场的事务则由政府负责。同时，国家根据既有公共产品和公共服务状况、供给主体责任、成本费用以及效益分享情况，具体确定中央政府和地方政府财政分权的边界和范围。[②]我国财政体制经历了从中华人民共和国成立初期的计划经济下的集权制模式到改革开放初的逐步分权的财政包干型管理体制，再到20世纪90年代的分税制财政管理体制的变化。集权制模式会束缚经济主体积极性，而财政包干型管理体制虽给予地方较大的财政权力，给地方经济和社会发展注入了活力，却造成中央政府对市场控制力度减弱、中央财政的宏观调控能力大大降低。

当前分税制财政管理体制下中央财政力量持续上升，地方政府对市场的控制能力大大降低，财政资金利用效率低，事权和财权不匹配导致地方政府提供公共产品与公共服务的能力下滑，弱势凸显。具体到生态安全屏障建设中表现为政府在环境治理方面的财政支出长期无法获得有效保障，环境治理部门既缺少财政资金支持，又缺少人事方面的良好配

① 贺年．城市环境治理投入的中央政府与地方政府博弈[J]．天水行政学院学报，2013，14（1）：67-70.

② 杨健燕．低碳发展下环境治理体系理论创新及法律制度建构研究[M]．上海：立信会计出版社，2019：44-46.

置与储备。因财政权、人事权等方面在法律层面的缺位，生态安全屏障建设处于随机、不确定状态，再加上各地区经济发展不平衡和市场的分割，基层财政能力则无法满足现实需求。[①]我国现行环境治理制度体系基本框架源自1973年第一次全国环境保护会议的召开，迄今形成了具有中国特色的环境管理八项制度，即环境保护目标责任制、综合治理与定量考核、污染集中控制、限期治理、排污许可证制度、环境影响评价制度、三同时制度、排污收费制度。尽管现行环境管理制度在规范内容建设上有一定基础、覆盖管控对象较全面，但仍存在诸多不完善之处。例如，在财政、人事以及受二者影响和决定的政策制定、立法等方面的顶层设计不合理。现行的中央与地方财政分权制约着地方参与环境治理的资源投入力度与效率提升，地方核心人事由上级政府决定，但财政分权效率性目标要求地方政府拥有人事决定权；环境方面立法权配置不科学、脱离现实、基层参与匮乏，立法内容不能及时满足社会实际变化需要，针对各种新型污染现象不能及时立法等彰显环境立法供给不力。[②]

1. 财政分权导致中央政府和地方政府之间的策略博弈

财政分权改革打破了央地政府一体化的权力结构，地方政府有了更多自主决策权，并逐渐成为相对独立的利益主体。[③]中央与地方的行政分权，一定程度上的地方“经济分权”和“财政分权”，使地方获得一定的经济控制权，有相对独立的经济利益诉求，出现与中央目标不一致的情形。[④]地方政府执行中央环境政策时会维护自身利益，央地关系表现为

① 杨健燕.低碳发展下环境治理体系理论创新及法律制度建构研究[M].上海：立信会计出版社，2019：44-46.

② 杨健燕.低碳发展下环境治理体系理论创新及法律制度建构研究[M].上海：立信会计出版社，2019：33-35.

③ 潘峰，西宝，王琳.环境规制中地方政府与中央政府的演化博弈分析[J].运筹与管理，2015，24（3）：88-93，204.

④ 邓志强，罗新星.环境管理中地方政府和中央政府的博弈分析[J].管理现代化，2007（5）：19-21.

参与双方根据所获得的信息采取不同选择的动态、重复的策略博弈。地方政府会权衡执行中央环境规制的综合成本与收益[①]，中央政府监管和惩罚力度、政绩导向和地方政府执行成本与收益等多重因素均会影响双方的博弈结构。因信息、目标和权力配置的不一致，环境规制执行受阻，无法获得博弈最优解。[②]若中央政府政策威胁的置信度不够，地方财税分权效应就可能导致中央环境规制意图碎片化危险。[③]在央地博弈中，中央不了解地方执行环境规制的意愿，地方对中央的政策决心和监察力度等信息掌握也有限，博弈双方基于有限理性作行为选择，理性程度较低。地方与中央并不会在一次博弈中找到最优策略，而是在不断试错、总结和模仿中寻找较优策略，最终形成稳定策略。[④]

2. 财政分权叠加府际竞争关系导致地方政府监管“竞相逐底”效应

当前，我国环境的根本问题源于粗放式经济发展模式，该模式根植于“中国式央地分权”，即中央政府对地方的“经济分权、政治集权”。[⑤]我国环境治理体制依据行政区域的划分来设置管理权限，按照政府层级构成，进行垂直式领导，即中央政府统一制定而地方政府负责具体执行环境政策。中国生态环境分权治理体系是划分央地政府在生态环境治理方面权责的最基本依据。从理论上厘清央地政府在生态安全屏障建设过程中的权责分配，进而提出科学合理的制度安排，才能更好地在实践中

① 潘峰，西宝，王琳. 地方政府间环境规制策略的演化博弈分析[J]. 中国人口·资源与环境，2014，24（6）：97-102.

② 罗丹. 策略博弈、约束性激励与规制“软化”：环境规制的悖论及其治理[J]. 北京理工大学学报（社会科学版），2021，23（5）：43-53.

③ 杜辉. 论制度逻辑框架下环境治理模式之转换[J]. 法商研究，2013，30（1）：69-76.

④ 潘峰，西宝，王琳. 环境规制中地方政府与中央政府的演化博弈分析[J]. 运筹与管理，2015，24（3）：88-93，204.

⑤ 姜珂，游达明. 基于央地分权视角的环境规制策略演化博弈分析[J]. 中国人口·资源与环境，2016，26（9）：139-148.

指导政府生态安全屏障建设工作，从而解决中国生态环境问题。由于中国式分权和注重经济增长的绩效考核，地方政府拥有更多的自主决策权，其为吸引外部资源相互竞争，产生放松环境规制的“竞相逐底”效应①，同时地方政府作为环境政策的执行者，具有与企业“合谋”牺牲环境质量来换取经济利益最大化的动机。

二、地方政府协作困境

目前，制约政府在构建生态安全屏障中的区域协作的根本因素是现行管理体制的分割性。在现实中，跨域生态问题的协作治理面临着重重困境。基于制度集体行动视角，整体目标上的偏好差异、生态治理公共物品的属性、合作成员间影响力不均衡等因素均制约着地方政府在生态安全屏障建设方面的协作。近年来跨域生态环境问题频发，影响不断扩散，基于行政区划的“封闭式”科层治理的传统行政与基于市场竞争思维、倡导“原子化”竞争治理的新公共管理，均难以有效应对，由此跨域生态环境问题防治，加强地方政府间合作已成为必然选择。但是，地方政府合作治理中权力不平等、利益博弈冲突、监管体制破碎、考核评价缺失等增加了合作困难，弱化了合作动力，影响了合作绩效。②

（一）合作成员间的权力实质不平等、影响力不均衡等影响合作认同

现阶段我国地方政府合作主要是依靠外生力量（即上层权威）推动的被动合作，而不是源自政府内生发展需求的自发的主动合作，压力型体制下的府际合作因权力系统的封闭性、权力不平等，带来“中心—边缘”地带、次级治理主体参与不足等困境。例如，某些处于弱势、边缘

① 姜珂，游达明.基于央地分权视角的环境规制策略演化博弈分析[J].中国人口·资源与环境，2016，26（9）：139-148.

② 周伟.合作型环境治理：跨域生态环境治理中的地方政府合作[J].青海社会科学，2020（2）：76-83.

的地方政府无法在跨域环境政策制定过程中充分表达利益诉求，其合法利益往往服从区域整体利益，可能因政策制定中权力不平等而降低政策认同，进而被动响应使府际合作流于形式。①

（二）府际竞争关系导致的利益博弈冲突增加合作难度

地方政府之间基于“政治锦标赛”产生博弈竞争，阻碍区域合作且对地方环境规制产生负面影响。政绩考核指标是政府竞争的重要指针，政绩考核指标内涵构成是影响政府竞争负向效应大小的关键。②地方政府官员在“官员晋升锦标赛”的晋升激励下关注地方经济发展，承担上级发包的属地责任和“运动式”治理不断变化的中心任务，加上缺少与事权相对应的人事权和财权，生态环境治理使地方政府付出额外的经济成本；官员任期的短期性与生态治理的长期性，导致前任官员治理，后继官员享受治理成果。跨域生态环境合作治理中地方政府自利性追求地方利益最大化，引发利益博弈冲突，如由于区域位置和发展水平差异，发展需求、方向、定位和目标不同，辖区居民偏好差异等引发合作治理的目标冲突，在区域合作治理中如何分担成本、共享收益引发了政府间权力划分分歧冲突，因利益分配不公而消极怠工、“搭便车”、终止合作等导致合作难以实现的关系冲突。③

（三）制度供给匮乏

制度供给匮乏表现为缺乏沟通协商制度、绩效考核制度不合理、监管机制分散、约束激励制度不健全；法律法规缺位的法律困境；利益机制不健全的困境中，存在利益表达、分配、共享、补偿等利益关系彼此

① 周伟.合作型环境治理：跨域生态环境治理中的地方政府合作 [J].青海社会科学，2020（2）：76-83.

② 游达明，邓亚玲，夏赛莲.基于竞争视角下央地政府环境规制行为策略研究 [J].中国人口·资源与环境，2018，28（11）：120-129.

③ 周伟.合作型环境治理：跨域生态环境治理中的地方政府合作 [J].青海社会科学，2020（2）：76-83.

牵制和冲突等问题。[①] 以监管机制为例，跨域生态治理“纵向分级负责，横向多头管理”的条块分割监管，导致接近命令服从等级结构的纵向监管乏力、执行约束不足，而受竞争和协商支配的对等权力分割体系即横向监管各自为政，缺乏有效协调，监管体制破碎，降低合作绩效。就考核机制而言，现行各项考核指标仍以行政区划为界，没有将跨域生态环境保护等列为地方政府考核指标，没有设置府际合作考评机制和相应的激励约束。而且，各地方政府参与合作治理的热情源于合作带来的预期收益，合作动机取决于其利益偏好和角色定位，最终影响跨域生态环境治理成效。[②]

（四）区域协作治理主体权责不清的责任困境和集体行动困境

因行政权力下放、地方行政分割、治理主体互不隶属，跨域生态治理往往呈现“多中心”（即权力的弱化和分散化）状态，使得参与主体责任边界模糊不清，引发责任归属危机，容易陷入“集体行动的困境”。地方政府在区域合作中责任不对等，有的地方政府获得了牺牲环境发展经济的红利但无须承担环境责任；有的地方政府没有发展红利却要承担治理成本和破坏后果，使区域府际合作陷入困境。[③] 我国各行政区的生态环境治理通常以行政区划为界，高度确定及稳定，已形成了分类别、分区域、分部门的“分割式”生态环境治理体制，尚未形成“共治、共建、共融”的治理格局。[④] 行政区划对区域府际合作的割裂，即行政区划的静态设置、生态环境的属地管理与区域生态环境的流动性矛盾。区域府际

① 党秀云，郭钰. 跨区域生态环境合作治理：现实困境与创新路径 [J]. 人文杂志，2020（3）：105-111.

② 周伟. 合作型环境治理：跨域生态环境治理中的地方政府合作 [J]. 青海社会科学，2020（2）：76-83.

③ 许珂，周伟. 区域生态环境治理中地方政府合作的困境与突破 [J]. 领导科学，2020（4）：7-11.

④ 党秀云，郭钰. 跨区域生态环境合作治理：现实困境与创新路径 [J]. 人文杂志，2020（3）：105-111.

协作实际上是政府集体行动，个体有自利动机，天然追求自身利益最大化而不是集体利益最大化，而如果区域内各地方政府漠视区域共同利益，不愿主动承担生态治理成本，只愿“搭便车”，则会导致地方政府间合作缺乏合作基础，即共同利益和共同目标。因地理环境、产业结构、经济发展水平差异，各城市对主要污染物的界定和标准制定存在差异、污染物自然消解能力不同、环境治理能力各异，合作陷入零和博弈。①

三、政府跨部门合作困境

政府横向部门间的协作状况决定了国家法律和政策的执行状况，生态安全屏障建设属于跨域部门的横跨性公共问题，需要政府各职能部门之间加强协作。有效的合作机制应当建立在参与各方有内在相互需求基础上，是经过多次博弈和妥协而达成的共识性安排，但现有政府科层制体系并不能催生部门之间的自发合作。我国部门间资源共享和互相依赖程度低、部门间信任程度低等造成部门间合作需求缺乏，长期合作关系难以建立，更常见的是由较高层权威机构推动各职能部门间临时、短期合作。因此，必须建立更丰富的合作机制来诱导政府部门的合作意愿。②

（一）现行管理体制的分割性与碎片化

目前我国基层环保部门受上级环保部门和地方政府的“双重领导”，而双重领导下的目标和职责冲突，使地方环保部门呈“行为分裂”状态。③以海洋环境治理为例，目前我国海洋环境治理职能仍分散于包括环境管理部门、海洋保护部门、海事管理部门与水利管理部门等，呈现部

① 党秀云，郭钰.跨区域生态环境合作治理：现实困境与创新路径[J].人文杂志，2020（3）：105-111.

② 余亚梅，唐贤兴.政府部门间合作与中国公共管理的变革：对“运动式治理”的再解释[J].江西社会科学，2012，32（9）：172-177.

③ 耿言虎，陈涛.环保“土政策”：环境法失灵的一个解释[J].河海大学学报（哲学社会科学版），2013，15（1）：34-38，90.

门化、碎片化的状态。

我国环境规制沿袭传统行政管理模式，采取区域与要素双重分割原则。在此基础上，每一行政区域内又将不同环境要素的监管权限划分给不同部门。在环保专责机关内部，则又按照环境要素分割成不同的亚部门，分别作为行政机关内部职权划分的基础。例如，将生态环境区分为大气、水体、土壤、生物等基本要素，然后对这些基本要素进行再次分割，其中水体先分为海水与淡水，淡水又被分割为水质与水量，水质保护归属于环保，水量控制归属于水利。由此确立统一监管与分部门监管相统一的管理体制，但其违背了环境规制的科学基础，使我国环境规制呈高度碎片化状态。[①] 区分领域对各个污染媒介及污染物进行单项规制，造成规制碎片化。源自法律制度层面，针对不同领域的环境问题（如大气、水、核能）制定不同的单独法律进行单体规制，亦即分领域来分配规制权限。分配选择不是考虑环境风险规制整体的优先顺位、深思熟虑充分论证后予以确定，而是出于偶然或恣意。此外，结构层面上“井蛙之见”“随机议程的设定”“不一致”困扰环境风险规制。[②]

（二）公共权力部门化和环境规制碎片化

各政府部门已成为“特殊利益群体”，出现“执法产业化”，即通过执法活动来实现部门利益最大化，通过各种行动来弥补资源不足。环境规制中高度碎片化的行政权配置使“统一监管和分部门管理”处于虚化状态，可能导致“公共权力部门化、部门权力利益化、部门利益法制化”现象。分部门监管导致环境保护主管部门的统一监管权被肢解。立法并未对统一监管和分工负责予以明确，环境保护主管部门事实上只享有名义上的统一监管权。根据“特别规定优于一般规定”，环境保护主管部门的实际权限只能是刨除其他部门“职责范围内”监管权后的“剩余监

① 张宝.环境规制的法律构造[M].北京：北京大学出版社，2018：23-25.

② 李永林.环境风险的合作规制：行政法视角的分析[M].北京：中国政法大学出版社，2014：33-34.

管权”。以内陆水质监管为例，船舶污染由海事部门主管，流域管理由水利部门主导，市政管网由建设部门负责，农村污染问题由农业部门牵头，环保主管部门则拥有“剩余监管权”，主要针对企业的点源排放进行监管，而这可能导致统一监管变得支离破碎。

高度碎片化的行政权配置，对大气、水体、土壤、生物等环境介质进行人为分割，然后依据区域和功能对同一介质再次进行分割，不仅客观上难以实现部门规制的有效衔接，还会因权责分散而导致职权冲突，增加环保职能机关的沟通与协调困难，无法适应生态环境作为复杂适应系统的特性，导致主观或客观的规制真空和监管漏洞，不利于提升环境规制绩效和整合保护环境资源。环境保护主管部门应当以环境与公众健康保障作为唯一价值取向，而其他部门多是以效益最大化作为价值立场，将环境保护功能置于非以保护为目标的职能部门之下，容易导致环境保护的价值弱化乃至被牺牲。[①]

（三）部门间合作需求不强烈与信任缺失

资源制约是影响部门之间合作与否的重要因素之一，合作基于资源互补性或为获得维持生存的必要资源。横向部门间协作的重要内容是资源交换，某种意义上资源依附和交换会强化部门间的依赖，各部门能从合作中有不同程度的收益，但各部门合作动力的差异导致合作并不会自动出现。通常资源相对丰富的部门是合作中的资源贡献者，其合作愿望要低于合作中的资源需求者，即资源相对短缺的部门，不同部门在合作中获得的收益也有差异。部门合作也是为实现组织合理性和正当性。组织存在合理化和合法化的压力，组织可合作管理内部和外部的相互依赖，提高环境的适应力。中国政府部门的合理化和合法化，不依赖民众的认同与支持，也不依赖与其他横向部门间合作产生的绩效，而依赖其自我评价和上级评价，因此寻求合作的动力不足。利益竞争甚至利益矛盾造

① 张宝. 环境规制的法律构造[M]. 北京：北京大学出版社，2018：45-46.

成的信任缺失是大多数政府部门之间普遍存在的现象。很多政府部门就同一事务存在管辖权冲突，因此连最简单的合作——信息和其他资源共享也难以实现。在日常政府管理中，各部门之间没有经常性的工作联系，政策执行是在设定目标和执行行动的交叉点中交互，但在我国部门之间难以找到这种交叉点，部门之间的碎片化现象严重。①

第二节　生态安全屏障建设的法治障碍

生态安全屏障建设需要依托国家现有生态环境治理体制，并充分发挥其优势，克服其弊端。改革开放以来，中央政府提供的环境保护体制框架和一系列强制性环境政策构成一套生态环境管制体制，但随着实践发展，该体制已无法满足环境治理现实需求和人们的高品质环境资源要求，且在运行过程中暴露出统管与分管部门职责权限划分不清、存在条块分割，环保部门缺乏独立性、权威性和协调性等问题，而这些则成为制度层面制约生态安全屏障建设法律保障的因素。

一、传统科层制体系下“命令与服从”的生态治理体制——以中央环保督察为例

生态安全屏障建设需要依托既有环境治理体制，现行环境治理体制虽然强调从环境“管制”到环境“治理”的理念转变，但在实际转型过程中仍然沿用传统科层制体系下“命令—服从”形式的权威逻辑与内核。

① 余亚梅，唐贤兴.政府部门间合作与中国公共管理的变革：对“运动式治理”的再解释[J].江西社会科学，2012，32（9）：172-177.

生态安全屏障法治建设是一个系统性、跨区域性的复杂工程，需要各级政府和各部门、企业、社会公众共同参与、协同行动。政府应切实转变环境治理观念，放弃自上而下、压力层层传导的传统“命令—控制”模式下的“权威”与“权力”逻辑；真正贯彻“放管服”改革，让市场主体、社会公众实际参与，真正“分享权力”，实现从“管制”到“治理”思维的转变。

中央环保督察作为一种制度创新，旨在解决地方政府在环境治理中政策执行不力或不执行等问题，尤其要解决环境信息不对称、信息失真导致的地方政府道德风险、环境规制“竞相逐底”、环境规制失灵或软化，以及非预期效果带来的央地协作不畅等问题。

通常中央环保督察组与地方政府迎检工作组拥有高规格配置。以中央与浙江省政府环保督察为例，中央环保督察组由正部级官员担任督察组组长，由生态环境部副部长担任副组长。2017 年 8 月，中央环保督察组督察浙江工作动员会召开，督察组组长和副组长分别发表讲话，省委书记作动员，省长主持会议，浙江省党政班子其他领导成员、省人大和省政协主要领导、省法院院长、省检察院检察长，以及省委、省政府有关部门主要负责人均参加，省会杭州市党政主要领导成员及班子其他成员列席会议，其他地市和县（市、区）以视频形式列席会议。①

浙江迎检工作领导小组由省委书记、省长担任双组长，省委秘书长和分管副省长担任副组长，各有关省级部门和各市党委、政府主要负责人为成员。领导小组下设协调联络组，由分管副省长担任组长，省委、省政府办公厅分管负责人和省环保厅主要负责人任副组长，下设综合等 6 个专项组；市、县层面根据省迎检工作领导小组要求，也成立了相应

① 郁建兴，刘殷东. 纵向政府间关系中的督察制度：以中央环保督察为研究对象 [J]. 学术月刊，2020，52（7）：69-80.

迎检工作领导小组，由地方党政一把手担任领导小组组长。[①]

中央环保督察以整改与问责为手段，有效地减少了央地信息不对称，取得了良好的实际效果。但其作用发挥基于中央权威和高压问责，中央环保督察具有超常规的刚性，被督促的地方必须加以整改。督察体现和借助中央权威，是依靠纵向垂直管理的科层体系的“行政”力量，本质仍然是压力体制下命令与服从的权威式逻辑，而非法治与治理逻辑。

中央环保督察是高压力体制下，压力层层传导、自上而下、高强度开展问责，对地方政府具有统一规制性，进而会压缩地方治理空间，抑制创新；高压力的问责机制之下，地方政府的灵活执行政策和容错空间缺失。中央环保督察面临治理效果短期化、行政成本过度化等风险，处于“运动式治理”阴影之下，长期治理效果不明显。

二、区域府际合作依赖中央政府驱动

我国地方政府间合作往往依靠中央政府行政命令安排、补偿和激励或者利益驱动，常见的三种合作模式即中央诱导模式、大行政单位主导模式与互利模式。[②]其中，中央诱导和大行政单位主导模式合作互利程度较低，互利模式合作互利程度较高。府际合作中强化各方政府合作意愿，而提高府际合作执行能力是府际合作环境治理成败的关键。以下梳理并选取区域府际合作的典型案例，探讨府际合作类型、治理效果、府际合作执行能力对生态环境治理效果的影响（见表4-2）。

① 郁建兴，刘殷东．纵向政府间关系中的督察制度：以中央环保督察为研究对象[J]．学术月刊，2020，52（7）：69-80.

② 王梦浛．环境污染治理中府际合作模式效果研究：基于典型事件的多案例分析[J]．河北北方学院学报（社会科学版），2018，34（3）：86-93.

表 4-2　区域府际合作典型案例

事件	环境污染状况	府际合作模式	模式界定理由	府际合作过程	环境治理效果	治理类型
1994 年淮河跨界水污染治理	淮河水污染严重，泉河等支流为劣 V 类水，鱼虾灭绝。	中央诱导模式	中央政府制定治理规划，直接干预企业生产过程，环境管制以命令和控制为基础	国家环保局和水利部牵头，河南、安徽、江苏和山东 4 省组成水质保护机构，建立水质污染监测网，关、停、并、转淮河沿岸重污染及难治理企业	暂时性效果	运动型
2002 年粤港空气治理合作	区域内空气污染物含量较高	互利模式	合作使香港空气质量达到更高标准，改善珠三角地区空气质量和区内烟雾问题	两地共同制定空气质量管理计划，建立监测网络，开展技术交流和培训	持续性效果	常规型
2004 年泛珠三角跨域水污染合作治理	区域内水质不断下降，水污染事件频发	互利模式	形成网络合作机制，各方平等、互利和互惠，区域水质明显高于其他流域	湖南、福建、江西、四川、广东、海南、香港和澳门等地共同签署协议，通过生态补偿、公民参与和信息共享等方式保证合作良性循环，措施切实有力	持续性效果	常规型
2004 年长三角金磐经济技术开发区	发源于磐安县最后流入金华市的金华江途径东阳时受到污染	互利模式	金磐开发区保护金华江的同时实现磐安县经济发展	开发区拒绝审批污染企业，保护上游水质，同时开发区所得税收返还磐安作为发展权限制补偿	持续性效果	常规型

（续表）

事件	环境污染状况	府际合作模式	模式界定理由	府际合作过程	环境治理效果	治理类型
2005 年东江源区域生态补偿机制	水质监测枯水期经常为 V 类和劣 V 类，东江源区域生态环境状况影响粤港民众的饮用水安全	中央诱导模式	国家协调建立流域上下游区域协调补偿机制，由广东省每年向江西省补偿 1.5 亿元资金	实施生态林建设、生态移民和生态环境预防监测与信息管理体系建设等多项生态工程，但补偿资金未兑现，东江水质不达标	无显著效果	常规型
2006 年珠三角大气污染治理	城市群区域内大气污染以酸雨、细颗粒物和光化学烟雾为主	互利模式	经济激励使治理中政府、企业和社会利益内化一致，空气状态实质性改善	提高区域大气污染防治联席会议规格、补贴、排污费和排污权交易共同使用	持续性效果	常规型
2010 年上海世博会	上海空气质量优良率未达到 95%	大行政单位主导模式	上海为成功举办世博会，与浙江两省实施区域大气污染联防联控	三地携手控制污染源，实现环境空气质量及监测数据共享	暂时性效果	运动型
2013 年京津冀雾霾防治	京津冀地区频繁大面积重度雾霾	中央诱导模式＋大行政单位主导模式	由生态环境部和发改委等中央部门提出，雾霾质量核心区划分围绕京津考虑	建立区域重污染预警会商和应急联动长效机制、核心区结对合作机制开展联动执法，但河北需压缩工业，经济发展压力较大	无显著效果	常规型
2014 年北京 APEC 会议	北京空气中某些污染物未达到国家标准和世界卫生组织指导值	中央诱导模式	中央制定方案，行政命令强制落实	北京、天津、河北、山西、山东和内蒙古等地落实中央统一规划，污染减排和清洁降尘，强制大量高污染企业停工停产	暂时性效果	运动型

从表4–2可知，环境治理效果分为无显著效果（即府际合作治理行为对目标环境改善影响微乎其微或作用极为缓慢）、暂时性效果（即自合作治理伊始，短时间内环境污染状况得到明显改善，但合作事件过后环境污染反弹，府际合作也未能持续）和持续性效果（即治理后环境长时间显著改善且在后续的环境保护中府际合作得以维持）。中央诱导模式是中央政府要求地方政府间合作或制定鼓励地方政府合作的政策；大行政单位主导模式的条件是在合作中有一方获益较多，以至它可以单独承担合作的成本。互利合作模式的基本前提条件是合作的各方均可从合作中受益，在具体合作事件中根据起作用的主体和各方受益程度差别对其合作模式进行判定。

（一）合作方互利程度较低的“中央诱导模式”

北京APEC会议前，政府出台《京津冀及周边地区大气污染防治协作小组办公室关于编制亚太经合组织会议空气质量保障措施的通知》（以下简称《APEC空气质量保障措施》），要求北京及周边地区采取多项措施保障会议期间空气质量达标。《APEC空气质量保障措施》在中央统一规划和行政命令督导下实施，分管领导带队检查落实情况，纪委和监察部门启动督查，京津冀地区大气污染治理协作小组也迅速成立。

中央政府通过行政命令强制各地区落实合作，高效率协调跨行政区相关事务，但强硬环保措施需要高强度执法和人力、物力、财力的巨大投入。行政命令仅能在短期内控制市场主体达成合作，因此仅能取得一时性效果，不具有可持续性。迫于压力停产的一些企业在管制减弱后，则加大生产和排污强度，从而使会议后空气中的氮氧化物等主要污染物指标反弹。

（二）合作方互利程度较低的“大行政单位主导模式”

京津冀大气污染府际合作治理，呈现大行政单位主导的特征，因合作意识、治理目标和利益补偿等不协调，除大行政单位外的其他合作主体获益较少，合作意愿低，而且缺乏合理的利益协调机制，合作成本和利益分配不均，从而影响合作效果。

北京与天津作为直辖市在区域中处中心地位，尤其是北京的首都优势使三地互动薄弱或互动不对等，资源依循行政力量单向流动。国家层面制定《京津冀及周边地区落实大气污染防治行动计划实施细则》等系列政策法规，地方层面实施源头控制减排工程等。但是，河北无法做到为治理雾霾压缩工业，且雾霾治理核心区划分围绕京津考虑，府际合作治霾无法实现各方互利共赢。京津冀大行政单位主导式府际合作治理大气污染，受地理位置和自然因素影响，主要是北京和天津向河北进行生态补偿，但因补偿标准难以达成一致而效果不佳。[①]

（三）合作方互利程度较高的“互利模式”

金磐经济技术开发区是府际合作治理水污染的典型。金华江水源位于磐安县，但流经东阳市时受工业污染，水质严重下降。金华市于1996年建立金磐扶贫经济技术开发区，2004年建设开发区二期工程时要求磐安县拒绝审批污染企业，保护水源水质达到饮用水标准，并将经济技术开发区所得税收返还磐安县作为发展补偿。

对江河源头进行生态保护与经济补偿，体现合作互利共赢。开发区建设大幅增加磐安县的财政收入和出口创汇[②]，最终解决金华江水质污染问题，而且磐安县空气质量、地表水质量和森林覆盖率等多项环保指标

① 河北省认为补偿标准较低而难以完成生态保护项目及工程，且补偿不足以弥补高能耗高污染企业关停所造成的经济损失；京津两地则认为补偿标准较高而无法负担，最终导致补偿制度难以为继，府际合作效果不佳。长期以来，为保障京津两地空气质量，河北省张承地区投入大量财力整治生态环境，同时限产和关停了一批高耗能高污染但经济效益好的企业，由此造成的直接和间接经济损失没能从京津政府那里得到理想的经济补偿，打击了河北省环境治理与保护的积极性。潜在经济损失无法确定且其他原因造成的补偿标准难以确定，致使京津冀大气污染治理的补偿机制难以达成一致。王梦浛.环境污染治理中府际合作模式效果研究：基于典型事件的多案例分析[J].河北北方学院学报（社会科学版），2018，34（3）：86-93.

② 黄德春，华坚，周燕萍.长三角跨界水污染治理机制研究[M].南京：南京大学出版社，2010：7-8.

均达到国家一级标准，其生态补偿机制保护了钱塘江、瓯江、灵江和曹娥江四大流域的安全栖息地，保护了浙江生态安全。浙江省政府通过财政转移支付、帮扶结对等形式给磐安以财政支持，体现了受益者付费原则，通过行政手段使生态保护区域支出发展机会成本，收益方支出生态保护成本，是有经济激励作用的补偿方式。①

三、生态政策的执行异化与执行偏差

由于地方政府更注重经济增长目标，环境规制机构职能混杂，环境问题具有外部性，地方政府环境规制产生悖论——环境政策在地方执行异化或执行偏差，出现环境规制失灵、软化与环境规制悖论。环境政策的执行上出现了从“中央环保政策”到“地方环保对策”的执行异化和执行偏差。代理人出于自身利益需求，可能利用自身拥有的“私人信息”，有选择地披露对自己有利的信息、封锁对自己不利的信息，使双方的博弈过程偏离委托人的愿望，影响委托人环境政策的及时出台，危害其规范化执行。同时，有限理性的委托人制定的法律和政策具有不完全性，只能包含粗略的原则性规定，从而给代理方留下了“再制定”空间，使代理方为谋求自身利益而变通乃至虚假执行成为可能。②当强调保护环境、追求长远利益的中央政策损害地方政府利益时，地方政府往往会与中央政府“博弈”③，地方政府执行政策时，“上有政策、下有对策”，尽可能减少或避免损失。④

中央生态环境法律法规政策具有原则性、方针性，地方的执行需要

① 王梦浛.环境污染治理中府际合作模式效果研究：基于典型事件的多案例分析[J].河北北方学院学报（社会科学版），2018，34（3）：86-93.

② 张宝.环境规制的法律构造[M].北京：北京大学出版社，2018：21-22.

③ 肖建华，秦立春.两型社会建设中府际非合作与治理[J].湖南师范大学社会科学学报，2011，40（2）：38-42.

④ 彭毅.资源型央企生态效率提升模式研究[D].武汉：武汉理工大学，2011.

进一步具体化，因地制宜“由粗到细”，进而产生很多体现地方利益的环保“对策”，即环保“土政策”，既包括地方政府公开的红头文件、规章制度，也包括地方领导的口头表态、指示，或者心照不宣的实践规则，出现的政策执行偏差性行为包括局部性执行行为、表面性执行行为和替换性执行行为。[①]当前，环保“土政策”与时俱进，变得“隐蔽化”“合法化”“补丁化”，表面上看环保“土政策”减少、变弱，但更具有潜伏性和危害性，隐藏了环境健康风险。

以广西壮族自治区崇左市污水治理情况为例。崇左市亦按照国家要求，2015 年排查出城区污染池塘 11 个，总水域面积约 38 550 平方米，将其中 5 个池塘作为黑臭水体上报为国家黑臭水整治任务。2017 年 1 月和 7 月崇左市住建局先后编制《崇左市中心城区黑臭水体整治工作方案》和《崇左市中心城区黑臭水体整治工程可行性研究报告》，截至 2020 年底崇左市 5 个“国家黑臭水体整治任务”的池塘全部上报为“完成治理”。

但是，中央第七生态保护督察组发现，崇左市黑臭水体治理工作申报不严不实，点位选择避重就轻，选择性地遗漏黑臭水体；整治敷衍应付，未采取前述整治工作方案、可行性研究报告，以及中央资金批复材料中明确要求的“外源控制、内源消减、生态修复、生态护岸”等综合治理措施，而私降治理措施标准，11 个池塘治理任务中的 7 个一填了之，上报国家黑臭水体治理任务的 5 个池塘有 4 个被填平，而原本作为纳污水体的池塘被填平后，源头污水又置之不理，导致纳污水渠排水不畅，其中距被填平的“西塘池塘”不足 200 米地方房前屋后形成新的重度黑臭纳污水体。

崇左市部分池塘黑臭根源于其不重视污水管网建设，城市污水治理工作管网建设长期滞后，导致大量污水直排。大量生活污水未纳入城市排污系统，而是经沟渠汇集、地表漫流、渗流，在低洼处形成多个污水

① 刘伟忠. 政策失败的执行主体因素考量 [J]. 社会科学家，2006（5）：80-84.

池塘，对其“一填了之”，是做治污“表面文章”，导致污水长期乱排、直排，如距“西塘池塘”数百米的百货大楼排涝泵站，每天有超过万吨污水直排左江；丽江南路丽江加油站斜对面的河堤下，同样有大量污水直排左江。崇左市江南污水处理厂是城区唯一一家污水处理厂，该厂设计日处理能力3万吨，2010年建成投入运营以来，处理负荷长期不足40%，2020年实际日均处理水量仅为1.12万吨，但崇左市需要按照合同约定的保底日处理水量3万吨支付污水处理费，仅2020年污水处理费超过1 000万元，高额处理费未发挥作用，环境改善收效甚微。

城市黑臭水体治理为污染防治攻坚战七大标志性战役之一，但在崇左市的黑臭水体治理工作中，市党委、政府对生态环境保护工作重视不够，在推动管网建设和污水收集、处理上不作为、慢作为；与国家污染防治攻坚战的初衷相违背，未取得实际的治理效果。

第五章　构建生态安全屏障建设主体责任法律制度

“徒法不足以自行。”法律的生命力不仅在于经验与逻辑，还在于实际执行，且法律执行的关键在于主体责任的落实，尤其是当主体出现违反法律规范的禁止性行为时，其应切实承担法律责任，即法律上的不利后果。生态安全屏障建设主体责任的落实，既是生态安全屏障建设法律保障机制发挥作用的关键，又是生态安全屏障建设法律保障制度的核心。生态安全屏障建设涉及政府（包括中央政府、地方政府和环境规制机构）、企业、公众三类主体，其中政府作为环境规制的权力享有者、生态安全屏障建设的资源分配者，在生态安全屏障建设中居于核心、重要地位；企业作为环境规制对象，亦是环境规制和生态安全屏障建设的市场主体参与者，是生态安全屏障建设的实际执行者和中坚力量；社会公众是环境规制的监督者、参与者、受益者，亦是生态安全屏障建设的消费者与监督者。因此，生态安全屏障建设的主体责任法律制度的构建应以三大参与主体为核心。

第一节　生态安全屏障建设政府责任制度之构建

目前，我国各地方政府均建立了生态安全屏障建设“党政同责、一岗双责”制度，形成齐抓共管、各负其责的工作格局，严格落实生态文明建设责任制，压实生态安全屏障建设责任。基于前述，面对政府主导责任制度安排中出现的立法理念偏离、立法效用性失灵、立法功能定位失衡等障碍，笔者建议应从完善政府生态服务法律责任、生态决策法律责任、生态考核法律责任和生态监管法律责任方面，构建生态法律责任制度体系。

一、以权责一致为核心，构建政府生态服务法律责任制度

权责一致就是“让掌握和行使公共权力而产生消极性后果的人承担否定性或对其不利的法律后果，遭受制裁或惩处的规则”。有权必有责、有权必受监督、侵权须进行赔偿，这是权责一致原则的三要件。[①]从我国生态安全屏障建设实践来看，“政府失灵”的一个重要原因是政府官员的个人利益或是政府的部门利益驱动作祟。因此，在生态安全屏障立法中需要通过法律制度的合理设计，加大对政府环境行为的监督力度，追求政府生态权责的平衡。

（一）完善政府生态第二性责任

为了避免政府生态责任条款虚置，增强政府生态责任条款的有效性，

① 姜明安. 行政法的基本原则 [J]. 中外法学，1989（1）：4.

应当改变现行环境法律重政府生态第一性责任、轻政府生态第二性责任的现状，强化政府生态第二性责任。具体而言，环境法律规范在规定政府环境管理职责或者职权的同时，还应当明确政府不履行环境管理职责以及滥用环境管理职权等所应承担的不利法律后果（也即政府生态第二性责任），从而使政府生态第一性责任在法律机制的保障下真正落到实处。在此基础上，应进一步增强政府生态责任条款的可操作性。现有政府生态责任条款缺乏可操作性是导致政府生态责任立法有效性不足的重要原因之一。因此，在法律制度设计上，应当细化政府生态责任条款，从而增强政府生态责任条款的可操作性。[①]

（二）合理配置政府生态权责体系

（1）政府与生态环境保护行政主管部门生态权责的科学配置。由于政府既担负着生态环境保护的职责，又担负着经济发展的职责，在政绩观和发展观的双重驱使下，政府很有可能会为了暂时的经济利益而忽视对生态环境保护。因此，为了实现权责一致，避免生态环境保护行政主管部门受制于地方政府，避免其因环境管理权力受限而束手束脚，无法顺利地开展生态环境保护工作，在立法上有必要适当扩大生态环保部门监督执法权力，以达到权责对等。在我国的行政管理体制中，政府承担的是宏观决策的职权，职能部门负责具体的监督管理，综合决策由政府的综合管理部门作出，其他部门参与。只有监督执法部门超脱于具体的职能管理部门，自成体系，才能保证其不受行政权力干扰，充分地行使监督执法职能，因此要适当完善权力配置，将一些具体的执法权赋予环保部门，使其能够有效地完成环境保护任务。[②]

（2）生态环境保护行政主管部门与政府其他部门生态权责的科学配

① 陶伦康，鄢本凤.政府在节能减排中的生态责任研究[M].北京：科学出版社，2016：3-8.

② 陶伦康，鄢本凤.政府在节能减排中的生态责任研究[M].北京：科学出版社，2016：3-8.

置。首先，在生态环境保护法律规范中明确规定生态环境保护行政主管部门不履行或者违法履行其生态环境职责应当承担的法律责任的同时，还应当明确规定其他负有生态环境保护职责的政府职能部门不履行或者违法履行其生态环境职责应当承担的法律责任。其次，在生态环境法律规范中明确生态环境保护行政主管部门在生态环境保护工作中的统一监督管理职权，明确规定生态环境保护行政主管部门如何统一监督管理。最后，在生态环境法律规范中合理配置政府各部门之间的环保职能，一方面，厘清政府各部门之间的生态环保职能分工，避免各政府部门生态环保职能的交叉和重复，形成各有分工、各负其责、有机协调的政府生态环境职责配置体系；另一方面，协调好政府部门的经济建设职能与生态环境管理职能，坚持在生态环境保护中发展经济，在发展经济中保护生态环境，同时加强对违反生态环境管理职责的政府生态环境行政行为的处罚力度。[①]

二、以抑制政府冲动为核心，构建政府生态决策法律责任制度

决策作为各项工作运行的起点，它对社会的发展、经济的运行起着决定性的作用。生态决策是一种“绿化”的决策，是人类重新反省自身过程中的文明进步状态，生态决策也是生态文明阶段一种保护自然生态环境、寻求人类可持续发展的理性决策形态。完善政府生态决策责任立法，就是使政府在生态决策的过程中，能有效抑制住不顾环境、不顾资源的 GDP 冲动，能有效抑制住只顾本地区利益、只要眼前利益的对资源与环境的狂妄。

（一）拓展政府生态决策责任的范围

从国家政策层面来看，《中国 21 世纪议程》要求建立可持续发展影响评价制度，明确提出对现行重大政策和法规实施可持续发展影响评价。

① 陶伦康，鄢本凤. 政府在节能减排中的生态责任研究 [M]. 北京：科学出版社，2016：9-10.

《国务院关于落实科学发展观加强环境保护的决定》中提出，“必须依照国家规定对各类开发建设规划进行环境影响评价。对环境有重大影响的决策，应当进行环境影响论证”。这些文件为拓展政府生态决策责任范围立法提供了政策指导。

（二）健全公众参与政府生态决策机制

中共十八大报告提出，“凡是涉及群众切身利益的决策都要充分听取群众意见，凡是损害群众利益的做法都要坚决防止和纠正”。《中华人民共和国环境影响评价法》规定，“专项规划的编制机关对可能造成不良环境影响并直接涉及公众环境权益的规划，应当在该规划草案报送审批前，举行论证会、听证会，或者采取其他形式，征求有关单位、专家和公众对环境影响报告书草案的意见”“国家鼓励有关单位、专家和公众以适当方式参与环境影响评价”。《国务院关于落实科学发展观加强环境保护的决定》明确要求：“对涉及公众环境权益的发展规划和建设项目，要通过听证会、论证会或社会公示等形式，听取公众意见，强化社会监督。”

但也应看到，公众参与政府生态决策机制尚存在参与时机滞后、信息渠道不畅通和没有申请举行听证会的权利等弊端。因此，应在立法中予以完善。首先，在《中华人民共和国环境影响评价法》中应该将公众参与落于实处，而不是僵硬地使其形式化。其次，在《中华人民共和国环境影响评价法》中，应该增加相关的信息宣传渠道，而不仅仅局限于几种，并且在这些渠道中宣传建设项目的信息时还应该明显加以突出，让人容易看见。对于那些有重大影响的民众，应该在他们所居住的地区密集地张贴通知，以便他们充分了解相关情况。而对于张贴的期限，应该听取民众的意见，适当进行延长。最后，在《中华人民共和国环境影响评价法》中应该明确，那些与建设项目有重大利益的公民，也可以启动听证会程序，而不仅仅由建设单位来启动相关的程序。

（三）完善政府生态决策责任追究机制

完善政府生态决策责任追究机制是推进生态环境决策民主化、科学化、法治化的重要举措。既要按照“谁决策，谁负责”的原则制定责任认定规则，又要强化责任追究主体的地位，对错误决策和决策实施过程中发生的偏差及时进行纠正。同时，要健全决策跟踪和反馈机制，并实行责任追惩制。一方面，加大对部分违法行为的处罚力度；另一方面，完善公众参与的法律保障责任。①

三、以树立正确政绩观为核心，构建政府生态考核法律责任制度

党的十八大报告提出：“要把资源消耗、环境损害、生态效益纳入经济社会发展评价体系，建立体现生态文明要求的目标体系、考核办法、奖惩机制。”大力推进生态文明建设，需要一系列有效措施、制度来支撑，其中增加生态文明在考核评价中的权重，把资源消耗、环境损害、生态效益等指标纳入经济社会发展评价体系，显得尤为重要。在完善经济发展、社会进步、改善民生、人的全面发展指标的同时，要完善生态环境保护指标，硬化对政府的生态责任的考核，引导正确的政绩观。

（一）考核理念上：确立生态文明政绩观

党的十八大报告把中国特色社会主义事业总体布局由“四位一体”拓展为“五位一体”，这是对科学发展观的丰富和发展。生态文明不仅意味着全新的发展观，还意味着全新的政绩观。它不只关注经济发展的数量、规模和速度，而且更加关注发展的质量、效益和可持续性。传统的政绩观单纯追求经济的高速增长，而不顾由此带来的资源耗竭、环境污染和生态破坏，其后果是十分惊人的。生态文明政绩观，意味着将经济增长与环境保护统一起来，综合性地反映国民经济活动的成果与代价。生态文明政绩观的实施，有利于加强社会的资源环境保护意识，增强政府对资源环境的保护力度，提高区域可持续发展能力，弥补当前单纯以

① 陶伦康，鄢本凤.政府在节能减排中的生态责任研究[M].北京：科学出版社，2016：9.

经济发展为中心的不利之处。

在政府生态责任的考核理念上树立生态文明政绩观就必须做到四个方面[①]：①注重“经济性”评估。这并不是要求重回传统的政绩观：单纯追求经济的高速增长，而不顾由此带来的资源耗竭、环境污染和生态破坏惨痛代价。相反，这里的“经济性”评估，需要以提高服务质量为前提，强调以最低的成本取得最大的产出或者提供最优质的服务。所要树立的形象是努力实现速度和结构、质量、效益相统一，经济发展和人口、资源、环境相协调，不断保护和增强发展的可持续性。②注重“效率性”评估。既然有高质量的优质服务，当然也就需要注重高效率的产出。而所谓的科学的政绩评估体系就是要求政府在抓经济发展的同时，也要注意保护生态环境、节约资源，并向低消耗、高利用、低排放的集约型模式前进，始终坚持发展的可持续性。③注重“效果性”评估。由于现行的政绩评估体制形式上过于单一，主要关注的是上级对下级的评估，而缺乏人民群众和专门评估机构对政府绩效的评估，这就会导致人民群众的监督失去意义，另外，也会导致政府在缺乏监督的情况下放松对生态环境的保护，最终导致人民对社会发展特别是对政府失去信任。因此，面对这种单一的体制，人们必须关注组织工作的质量和社会最终结果，关注人民满意程度，关注社会经济的可持续发展进程。④注重“公平性”评估。社会公平是生态文明政绩观中的重要指标。要求在政绩评估中充分关注公平性，即要充分考虑公众关心的问题、接受服务的团体或个人是否得到公平的待遇，同时要关注目前潜在的社会危机——贫富两极分化问题。

（二）考核主体上：构建多元化的评估主体

我国现行的政府生态环境保护考核责任制度中，处于核心地位的是政府生态环境保护目标责任制。该项制度的根本缺陷就是生态环境保护

① 邓新杰，朱晓荣.生态文明建设必须树立正确的政绩观[J].中小企业管理与科技（下旬刊），2010（6）：106.

目标责任制的确立、实施和考核等诸多环节均在地方政府内部运行，缺乏外部约束机制，导致考核往往流于形式。因此，在政府生态环境保护目标责任考核制度的设计上，必须构建对地方政府起约束作用的多元化的评估主体。

（1）中央政府的参与。中央政府作为国家管理的顶层设计者，是最具权威性的政治机构，中央政府拥有许多对地方政府的管辖控制权。中央政府有权监督地方政府的工作，有权纠正地方政府不适当的行为。中央政府参与环境保护绩效考核，可随机抽查各地环境质量状况，如发现某地的环境指标不符合要求，要惩处的不是该地的基层政府，而是省级政府。这样就会督促地方政府在垂直管理上形成层层监督的考核机制，强化地方政府的环保职能。

（2）公众的参与。公众是环境资源的所有者，是环境最大的利益相关者，拥有保护环境的最大动机，只要有合适的渠道，就能释放出巨大的能量。在环保等公共事务上，市场向来是失灵的，转型期的政府对公共事务的管理往往力不从心，这就需要依赖公众的力量。[①]早在中央1998年的计划生育和环境保护工作座谈会上提出的四项环境保护制度中就有：建立和完善公众参与制度，鼓励群众参与保护环境，加强社会舆论监督。政绩评价的公认性、实践性、科学性要求必须以人民利益标准来检验政绩，把群众满意作为第一追求。

（3）环保NGO的参与。NGO作为一种非政府组织，具有非营利性、非政府性和志愿性等属性。NGO不是以利润动机、权力原则为驱动，而是为了公共利益，基于以志愿精神为背景的利他主义和互助主义动力来运作，并且它们都是民间团体，是人们自愿动员起来组成的。[②]由于市场

① 唐大为，邓佳，李锦龙，等.潘岳在接受媒体采访时强调全力防范我国结构性环境风险[[J].环境保护，2006（4）：22-26.

② 李莉.环境保护中不可忽视的力量：环境NGO[J].中国环境管理丛书，2006（3）：11-13，16.

在公共服务资源配置上的缺陷，政府理所当然成为弥补市场缺陷的重要选择，但不是唯一选择。随着社会经济的发展，人们对公共服务资源的需求愈加强烈，由此造成政府在公共服务资源方面供给不足，从而带来政府能力信任危机。因此，在解决市场缺陷时还要依靠其他力量。NGO代言公众权益，其产生的目的就是补充政府在公共服务资源供给上的不足。环保NGO在参与环境绩效考核时，更具专业性和社会影响力，能有效监督地方政府的生态责任践行情况。①

（三）考核内容上：设计定性与定量相结合的科学评价体系

定性评估是对政府工作绩效进行的质的鉴别和确定，主要是借助经验、知识，以及对发展变化规律的了解对其进行分析和判断；定量评估是对政府工作绩效进行的量的鉴别和确定，主要是在测量的基础上，运用统计和数学方法，对测量所得出的数据进行整理和分析。②

在考核的内容上，过去的政绩考核所采用的方法较为单一，大多采用定性的方法。但是，由于这种方法往往是凭学识、凭经验、凭印象、凭个人感情或跟着感觉走，所以容易得出一些缺乏数据支持和科学的分析测评，或者是说，缺乏对数据的收集、忽视了微观和具体的数据分析。这种只注重从宏观上和总体上对政府工作绩效水平进行把握和审视的做法，往往会导致结果的主观性，难以体现政府的实际绩效水平。定量评估不受各种主观因素干扰，会依据所测量的数据客观公正地判断出政府绩效水平和存在的不足。当然，只有定量评估也不行，必须设计将定性评估与定量评估结合起来，进行全面、整体的评估。同时，既要注重专

① 孙晓伟.企业环境责任缺失：成因及治理：基于中国环境规制视角的研究[D].成都：西南财经大学，2010.

② 范柏乃.我国地方政府信用缺失成因的实证调查[J].理论观察，2004（6）：38-41.

业部门的量化考核，又要重视广大人民群众的切身感受。[①]

四、以创新机制为核心，构建政府生态监管法律责任制度

加强对政府行使生态责任的监管管理，是防止其在环保方面不作为或乱作为的重要手段。政府生态监管法律制度作为生态文明的一种重要社会控制力量，面对生态危机的日益恶化，要求相应制度及体制建构必须在“法功能运行与社会变迁的互动”中走出效力不彰的困境。

（一）健全政府生态监管法律制度

（1）建立科学的生态标准。作为环境保护法律体系的有机组成部分——环境标准，也是衡量政府监管是否到位、环境这种共用财产质量是否达标的政府有关部门对环境的监管标准。虽然它对保护环境具有重大的作用，但环境标准监管缺位现象时有发生，这就对人们提出了新的要求，即需要对我国现行的环境标准进行一定的修正，同时必须加强环境标准的监管。当然，若要我国资源环境标准与世界的发展趋势相接轨，则还需要考察国外相关的先进环境标准制度，对其进行有益的吸收，从而构成具有中国特色的科学的生态标准。具体体现在两方面：其一是国家环境标准的制定。在国家环境标准制定中，必须积极学习和借鉴国外发达国家的先进成果和经验，同时积极和国外政府机构或科研机构进行环境保护标准方面的合作，从而提升我国环境标准；其二是具体的环境保护标准的制定。实际当中，需要与环境标准研究技术支撑单位及大中专院校和相关科研机构进行积极的合作，鼓励相关的企业、社会团体积极参与环境保护标准的制定。最终，基于严格的标准确立来建设行业的行为准则，且新标准应达到技术可行、经济承受度适中、可操作性强的要求。而且，标准之间要协调统一，互相促进。

① 这种考核是使专业部门的考核和群众评价统一起来，防止出现群众赞扬的，专业部门说不合格，而专业部门说合格的，群众不认同情况，主要包括环境指标、社会指标、人文指标之类的考核。

（2）健全环境许可证制度。环境许可的书面形式是环境许可证，而环境许可作为政府机构的一种行政行为，必须严格按照法律的具体规定进行操作。进行环境许可时常出现利益冲突所导致的“权力寻租”“监管失灵”等状况，而如何面对这种状况是当务之急。首先，设立部门必须是有权部门，并遵循公开原则。具体而言，设立环境许可证的部门必须是具有国家环境许可权的环境行政管理部门。而当涉及公众利益时，有权设立环境许可证的环境行政管理部门必须采取公开原则，而不是秘密许可，如积极建立有关的公众参与机制，并且具体明确公众参与的有关程序。其次，必须坚持公正原则。法律平等对待每一个人，每个人都有权行使自己的权利，所以有关环境许可部门在面对不同的申请人时，必须坚持公正原则，不能歧视申请人，也不能戴着有色眼镜去看待所有的申请人，而是应当不偏不倚地严格审核各申请人的具体条件。最后，进行环境核准。实际不要求所有的项目都进行核准，而要求对一些直接关系到自然环境安全、人身生命健康和生命财产安全的重要环境设施、产品、物品进行核准，因为安全第一、人民的利益第一，人们只有在保证安全的前提下才能采取一系列措施。所以，对这些重点企业必须进行全面的评价。

（3）健全环境监测制度。我国的环境监测制度虽然已初步建成，但是缺乏全面性与完整性，如环境监测法规制度与技术体系方面存在缺陷，没有一部统一的法律法规对其进行系统地、完整地、全面地规定，都散见于“各种法律法规”[①]之中。另外，由于城乡差距的存在，环境监测显

① 散见于“各种法律法规”之中是指散见于《中华人民共和国环境保护法》《中华人民共和国大气污染防治法》《中华人民共和国噪声污染防治法》《中华人民共和国水污染防治法》等法律法规中，这些法律法规对建立监测制度、组建监测网络、制定监测规范等均作了规定和要求。我国还先后颁布了《全国环境监测管理条例》《全国环境监测报告制度（暂行）》《环境监测质量保证管理规定（暂行）》《环境监测优质实验室评比制度（暂行）》《环境监测质量管理规定》《环境监测人员持证上岗考核制度》《主要污染物总量减排监测办法》《环境监测管理办法》等环境监测法规制度，对加强环境监测管理、规范环境监测行为起到了重要的作用。

然更偏重大城市，忽视了农村地区，而随着经济的不断发展，农村的环境破坏速度在不断加快，但是相应的农村环境监测体系却尚未建立。面对这样的现状，政府要更好地对环境进行监测，履行国家生态监管主体的职责，就必须建立健全完善的环境监测制度，包括建立行政职能性的监测机构，负责进行日常的环境监测，鼓励其他有环境监测能力和技术手段的社会团体、环保组织和科研单位建立社会服务性的监测机构及相应的农村环境监测体系。

（二）理顺政府生态监管体制

“法律将容忍事实上的困难，而不能容忍不一致性和逻辑的缺陷。”[①]因此，打破桎梏是政府生态监管体制变革与完善的根本路径。在理顺与健全政府生态监管体制时，必须科学界定权责边界，避免推诿与扯皮局面的形成。目前，我国政府生态监管体制存在权力冲突、地域冲突、行业冲突等，最危险的是容易出现生态破坏企业与政府发生利益牵连，普通民众则彻底沦为最弱势群体。理顺我国政府生态监管体制目前在立法上要着重解决三大问题。

（1）加强国家环境保护部门生态监管职能。一方面，由于我国政府生态监管存在一定混乱情况，所以必须进一步强化国家环境保护部门生态监管职能，并加强对区域和地方环境保护部门的监管和指导；另一方面，我国传统政府生态监管体制暴露出来的突出缺陷之一便是“地方分治”。因此，建立跨区域环境督察合作机制显然是必要的。一方面是加强环保督察的相关内容。包括增加人力资源的投入，扩大从业人员的编制，加强环保督察中心机构的业务能力建设、职权强化、经费支持等内容；另一方面是明确部门之间的关系。这主要是指明确环保督察与地方政府、地方环保部门之间的关系。这些相关的部门面对重大环境污染事故时，

① 银秋华．“两型社会”建设与环境法的完善[J]．长沙民政职业技术学院学报，2008，15（4）：46-48

应从全局出发，而不能只顾自己局部的利益，实行地方保护主义。

（2）部门之间职能、权限的划分。现行的《中华人民共和国环境保护法》规定：地方政府及相应环境保护主管部门应对地方的环境质量负责。虽然按规定，地方政府和环境保护主管部门都应该对环境质量负责，但是在我国的政府行政管理体制之下，地方环境保护部门是完全隶属于地方政府的，因此其很容易为了经济利益而忽视环境问题，且可能出现地方政府和地方环境保护部门管理“越位”“缺位”“失位”“错位”等现象。为此，只有对国家环境保护部门与地方环境保护部门的职能和权限进行合理的划分，具体明确哪些职能和权限属于国家环境保护部门、哪些职能和权限属于地方环境保护部门，以及哪些职能和职权是它们二者所共同享有的，并对二者所共有的职权、权责进一步具体明细，加强其操作性，并注意适当地发挥地方政府和地方环境保护部门的主动性和能动性。

（3）部门与政府之间的职权划分。一直以来，环保部门对于违法企业而言，只是拥有对其进行罚款的权力，并没有责令停业、关闭的权力。这样很容易导致监管力度弱化，从而造成一系列污染事件。而要解决这种由于监管力度不够而引起的环境问题，必须合理划分环境保护部门与政府的职权。为了能够在“事前”控制污染，就必须通过立法的方式适当扩大环保部门的权限，从而维护对环境直接接触的主体民众的环境权益。

第二节 生态安全屏障建设企业责任制度之构建

党的十九大报告提出构建“政府为主导、企业为主体、社会组织和公众共同参与的环境治理体系”[①]。企业要承担并落实节能降耗、治污减排的主体责任，其履行市场主体责任[②]的关键是健全生态保护与环境治理市场机制，在政府主导前提下发挥积极性和自我约束作用，建立与生态文明发展要求相适应的经济发展方式，实现经济社会与生态环境的协调、可持续发展。在我国经济转型和政府职能转变的大背景下，要解决企业在履行生态安全屏障建设责任方面存在的“三无力”（无压力、无动力、无能力）难题，就要健全完善企业生态安全屏障建设法律责任制度体系，构建良好的制度环境，以激励、帮助和监督企业履行生态安全屏障建设法律责任。

当前，就企业而言，认真履行节能减排义务，是履行生态安全屏障

① 苗爱民.深入理解习近平生态文明思想的三个维度[J].中共山西省委党校学报，2019，42（2）：113-117.

② 2019年11月26日，中央全面深化改革委员会审议通过了《关于构建现代环境治理体系的指导意见》，提出要以推进环境治理体系和治理能力现代化为目标，建立健全包括企业责任体系在内的七大体系，即领导责任体系、企业责任体系、全面行动体系、监管体系、市场体系、信用体系、法律政策体系。在环境问题的归因讨论中，最终都落脚到企业，环境治理中的市场主体主要指企业。因此本文认为在环境治理体系中，企业主体责任即市场主体责任，二者作相同含义使用，未进一步区分。市场主体责任包括法律层面的主体责任、道德层面的主体责任、建设理论层面的主体责任。张新宇.多元化环境治理体系理论框架与实现机制[M].天津：天津社会科学院出版社，2021：3-8.

建设法律责任的核心内容，因此针对企业生态安全屏障建设法律责任的制度设计，要以我国现有的节能减排法规体系为基础，构建增强企业履责压力、激发企业履责动力、提升企业履责能力的节能减排法律责任制度体系。

一、增强企业履责压力的法规制度

企业在生态安全屏障建设实践中履责压力不足的原因主要在于两个方面：一方面，是政府生态监管不到位、监管失范；另一方面，是对企业生态安全屏障建设的法律责任追究不到位。因此，要设计具体明确、体系合理的法律责任体系，保证监督责任的履行。

（一）制定节能减排条例，明确企业预期责任

从责任的时间维度上看，增强企业的履责压力，不仅要加重过去责任，还要强调预期责任。“过去责任”是企业在生态安全屏障建设方面没有采取积极行动或者采取积极行动造成不利后果而招致的惩罚。而“预期责任”是一种事前预防性质的责任。也就是，企业在生产经营伊始，就应该积极采取节约能源资源和减少污染物排放的措施，主动承担生态安全屏障建设义务，减轻对环境的负面影响。

目前，我国尚无行政法规层级的节能减排立法，相关法规政策也存在立法目的不统一、执行效率低等问题，因此国务院应加紧研究制定《节能减排条例》。《节能减排条例》能够较好地在节能减排方面与环境保护法、节约能源法、大气污染防治法等法律进行协调和衔接。一方面可以明确和强化企业节能减排法律义务，培育企业“预期责任”意识。通过行政法规的规定把企业节能减排明确为企业的一种法律义务和责任落实下去，提升工作人员的节能减排责任意识，促使企业积极承担节能减排法律责任。另一方面可以推动相关法律法规和标准的健全完善，加重企业“过去责任”苛责。《节能减排条例》可以较好地明确节能减排工作体制机制，落实政策措施，健全标准体系，整合资金资源，完善责任

追究制度。例如，在行政责任方面，可以从严惩处节能减排违法行为，对行政违法行为和处罚措施作出具体详细安排。在民事责任方面，规定举证责任原则、损害结果评估规则、因果关系认定方法等，明确对企业违反节能减排法律义务所致损害的民事处罚。在刑事责任方面，明确行政责任与刑事责任的联系与区分，避免“以罚代刑”现象出现。

（二）完善节能减排标准，规范企业行为责任

从责任的性质维度上看，增强企业的履责压力，不仅要严格追究企业在节能减排中的结果责任，还应该明确企业在节能减排中的行为责任。结果责任是对行为人的行为所致的客观效果和事实状态进行考察之后，行为人只需要对自己行为所导致的某种损害后果负责，而行为责任是行为人对应当受到谴责的行为承担的责任。[①]

节能减排指标要具有权威性，进而对企业产生法律效力，形成履责压力，这种指标就需要以具有法律效力的形式和程序来确定和评价。在我国，污染物排放标准是以强制性标准为主的，这种标准一经制定并通过，就对企业具有强制执行的法律效力。原国家环保总局颁布的《国家环境保护标准制修订工作管理办法》确立了环境标准的制定和修改程序和要求，这一举措有利于标准的及时修订。因此，以节能减排标准的形式确立下来的节能减排指标就转化为企业的法定义务。完善的节能减排标准可以为企业节能减排行为责任的认定提供科学的、可操作的判断标准和认定依据。目前，我国发布了粗钢、水泥、焦炭、轮胎、铜冶炼等几十项强制性的单位产品能源消耗限额标准。这些标准对淘汰落后产能、促进企业节能减排都产生了积极作用，但是大部分能耗标准值偏低，已不能满足行业实现绿色发展的需求。在工业行业里，我国也形成了近30个清洁生产评价指标体系，但是这些评价指标体系大部分是根据10年前

① 刘超.论环境标准制度的环境侵权救济功能[J].华侨大学学报(哲社版),2014(3):107-115.

的行业水平制定的。标准的滞后和缺失将制约节能减排工作的深入推进，影响企业节能减排法律责任的切实有效履行。故此，应加快制定一套包括单位产品能耗限额标准、终端用能产品标准、节能减排配套标准和节能服务标准在内的、科学规范并具有可操作性的企业节能减排标准认定体系。

（三）健全问责制度，落实企业主体责任

从责任的主体维度上看，节能减排，人人有责，但是发挥主体作用的是企业。在市场经济条件下，企业以追求利润最大化为直接目的，在缺乏有效监管的情形下，企业的节能减排履责压力会缺失。现行的法律中，对企业只注重经济处罚，达不到警示的效果。监督和问责制度不完善，企业履行节能减排法律责任就会成为空话。因此，应明确中央政府部门的节能减排责任，大力培育绿色社会团体，发挥社会团体在节能减排问责中的功能。

首先，整改和完善监管机构，加快建设责任主体明确、权责利一致的监管机构。人们可以在现有的法律框架内，完善从中央到基层实施节能减排工作的执行机构和管理机构，明晰节能减排管理主体的地位、权利和义务，进而在明确各自职能的基础上理顺各主体之间的关系，通过法律的形式组建并巩固科学合理的节能减排工作管理体制。①

其次，法律上要进一步为非政府组织和新闻媒体发展保驾护航，赋予其一定权力，明确其义务，给予其相应的支持。我国非政府组织的整体发展还处于初级阶段，在推动我国企业节能减排工作中的作用还有待加强。新闻媒体作用的充分发挥不仅能够很好地对企业节能减排起到监督作用，还能使得那些积极承担节能减排责任的企业提升自己的社会形象，从而推动企业更积极地承担节能减排责任。因此，国家要公告各级人民政府节能减排目标责任评价考核和各地区主要污染物减排核查核算

① 李汶.我国节能减排政策法律完善研究[D].咸阳：西北农林科技大学，2010.

结果，并在主流媒体上发布《各地区节能目标完成情况晴雨表》，接受社会监督，形成公众、媒体、环保组织共同参与，政府与人民共同监管的协同促进企业节能减排的局面。

二、激发企业履责动力的法规制度

鉴于企业在市场经济背景下履行节能减排法律责任的动力不足，政府应该运用经济和政策杠杆，从投资、信贷、税收、市场准入、政府采购等方面入手，制定激励性制度和政策措施，营造企业履行节能减排法律责任的良好市场环境。

（一）构建信息化节能减排市场

在市场经济体制下，企业需要最新最有效的市场信息，市场信息是企业决策的重要依据。建立健全节能减排市场信息机制，方便企业获取有关产品、价格、技术、人才、政策等方面的有效市场信息，为企业研判市场机遇、合理规避风险、适时调整生产策略等提供指导和参考，对增强企业实力、开展节能减排工作具有积极的作用。

构建信息化节能减排市场，离不开完备的信息支持服务系统。为激发企业履行节能减排法律责任的内在动力，各级政府和相关职能部门应当务实搭建节能减排信息支持服务系统。

首先，建立一个节能减排信息共享数据库。节能减排信息对于企业生产经营和政府环境管理都是至关重要的。实践中，信息获取难度大、获取的信息可信度低等问题不仅会导致相关政策执行效率低，加大国家环境管理成本，还会直接影响到企业的决策和节能减排工作的开展。由政府部门或其支持有关组织搭建一个权威性的信息共享数据库，规范信息的收集、整理和发布，可以大大降低信息收集成本，提高信息准确性和利用效率，推动形成市场化节能减排机制。

其次，完善节能减排信息披露机制。根据发达国家实施信息披露机制的经验，产品信息披露，如美国“能源之星”计划和东京的节能标签制度，可以促使消费者或生产者对产品的能源价格更为敏感，进而促使企业加强环境保护，提高能源效率。节能减排信息披露机制通过及时向社会发布有关节能减排的政策、管理和技术等方面的信息，帮助企业及时掌握国内外节能减排最新技术信息和发展动态，有利于政府更好地制定宏观调控政策，健全市场导向的环境政策工具。

最后，实现信息管理服务制度化。为了保证节能减排信息体系中各类信息的真实、全面、格式统一和及时更新，需要规范信息采集、整理和发布的权利和义务，明确政府在实现节能减排信息共享中的职责，确定信息更新和维护的责任人，实现信息公开共享制度化。节能减排信息管理服务制度化，有助于形成节能减排信息分析体系，进而指导企业节能减排市场决策和政府节能减排行政管理。

（二）运用市场化节能减排工具

目前出台的节能减排政策、法规、制度、措施大多是政府宏观调控措施，而非市场化手段。非市场化的政府宏观调控措施在运行的过程中呈现出了效率低下、协调困难、资源浪费等特点，采取更加有效的市场化手段去调控节能减排问题已经非常紧迫。

1. 节能减排自愿协议

节能减排自愿协议是指由企业与政府自愿参与、共同制定的，旨在实现节能减排目标而达成的协议合意，是企业与政府在双方共同协商的协议内履行各自义务，实现共同目标的一种新型制度。经过修订后的《中华人民共和国节约能源法》首次提及鼓励耗能单位积极使用节能减排自愿协议这一新型的管理合作机制。节能减排自愿协议是一种以企业为节能减排主体，政府政策扶持，促进节能减排的新思路。节能减排自愿协议是一种行政合同，具有自愿合意性，与一般的行政合同不同之处在于，行政主体要更多地考虑企业节能减排行为的成本收益。只有充分考虑企业节能减排行为的利益损益，才能提出对企业有吸引力的优惠条件，以引导企业参与到自愿协议的签订和实施中去；企业则以自愿承担更多的节能减排义务为对价。为了更好地发挥节能减排自愿协议作为一项政策措施的潜力，应从下面几个方面进行改善与提升。

（1）将节能减排自愿协议与其他经济法律制度结合在一起。节能减排自愿协议既是一种独立的环境制度，也是一种融合其他，如排污收费、排放标准等制度的措施。为了提高企业的节能减排效益和公共机构的环境行政效益，把节能减排自愿协议作为一种综合性法律制度加以采用有其积极作用。

（2）明确违约责任，增强节能减排自愿协议的法律约束力。对到期不能完成自愿协议约定节能减排目标的企业，发改委、环保局等相关部门要视实际情况采取处罚措施。处罚措施应该作为节能减排自愿协议中的重要内容之一，是对签约各方的约束性条件。

（3）增加透明度和公众参与。由于节能减排自愿协议是一种公共政策性合同，影响公共利益，所以应该同其他政策措施一样进行一定程度的公开，允许公众参与谈判过程，并将谈判结果公布出来，允许公众对合同进行评论并提出不同意见。建立自愿协议实施情况信息披露和举报制度，鼓励公众和媒体对节能减排自愿协议履行过程中的违约或违规现象进行举报，发挥公众和媒体的监督作用，促进签约各方保质保量地完成自愿节能减排协议中约定的相关义务。

（4）建立合同评估制度。节能减排自愿协议实施效果的评估需要一定的科技支撑和制度保障，建立合同评估制度可以保障评估机构对自愿协议项目进行科学评估，以明确协议的实施情况。具体而言，这种合同评估制度可以从行政成本、环境效率、经济效益等方面，对自愿协议的内容和实施情况进行评估。

2. 节能减排产权交易制度

无论怎样定义节能减排，获取利益都是企业采取节能减排行为的动力之源和目标归宿。要让节能减排成为企业可以盈利的一种投资机会。如果节能或减排行为能为企业带来利润，它就能成为投资者比较机会成本的必然选项。[1]商业化与市场化是节能减排工作持续和有竞争力的方向。节能与减排在时间上继起、空间上并存的经济性决定了节能减排制度的设计与安排也必须协调统一。入口节能，出口减排，节能减排只有在入口与出口都有效率时才能达到理想的绩效。节能有能耗权交易，减排有碳排放权交易，而节能减排知识产权交易对二者交易的实现具有决定意义，节能减排知识产权交易贯通节能减排的全过程和全领域。因此，节能减排的核心是能源效率革命。能耗权交易能够激励企业主动节能，进而实现节能减排的社会目标。

（三）推行差异化节能减排政策

节能减排目标的实现需要政府和企业的共同努力，企业节能减排法律责任的履行离不开政府的有力支持和推动。政府可以运用经济政策，从投资、信贷、税收、土地、市场准入、政府采购等方面制定一系列激励措施，营造良好的履责环境。在财政政策方面，中央财政和省级地方财政安排节能专项资金，支持节能技术研究开发、节能技术和产品的示范和推广、重点节能工程的实施、节能宣传培训、信息服务和表彰奖励等。在税收政策方面，通过调整资源税，提高资源能源价格，可以推动企业进行节能技术改造，减少能源消耗量。从供给角度讲，政府可以通过加速折旧、所得税税收抵免优惠政策，鼓励企业对节能项目投资，实现节能减排。另外，税收政策可以通过增值税、进出口退税等调整产业发展，促进企业节能减排。在价格政策方面，国家实行有利于节能的价格政策，引导用能单位和个人节能。我国节能减排价格政策主要是电力能源价格政策，包括峰谷分时电价、季节性电价、可中断负荷电价制度以及对钢铁、有色金属、建材和其他主要高耗能行业实行差别电价。在金融政策方面，国家引导社会有关方面加大针对节能的资金投入，引导

① 肖国兴.论中国节能减排的法律路径[J].郑州大学学报（哲学社会科学版），2010，43（6）：55-60.

金融机构增加对节能项目的信贷支持，为符合条件的节能项目提供优惠贷款和资金。

虽然我国已形成了系统的节能减排经济政策框架体系，但由于节能减排工作情况复杂、涉及面广，在进行政策设计时既要体现政府宏观调控的作用，又要突出企业市场主体的优势；既要有利于完成节能减排指标，又要有利于促进经济快速增长；既要突出灵活性，又要保持稳定性。因此，节能减排经济政策也不是普遍适用、一劳永逸的，要加快研究制定差异化的节能减排政策。具体而言，要特别重视以下几点：①要着眼企业区域差异。充分考虑东部地区与中西部地区的不同，在节能减排技改资金安排、新上项目能评环评以及淘汰落后产能等方面，研究制定区域工业节能减排差异化政策。②要着眼企业行业差异。充分重视重点行业与一般行业的差异，在主要污染物排放总量控制、能源消耗和节能减排技术装备推广等方面，研究制定工业行业节能减排差异化政策。对于一些具有较高社会效益和经济效益的行业来说，政府可通过在税收、融资、工商及市场准入等方面提供优惠政策，积极引导和支持这些行业进入市场，增加这些行业的产品供给，形成有利的市场竞争局面。对于高污染、高能耗、资源型行业，政府应通过一系列切实可行的限制政策限制它们的市场进入。③要着眼企业规模差异。充分考虑大企业与中小企业的差异，在绿色采购、绿色信贷、节能减排服务等方面，研究制定工业企业节能减排差异化政策。一些中小企业规模比较小，在节能减排工作中，普遍存在着技术研发、财务管理以及融资等诸多难题，特别是一些中小企业面临的发展资金不足、贷款难、税负高等问题成为这些企业履行节能减排责任的主要制约因素，需要政府给予优惠政策进行扶持。研究制定差异化的节能减排政策不仅仅是激发企业履责动力的一种有效途径，还是提升政策针对性与实效性的一种有效途径，因为不同区域、不同行业、不同规模的企业，其节能减排治理的侧重点不同。

三、提升企业履责能力的法规制度

企业履行节能减排法律责任的能力要素是多方面的，如人力资源、资金、技术、管理等。促进企业履行节能减排法律责任，需要更新理念，创新思维，健全完善有利于提升企业履责能力的体制、制度和机制。

（一）创新企业节能减排内部治理制度

企业节能减排工作是一项系统工程，涉及企业内的不同主体、不同环节和不同层面。对于企业来说，完善内部治理制度的目的是发挥企业中每个员工在节能减排管理工作中的积极作用。只有企业领导层对节能减排工作充分重视，并指派专人负责节能减排管理事务，在企业内部明确节能减排主体责任，才能保障企业节能减排工作得以顺利开展。

（1）建立企业节能减排教育培训制度。通过企业节能减排教育培训的制度化和有效落实，可以从“人的角度”提升企业节能减排履责能力。甚至可以说，教育手段是提升企业节能减排能力的根本手段。企业员工尤其是企业领导者的思想认识和节能减排知识水平直接决定了企业的节能减排行为。在教育内容上，包括节能减排的国家战略、法律、政策、标准、案例等；在教育方式上，采取集中培训和自主学习相结合的方式，重视培训和学习效果的检查验收，适当开展网络答题进行检测；在受教育群体上，根据企业领导人、节能减排负责人和普通员工进行分类教育培训。规定教育培训不合格或者节能减排违法企业的负责人有接受再教育的义务。建议生态环境部制定“企业节能减排教育培训计划”，规定课程的设置、学习时间、学习方式等内容。

（2）健全企业节能减排内部监控制度。立足长远发展，企业应该健全节能减排内部监控制度，增强节能减排法治意识，树立良好企业形象，争当节能减排绿色先锋。企业要主动探索学习，转变发展方式，国家也应该加大宣传推广力度，营造公平竞争环境。

（3）完善企业节能减排主体责任制度。保障企业履行节能减排法律责任的关键是落实企业节能减排的主体责任。没有责任主体的责任承担注定是要落空的。完善企业节能减排主体责任不仅仅要加大责任主体的履责压力，还应该明晰权责，增强责任主体的履责能力。《中华人民共和国环境保护法》规定："排放污染物的企事业单位，应当建立环境保护责任制度，明确单位负责人和相关人员的责任。"同时《中华人民共和国环境保护法》规定，"违反法律规定，未取得排污许可证排放污染物，被责令停止排污，拒不执行的；通过暗管、渗井、灌注或者篡改、伪造检测数据，或者不正常运行防治污染设施等逃避监管的方式违法排放污染物的"，如果尚不构成犯罪的，依照有关法律法规规定予以处罚，并由县级以上人民政府环境保护主管部门或者其他有关部门将案件移送公安机关，对其直接负责的主管人员和其他直接责任人员，处十日以上十五日以下拘留；情节较轻的，处五日以上十日以下拘留。从上述内容来看，不仅对相关责任人的处罚普遍较轻，还存在主体关系不明晰，主体权利模糊的问题。"单位负责人"和"直接负责的主管人员"是什么关系、"直接负责的主管人员"和很多单位设置的"环境监督员"是什么关系、他们的资格如何认定、权利范围如何界定等问题都需要相关法规或制度予以明晰，以免企业负责人安排不合格人员担当"替罪羊"，进而疏于履行企业节能减排的法律责任。

（二）完善企业履责信息公开法律制度

企业节能减排履责能力与企业节能减排履责信息的公开水平显著正相关。详细准确地公开企业履责信息可以提升企业的社会形象，对企业是利好的事情；只有企业责任履行不到位，才害怕公开履责信息，甚至避重就轻、弄虚作假。因此，提升企业履责信息公开水平可以倒逼企业提升节能减排能力，接受政府和社会公众的监督。企业环境信息公开制度是企业向公众公开其节能减排履责信息的依据和保障。当前，企业公开环境信息动力不足，受众单一，信息内容不完整，建议从以下方面进行完善。

（1）完善立法，严格执法。首先，扩大信息公开的受众范围，在政府环境管理范围之外，赋予一切单位和个人获得企业节能减排履责信息的权利，以保障公众环境知情权，增强企业节能减排的外部监督压力。其次，明确企业环境信息公开的范围和方式，将企业节能减排履责信息纳入强制企业公开的环境信息范围内。通过明确环境信息公开的方式、程序和内容等，为企业公开节能减排履责信息提供可操作性的规范或程序。最后，合理设定罚则。对违反环境信息公开义务的企业，设定合理的罚则，增大违法成本，可以增强法规的强制性，提升法规的实施效果。另外，在完善立法的同时，要做到严格执法。严格执行环境信息公开法律法规，既可以让社会获得准确的环境信息，也可以让企业感受到国家环境保护的决心和态度。通过企业节能减排信息公开可以形成促进企业节能减排的社会合力，增强企业履责压力，提升企业履责能力。

（2）政策引导，增强动力。企业公开节能减排履责信息的主要障碍在于企业环境信息公开的动力不足。为增强企业公开环境信息的动力，可从如下方面进行积极的政策引导：其一，绿色信贷。通过给予较好进行环境信息公开的企业优惠贷款相关政策措施，可以引导一部分企业坚持绿色发展，积极节能减排。其二，绿色补贴。绿色补贴是基于市场价格规律的要求，对绿色产品进行扶持的经济措施。绿色产品由于环境成本的附加而体现出较高的生产成本，在市场竞争中处于不利地位，需要政策扶持和引导。对此，国家可以根据企业环境信息公开情况来选择绿色补贴对象，可以激励企业自觉公开环境信息。其三，绿色消费。众所周知，消费可以在很大程度上影响企业生产方式。通过规范环境标志，将企业环境信息公开情况与环境标志管理结合在一起，引导公众绿色消费行为，可以增强企业环境信息公开的动力。

（3）完善配套，多方参与。推动企业环境信息公开，需要完善各种配套机构、设施和制度。在企业节能减排信息公开方面，一要重视节能减排信息的收集、整理和分析工作，通过建立“企业节能减排信息中心”，为企业节能减排信息公开提供统一的平台，方便企业进行节能减排信息公开。二要规范企业节能减排信息公开的方法与标准。根据不同的行业特征，制定相应的信息公开规范，鼓励专业机构开展审计和认证业务，规范企业节能减排信息公开行为。三要运用信息化手段，提升企业节能减排信息公开效率。通过建立工业能耗在线监测平台实现能耗数据实时采集，运用通用的监测指标体系进行信息汇总分析和预测预警。企业环境信息公开是一项系统工程，不能单纯依赖或强制企业进行信息公开，应充分调动各方力量，明确职责分工，守住关键环节，营造包括政府、企业、环境监测机构、行业协会与环保组织以及公众在内的多方参与机制，为企业在节能减排等方面的信息公开提供服务和支持。

（三）健全企业节能减排联合履责机制

鉴于不同企业在经济实力、发展目标、技术水平等方面各不相同，要求每个企业都按照统一的方式或要求，通过自身的节能减排技术和能力来实现节能减排目标，并不是一种经济有效的制度安排。企业履行节能减排法律责任不只是企业自身的经济或技术问题，也是人类要共同应对的社会或法律问题。故此，社会需要建立一种能够促进企业履责的协同机制，使政府、商业机构、非政府组织和其他利益相关方分享权利，分担责任，也就是探索建立有效的企业节能减排联合履责机制。

在传统的污染治理责任关系中引入第三方，实现污染治理的专业化和社会化，无疑可以大大提升企业的节能减排履责能力。在与第三方联合履责的情况下，企业只需要专注自身生产经营问题，污染物的减排则以付费的形式交由专业化、专门化的污染治理公司来完成，这样不仅可以提升企业减排绩效，还可以带动环境服务业、环保技术、环保基础设施建设的发展，提高经济增长质量和社会发展能力，并培育出新的经济增长点。[①]但是，关于企业通过环境污染治理合同将减排责任转移到专门

① 范战平.论我国环境污染第三方治理机制构建的困境及对策[J].郑州大学学报（哲学社会科学版），2015，48（2）：4-44.

性的治污企业，目前尚无明确的法律规定。如果污染治理企业发生超排、偷排等行为，在既有法律规定下，环保部门追究治污企业的法律责任还是追究生产企业的法律责任还有待明晰。因此，企业应积极探索节能减排联合履责机制，如此，既能切实履行节能减排法律责任，又能专注于企业的生产经营活动。为了健全企业节能减排联合履责机制，建议成立“企业节能减排责任协调委员会”。该机构的职责主要是在国内推进企业履行节能减排法律责任，制定国家层面的战略，组织、协调、监督相关战略和政策的实施，协调各部门之间的沟通以及向国家决策层提供多方面的建议。

第三节 生态安全屏障建设公众责任制度之构建

在生态安全屏障法治建设中，除政府发挥主导作用、企业发挥主体作用外，社会公众的有效参与也不可或缺。在政府、企业与公众三方共治体系中，公众参与是最根本、最核心的动力。[①]公众等社会主体是生态环境的直接利益相关者，是推动政府和企业环境治理的监督者与辅助者，同时公众也承担着保护生态环境的义务和责任，需要配合政府践行绿色生活方式，自觉维护生态环境。公众参与是环境治理的重要标志，公众参与的方式、程度与广度决定了环境治理的成败。

① 涂正革，邓辉，甘天琦.公众参与中国环境治理的逻辑：理论、实践和模式[J].华中师范大学学报（人文社会科学版），2018，57（3）：49-61.

一、公众参与生态安全屏障建设的法律依据

（一）《环境保护法》的相关规定

《中华人民共和国环境保护法》第六条[①]第一款、第四款规定了一切单位和个人的环境保护义务；第九条规定鼓励基层群众自治组织、社会组织、环境保护志愿者开展环境保护法律法规和环境保护知识的宣传，将环境保护知识纳入学校教育内容，培养学生环保意识，新闻媒体开展环保法律法规和环保知识宣传，监督环境违法行为。《中华人民共和国环境保护法》第三十六条规定国家鼓励和引导公民、法人和其他组织使用有利于保护环境的产品和再生产品，减少废弃物产生；第三十八条规定公民应遵守环境保护法律法规、分类放置生活废弃物、减少日常生活对环境的损害。

《中华人民共和国环境保护法》设专章对公众参与环境保护的渠道、方式和程序作了规定；第五十三条规定公民、法人和其他组织依法享有“获取环境信息、参与和监督环境保护”的权利，政府环境保护主管部门和其他负有环境保护监督管理职责的部门，应当依法提供便利；第五十七条规定“公民、法人和其他组织发现任何单位和个人有污染环境和破坏生态行为的，有权向环境保护主管部门或者其他负有环境保护监督管理职责的部门举报”；第五十八条规定，依法在设区的市级以上人民政府民政部门登记、专门从事环境保护公益活动连续5年以上且无违法记录的社会组织，对于污染环境、破坏生态、损害社会公共利益的行为，可以向人民法院提起诉讼。

（二）部门规章的相关规定

《环境保护公众参与办法》。2015年原环境保护部发布《环境保护

① 《中华人民共和国环境保护法》第六条规定：“一切单位和个人都有保护环境的义务……公民应当增强环境保护意识，采取低碳、节俭的生活方式，自觉履行环境保护义务。”

公众参与办法》第二条规定该办法适用于公民、法人和其他组织参与制定政策法规、实施行政许可或者行政处罚、监督违法行为、开展宣传教育等环境保护公共事务的活动；第四条规定环境保护主管部门可以通过征求意见、问卷调查，组织召开座谈会、专家论证会、听证会等方式征求公民、法人和其他组织对环境保护相关事项或活动的意见和建议，而且公民、法人和其他组织可以通过电话、信函、传真、网络等方式向环境保护主管部门提出意见和建议；第十一条与第十二条分别规定了公民、法人和其他组织有就任何单位和个人的污染环境和破坏生态行为向环境保护主管部门及其上级机关、检察机关举报的权利；第十五条规定对保护和改善环境有显著成绩的单位和个人，依法给予奖励，并鼓励推动设立环境保护有奖举报专项资金。

《环境影响评价公众参与办法》。生态环境部于 2018 年公布、2019 年 1 月施行《环境影响评价公众参与办法》（生态环境部令第 4 号，以下简称《办法》），2006 年施行的《环境影响评价公众参与暂行办法》同时废止，并随后发布了与《办法》同时实施的配套文件《建设项目环境影响评价公众意见表》《建设项目环境影响评价公众参与说明格式要求》。《办法》第二条规定其适用于可能造成不良环境影响并直接涉及公众环境权益的工业、农业、畜牧业、林业、能源、水利、交通、城市建设、旅游、自然资源开发的有关专项规划的环境影响评价公众参与，和依法应当编制环境影响报告书的建设项目的环境影响评价公众参与。

（三）规范性文件的相关规定

《国家环境保护总局办公厅关于进一步提高总局机关立法工作公众参与程度的通知》。早在 2007 年国家环境保护总局（已撤销）发布了《国家环境保护总局办公厅关于进一步提高总局机关立法工作公众参与程度的通知》，规定法规司和负责起草法规的司（办、局），对国务院法制办（现为中华人民共和国司法部）选定需要通过中央主要媒体向社会公开征求意见的环保立法项目，积极配合做好意见归纳、整理工作；负责起草法规的司（办、局），对于直接涉及公民、法人或者其他组织切身利益或者涉及向社会提供公共服务、直接关系到社会公共利益的环保部门规章，要形成征求意见稿，发送国务院有关部门、省级环保部门征求意见，同时向社会公开征求意见；法规司和负责起草法规的司（办、局）在法规审查过程中，对于有关机关、组织或者公民有重大意见分歧的环保部门规章，可以向社会公开征求意见。

《关于推进环境保护公众参与的指导意见》。2014年原环境保护部发布《关于推进环境保护公众参与的指导意见》（环办〔2014〕48号），将环境保护公众参与定义为"公民、法人和其他组织自觉自愿参与环境立法、执法、司法、守法等事务以及与环境相关的开发、利用、保护和改善等活动"，提出要"坚持以人为本，尊重和保障公众的环境知情权、参与权、表达权和监督权"，规定了"畅通渠道、接受监督""依法有序、理性开展""平等自愿、公益优先"的基本原则，"加强宣传动员""推进环境信息公开""畅通公众表达及诉求渠道""完善法律法规""加大对环保社会组织的扶持力度"的基本任务，其中在法律法规完善方面要求"建立健全环境公益诉讼机制，明确公众参与的范围、内容、方式、渠道和程序，规范和指导公众有序参与环境保护"；要求大力推进环境法规和政策制定、环境决策、环境监督、环境影响评价，并要求加强组织领导、开展环境保护公众参与人员的业务培训、完善公众参与相关制度。

二、公众参与生态安全屏障建设的法治障碍

尽管我国对公众参与生态安全屏障建设的责任与义务有了相关的法律规定，但这些法规在规范公众参生态安全屏障建设实践中，仍存在着诸如公众参与义务过多、缺乏操作灵活性；缺乏参与主体范围、参与形式、参与效果监督和评估等方面的规定；公众参与的法律实施状况不能具体进入环境管理过程；在环境纠纷冲突事件发生和处理过程中，缺乏理性和有序规制等缺陷。这就导致在生态安全屏障建设实践中，以"邻

避效应”为代表的生态群体性事件不断发生，如2014年广东茂名“反PX项目事件”、2016年江苏连云港“反核废料事件”、2016年湖北仙桃“垃圾焚烧厂事件”等，这些生态群体性事件均暴露出政府和企业在进行生态安全屏障项目规划建设时未及时充分公开环境信息、环境影响评价中公众参与不到位等问题。目前，我国公众参与生态安全屏障建设的法治障碍问题必须加以重视和解决。

（一）公众参与主体、范围和方式的问题

公众参与主体上，我国环境公益诉讼限制了公民个人的原告主体资格，面对环境污染与破坏等引发环境健康风险的行为，公民个人无法提起环境公益诉讼。公众参与范围上，公众多在环境项目的前期参与，而后期参与不足。公众参与方式上，最普遍采用的问卷调查方式，存在问卷设计科学性、调查范围广泛性等问题；听证会参与上，听证单位是任意遴选，程序中未进行任何举证质证，公众参与感不足，甚至在环境决策阶段“完全无法参与”，未发挥其应发挥的作用。①

以建设项目环境影响评价的公众参与为例。2015年，原环境保护部开展建设项目环境影响评价公众参与专项整治工作并发布通报，对其中15个项目的建设单位和编制环境影响报告书的环评单位予以通报批评，认为这些项目的公众意见调查存在众多被调查者无法取得联系或表示未填过调查表、部分被调查者意见由起初支持变更为反对等问题，建设项目环境影响评价公众参与流于形式，公众意见调查质量不高，未能充分保证公众的合法权益。

（二）环境信息公开不充分的问题

环境信息不公开或公开不充分会侵害公众的环境知情权、参与权，公众意见未得到充分表达和重视，也是引发环境性群体事件和社会不稳

① 杨永海.环境健康风险规制中的公众参与法律保障研究[D].武汉：华中科技大学，2021.

定因素的重要原因。以湖北仙桃“垃圾焚烧厂事件”为例，涉案项目前期不存在实质意义上的公众参与，环境信息未充分公开，公众知情权受到侵害。涉案项目于2013年获批、2014年启动，垃圾焚烧厂周边一公里居民直到2016年项目快竣工时才接到通知；2016年部分居民自发抵制建设焚烧厂但未引起重视，引发了一定的冲突。

（三）公众参与生态公益诉讼遭遇的瓶颈问题

环境公益诉讼中对社会组织的认定条件要求严苛，打击了公众参与环境公益诉讼的积极性。以腾格里沙漠污染案为例，2015年因周边企业向腾格里沙漠排放污染物导致其地下水受到污染，中国生物多样性保护和绿色发展基金会向宁夏中卫中院提起诉讼；该案一审、二审的法院均认为原告章程中没有从事环保公益活动的要求，诉讼主体不适格，不予受理；最高院再审时认为社会组织起诉事项若与环境要素或生态系统有一定联系，应认定其宗旨、业务范围与环境公共利益具有关联，确认其法律主体资格。

三、公众参与生态安全屏障建设法律机制的完善建议

公民参与生态环境保护是从认知到认同再内化到行动的社会教化过程，力求“内化于心，外化于行”。需要建立健全完善的激励保障机制，保证生态环境保护公众知情与民意表达渠道畅通，进一步健全环境信息公开制度、公众参与生态环境立法的决策机制和途径、公众参与生态环境保护监督机制等。①

（一）将公众参与原则上升为环境法基本原则

环境法治基本矛盾需要公众参与原则化解，环境问题由于特殊性需

① 张新宇．多元化环境治理体系理论框架与实现机制[M]．天津：天津社会科学院出版社，2021：2-6.

要公众参与予以预防，同时环境问题治理需要公众深度参与实践。[①]具体而言，环境法着眼于协调经济发展与环境保护的关系，保护环境需要避免“先污染，后治理”的发展模式，必须实现可持续、高质量发展方式的转变。但经济发展与环境保护在现实中存在对立，甚至可能出现片面追求经济发展而牺牲环境保护的短期利益行为。公众参与要求政府环境规划、决策和立法，建设项目实施等均应当听取公众意见，要将公众环境诉求融入环境规划和决策过程，并就听取、论证、采纳或不采纳公众意见作解释说明，同时要求政府机关与公众理性沟通，以增强决策程序的合法性控制，在决策中融入环境公共利益诉求，有效化解环境法治的基本矛盾。环境问题的特殊性在于影响范围广，具有时滞性、累积性、不可逆性，且容易诱发社会问题和群体性事件与冲突。因此，需要重视风险和损害的预防，贯彻落实预防原则，而公众参与能很好地满足风险预防需求。环境信息的充分公开、环境规划和决策的全过程参与，有助于预见规划和项目带来的环境风险，并提出预防措施，甚至因为公众深度参与，理性充分沟通，各方更容易接受利益分配和补偿方案，化解矛盾，维护社会稳定。

（二）健全环境公开信息制度和执行公众参与制度

从立法层面到法律责任、法律救济与激励，环境项目实施的前期、中期和后期全过程向公众公开环境信息，公众全程参与并监督企业环境影响评价报告书。充分、及时、有效而真实的信息公开，充分保障公众知情权，也是公众参与和行使公众监督权的基础，还可有效化解环境突发性群体事件。实践中，注意落实环境信息评价公众参与制度的具体实施，避免环境影响评价等相关制度的公众参与演变为形式上的“象征性参与”。

① 袁野阳光.论公众参与作为环境法基本原则的多维证立[J].环境法评论，2022：64-81.

（三）环境类公益组织的培育和系统的公民环境教育

我国环境类公益组织发展仍很薄弱，资金、专业技术和人才储备不足，无法起到切实有效的公众监督作用，未能有效发挥环境规制的社会治理力量。政府层面应注重对环境类公益组织的培育，大力支持、鼓励和引导其发展。我国一些公民环境保护意识不强，参与环保能力不足，因此应注重对公众开展环境保护宣传和系统专业教育，普及环境健康风险、环境保护等专业知识，提高公众的环境保护意识，促使他们自觉践行低碳生活方式，提高环境保护实际参与能力，让公众参与切实发挥应有的作用。

第六章 健全生态安全屏障建设法律支撑制度

在生态安全屏障建设中，除了需要从法律层面构建参与主体法律责任，也需要健全相应的法律支撑制度。通过健全强制性、调控性、引导性等配套性支撑制度，首先可以进一步增强政府在生态安全屏障建设中的主导作用，提升政府在生态安全屏障建设中精准发力的能力；其次可以进一步发挥企业在生态安全屏障建设中的主体作用，激发企业参与生态安全屏障建设的动力；最后可以进一步提高公众在生态安全屏障建设中的参与程度。

第一节　生态安全屏障建设强制性制度之健全

生态安全屏障建设的强制性制度，既可以规范政府参与生态安全屏障建设的行为，也可以规范企业、公众参与生态安全屏障建设的行为，是参与生态安全屏障建设主体都必须遵守的生态环境保护制度。生态安全屏障建设强制性制度体系主要由自然资源管理制度、产业准入制度和生态产品价值核算制度构成。

一、健全自然资源管理制度

（一）我国自然资源管理制度建设面临的困境

（1）在自然资源管理制度上。当前，我国的自然资源管理制度在源头严防、过程严管、后果严惩三个环节缺乏适应生态安全屏障建设要求的措施。源头管控上，自然资源产权制度不完整，资源产权不明晰，资源权益保护不力，用途管制制度尚未覆盖全部国土生态空间，因此对湿地、滩涂等资源保护不力；过程严管上，资源节约集约利用缺乏科学标准规范和考评机制，政府对资源配置的干预作用强、程度深、范围广，市场的决定性作用未能充分发挥，国土空间缺少系统性的综合整治，致使山水林田湖的生命共同体被人为割裂；后果严惩上，缺乏严厉的责任追究和赔偿制度，对违法违规开发利用自然资源、地方政府越权配置资源等行为难以实行有效监管。①

① 马永欢，吴初国，苏利阳，等.重构自然资源管理制度体系[J].中国科学院院刊，2017，32（7）：757-765.

（2）在自然资源管理体制上。自然资源管理条块分割，资源管理部门和环境保护部门在资源开发利用，环境保护及规划，标准制定、监管和实施方面职能重叠交叉，界限不清，而且存在机构重复设置、衔接环节缺位错位等问题。部门之间缺乏有效的综合协调机制，各自为政，突出部门和本级利益，总体利益保护缺位，尤其是综合决策部门反应滞后，职能交叉重叠领域缺乏终极决策机制，相互推诿扯皮，造成政出多门、各自为政的现象，难以有效发挥自然资源管理的综合效益。①

（二）健全我国自然资源管理制度的未来思考

我国自然资源管理发展中遇到的问题需要被正视和解决，自然资源的双重属性也决定了经济持续发展和生态安全屏障建设的路径。作为自然资源管理的基础，体制和制度建设更是关系到当下和未来的发展，应受到更多关注。自然资源管理理念方面的顶层设计和管理实践方面的制度保障是可供思考的主要方向。②

（1）健全现有的自然资源资产产权制度。包括：明确自然资源资产分类；在科学分类的基础上，继续加快推进资产的统一确权登记，并要确保确权登记工作在统一的制度框架下开展实施；建立科学完善的委托代理制度，这是保障全民所有自然资源资产收益的关键。

（2）建立科学的自然资源有偿使用制度。2018 年 11 月，《中共中央 国务院关于建立更加有效的区域协调发展新机制的意见》明确指出："进一步完善自然资源资产有偿使用制度，构建统一的自然资源资产交易平台。"下一步需要全面覆盖有偿使用制度，逐步推行自然资源出让、转让市场交易模式，促进所有自然资源资产的市场化配置。此外，在有偿使用制度实践中，要把握好各级政府和相关部门的权力和权限，保证制

① 马永欢，吴初国，苏利阳，等.重构自然资源管理制度体系 [J]. 中国科学院院刊，2017，32（7）：757-765.

② 宋马林，崔连标，周远翔.中国自然资源管理体制与制度：现状、问题及展望 [J]. 自然资源学报，2022，37（1）：1-16.

度的顺利落实。

（3）加强自然资源保护制度的实践落实。进一步强化地方政府的可持续发展理念、明确“人与自然和谐共生”的生态哲学思想以及“绿水青山就是金山银山”的生态价值思想；地方政府可依据各个区域资源禀赋的差异划分不同功能区域，构建创新性的纵向补偿与横向补偿相融合的混合型补偿机制，将资源保护补偿机制与生态补偿有机结合在一起，并加强自然资源保护的跨区域协同交流和合作，共享资源保护实践经验和具体技术。

（4）完善自然资源监督管理制度。完善自然资源监督管理制度，最关键的是要明确我国自然资源的全民所有（或集体所有）性质，并确立监督管理的范围、标准和目标，以保证监督管理过程中不会出现权力寻租和滥用现象。在此基础上，需要加强执法监管，推动自然资源监督管理法治化、制度化建设。此外，要严格执行和加强领导干部自然资源资产离任审计，推进国有自然资源资产统一监管。

（5）推进自然资源统计核算制度建设。中共十八届三中全会通过的《中共中央关于全面深化改革若干重大问题的决定》明确指出，“探索编制自然资源资产负债表”，将自然资源资产理论实践应用提升至国家层面。首先，需要继续深入开展关于自然资源资产的分类工作，积极探索自然资源资产二级分类，清晰界定各类资源的资产和负债，在此基础上建立起完善的分类核算体系；其次，编制符合我国国情和管理实际的自然资源资产负债表；最后，要关注实物核算和价值核算、存量核算和流量核算、分类核算和综合核算三个关键方面，尤其要重视自然资源资产的价值量核算，努力尝试构建统一的价值核算体系。①

① 宋马林，崔连标，周远翔．中国自然资源管理体制与制度：现状、问题及展望 [J]. 自然资源学报，2022，37（1）：1-16.

二、健全重点功能区产业准入制度

按照国家对于重点生态功能区的定位，该类型区属于主体功能区中的限制开发区，需要采用集约、低碳的发展思路，应限制工业化城镇化的大规模开发。重点生态功能区也是生态安全屏障建设的主要地区。为了确保发挥国家重点功能区的主体功能，国家发展改革委于2015年和2016年印发并出台了《关于建立国家重点生态功能区产业准入负面清单制度的通知》《重点生态功能区产业准入负面清单编制实施办法》，规定在开展资源环境承载能力评价的基础上，遵循"县市制定、省级统筹、国家衔接、对外公布"的工作机制，因地制宜制定限制和禁止发展的产业目录，完善相关配套政策，强化生态环境监管，确保严格按照主体功能定位谋划发展，遵循坚持分工协作、突出因地制宜、注重衔接协调、强化底线约束、严格监督考核等基本原则。

（一）重点功能区产业准入制度的实践困境

目前，我国重点功能区产业准入制度的实践困境主要表现在如下四个方面。

（1）不符合主体功能定位的产业仍然存在。国家重点生态功能区仍有以重污染企业为主导的产业园区。例如，祁连山冰川与水源涵养生态功能区、黄土高原丘陵沟壑水土保持生态功能区、浑善达克沙漠化防治生态功能区、秦巴生物多样性生态功能区、川滇森林及生物多样性生态功能区内，都有与主体功能定位不符的产业存在。

（2）区域协调性不足。目前，同一重点生态功能区范围内不同县域之间，或资源要素禀赋条件相近的县域之间仍存在协调性问题。[①] 例如，祁连山冰川与水源涵养生态功能区内、黄土高原丘陵沟壑水土保持生态功能区内、浑善达克沙漠化防治生态功能区内，都存在区域协调性问题，

① 熊玮，郑鹏．江西国家重点生态功能区实行产业准入的负面清单研究[J].老区建设，2018（16）：40-43.

尤其是同一类型生态功能区内不同省份县域之间的不一致性通常很难察觉，可能会导致同类型生态功能区清单管理、执法等标准不一的问题，影响区域生态安全屏障功能保护效果。

（3）实际实施过程困难重重。主要体现在两方面：①限制类产业管控标准缺失或不统一。一方面，限制类产业中对制造业的管控标准缺失，如多数县域在制定产业准入负面清单过程中，均对限制类制造业提出“生产工艺、清洁生产水平须达到国内先进水平”等原则性要求[①]；另一方面，不同生态功能区的县域，甚至同一功能区内的不同县域，对同一限制类产业的管控标准不统一，如祁连山冰川与水源涵养生态功能区内的天祝藏族自治县、古浪县均将牲畜饲养列为限制类产业，但管控要求不同。②禁止类产业退出较难。例如，三江源草原草甸湿地生态功能区禁止类产业中规划发展产业占比超过70%，部分生态功能区甚至达到100%。尽管负面清单中明确规定，列入禁止类产业涉及的项目禁止新建、改扩建，对现有企业应提出关闭时限要求（原则上不超过5年），但从第一批实施负面清单制度的广西16个县来看，现有产业项目退出的实施情况不佳，直接影响地方政府负面清单制度执行能力。[②]

（4）缺乏动态跟踪监管。如何结合负面清单管理实践中出现的问题及区域生态环境变化、产业结构调整升级等情况进行动态更新响应，成为当前迫切需要解决的问题。现有的负面清单仍为静态的、固定的，且制定和实施过程中存在诸多问题，负面清单的动态跟踪、监督、反馈机制仍不健全，导致地方政府对原有清单形成路径依赖，工作固态化，不

---

① 廖华．民族自治地方重点生态功能区负面清单制度检视[J]．民族研究，2020（2）：56-68，142-143.

② 许光建，魏嘉希．我国重点生态功能区产业准入负面清单制度配套财政政策研究[J]．中国行政管理，2019（1）：10-16.

利于区域绿色转型发展。[①]

（二）健全重点功能区产业准入制度的建议

为有效维护和提升重点生态功能区的生态功能，针对目前负面清单制度仍存在的问题，需从其主导生态功能定位出发，进一步优化调整产业准入负面清单，并建立完善相关配套政策体系，以发挥负面清单的产业发展引导作用，促进重点生态功能区国土空间格局优化和生态功能提升。

（1）功能定位与总体要求。根据《全国主体功能区规划》《关于贯彻实施国家主体功能区环境政策的若干意见》等国家政策文件要求，梳理不同类型重点生态功能区的主导生态功能定位、主要发展方向、关键生态限制因素，以及国家层面对各类重点生态功能区产业发展的总体要求。其中，《关于贯彻实施国家主体功能区环境政策的若干意见》明确要求，严格限制区内“两高一资”产业落地。在国家提出控制“两高一资”行业的政策背景下，国家发展改革委开始制定《产业结构调整指导目录》，生态环境部发布最新版《环境保护综合名录（2021年版）》，上述两个文件可为进一步优化产业准入负面清单提供重要依据。[②]

（2）负面清单优化调整方案。针对当前负面清单中仍有不符合主体功能定位的产业以及区域协调性不足等问题，按照《产业结构调整指导目录（2019年本）》《环境保护综合名录（2021年版）》中相关限制性和禁止性行业和产品要求，结合《国民经济行业分类（GB/T 4754—2017）》，提出不同类型重点生态功能区的禁止类和限制类产业准入负面清单优化方案。

（3）完善配套政策制度体系。产业准入负面清单制定后的关键是落

① 邱倩，江河.论重点生态功能区产业准入负面清单制度的建立[J].环境保护，2016，44（14）：41-44.

② 牟雪洁，黄金，饶胜，等.国家重点生态功能区产业准入负面清单制度的现状、问题与优化建议[J].中国环境管理，2022，14（3）：38-47.

地实施，针对当前仍存在的区域协调性不足、实施困难、缺乏动态跟踪等问题，建议进一步建立完善相关配套政策制度体系。①建立负面清单动态跟踪监管机制，定期进行跟踪监测、监督评估及调整优化；加强实施情况的监督评估，建立问题台账数据库，督促负面清单落实；对负面清单进行动态调整修订，并细化和统一区域性限制类产业管控标准。②进一步完善配套财政支持政策，提高资金保障力度；持续加大重点生态功能区财政转移支付力度，将负面清单实施情况与政绩考核挂钩；建立健全地区间横向生态补偿机制，探索设立政府性或社会性公益金；加大对优势发展产业的政策扶持力度，增强区域自我“造血”能力。③探索建立生态产品价值实现机制；构建重点生态功能区生态产品价格体系、市场交易体系与政策保障体系；使生态产品生产成为战略性新兴产业，着力解决清单实施中产业退出及转型难等问题，实现区域生态保护与经济社会协调发展。[①]

三、健全生态产品价值核算制度

生态产品价值核算是践行“绿水青山就是金山银山”理念的重要举措，是促进生态产品价值实现的重要基础性工作。2021 年，中共中央办公厅、国务院办公厅印发的《关于建立健全生态产品价值实现机制的意见》(简称“两办意见”）正式将生态产品价值核算列为我国全面推进的重要基础性工作，地方各级政府在国家要求基础上普遍开展价值核算工作，取得了初步成效，但生态产品价值核算目前在核算范围、核算方法、核算应用等方面还存在诸多问题，难以发挥出应有的作用。

（一）生态安全屏障建设中生态产品价值核算制度的法治困境

我国已经出台了一系列生态产品价值核算技术规范，但在核算科目

① 牟雪洁，黄金，饶胜，等.国家重点生态功能区产业准入负面清单制度的现状、问题与优化建议 [J].中国环境管理，2022，14（3）：38-47.

与范围、实物量评估方法、价值量定价方法三个关键环节仍存在问题。

（1）在生态产品核算科目与范围方面。不同技术规范体系包含的核算科目不同。当前，生态产品本身属性特征差异大，对人类贡献的形式多样，不同体系对核算范围的认识不统一。共识度较高的物质产品和调节服务往往概念清晰且具备成熟的核算方法，如农林产品、水源涵养等。核算范围认识不统一是导致不同地区核算结果存在较大不确定性的重要原因，实际既会因为核算科目的遗漏而导致核算结果有所亏缺，也会因为部分核算科目内容的重复核算而导致结果存在虚高水分。

（2）在生态产品实物量评估方法方面。当前，国内核算方法几乎都涉及参数，且以经验参数为主，并非基于本地监测数据建立的体现区域生态特点的参数集。经验参数会受到采集环境、实验条件、计算方法等多方面因素的影响而不具备普适性。[①] 同一参数可能存在多个适用性相似的设置方案，参数设置的选择会受到研究者主观性等因素的影响。

（3）在生态产品价值量定价机制方面。国内核算技术体系涉及的定价方法包括直接市场法、替代市场法、假想市场法、价值转移法及能值货币法，不同定价方法具有不同的特点和适用范围，最终会造成三方面后果。①同一区域核算结果存在较大差异且难以验证；②核算结果不具有实际经济意义，不具备直接用于交易、定价、贷款和考核的现实基础；③地方难以定期开展自主核算，生态产品价值核算尚未像 GDP 核算一样建立政府业务部门统计核算制度与定期发布制度。[②]

（二）健全生态产品价值核算的未来思考

生态产品价值核算体系的发展应当充分借鉴 GDP 核算体系发展的经验与做法，促成一个长期和近期相互促进、结合发展的过程。未来生态

① 吴昌广，李生，任华东，等.USLE/RUSLE 模型中植被覆盖管理因子的遥感定量估算研究进展 [J]. 应用生态学报，2012，23（6）：1728-1732.

② 张林波，陈鑫，梁田，等. 我国生态产品价值核算的研究进展、问题与展望 [J]. 环境科学研究，2023，36（4）：743-756.

产品价值核算应继续在理论、技术和应用层面持续深入发力，避免陷入“急躁冒进”的误区。在广泛探索中总结经验，逐步使核算结果可重复、可比较、可应用，为建立统一标准的生态产品价值量化方法提供借鉴，为建立健全生态产品价值实现机制奠定基础。

（1）完善生态产品价值核算基础理论框架。①研究界定生态产品的概念、内涵和基本特征，进一步厘清生态产品与生态系统服务的关系，明晰生态产品价值与价格的关系，区分潜在生态产品价值和最终生态产品价值；②形成统一的生态产品价值核算原则，基于筛选原则确定指标体系，为界定核算范围提供标尺；③阐释生态产品价值实现的量化路径和模式，着力以生态产品价值实现率、转化率、经济贡献率等指标衡量各地区生态产品价值实现程度，为生态产品价值实现成效评估奠定理论基础。

（2）建立生态产品价值统计核算业务化体系。①明确开展生态产品价值核算的科学模型，制定生态产品调查清单，建立本地化参数；②建立可复制的统计模型，基于科学模型核算结果，固定统计模型结构和参数，设置详查年同时开展两种模型核算，验证核算结果并率定参数；③设计一套便于地方操作的编码系统和统计报表，就关键要素制定相关的编码表，在此基础上设计一套统计报表，明确数据来源及统计处理方法。

（3）形成地方自主开展统计核算业务能力。①形成生态产品价值核算技术规范体系，完善发布技术规范、建立监测统计技术规程、形成核算指导手册和统计年鉴；②组织开展业务化运行的培训工作，完善协调各相关部门的职责，通过培训保障核算的顺利进行；③构建区域生态产品业务化统计核算中心，开发生态产品价值自动核算平台，建立数据填报系统和参数数据库，形成完善的生态产品价值全过程自主化、业务化系统。

（4）推进价值核算成果应用制度与机制建设。①建立核算结果定期发布制度，制定生态产品价值核算流程和结果发布规范；②建立生态产品价值实现成效考核制度，完善生态文明绩效考核评价体系，将核算结果纳入年度考核；③深化基于生态保护成效的财政奖补制度，探索将核算结果作为县（市、区）财政奖补的参考依据，完善纵向财政转移支付；[①] ④完善自然资源有偿使用制度，探索建立基于生态产品产出的自然资源分等定级体系，建立反映市场供需、开发和保护成本、生态产品供给的自然资源价格形成机制。[②]

（5）避免价值核算陷入"急躁冒进"误区。①避免对核算理论研究的长期性认识不到位，要将核算试点工作常态化，在反复实践中总结经验，避免政策制定短期化、近视化；②避免对核算结果应用的局限性认识不到位，不能将核算结果直接用于定价和贷款融资，这种做法不符合客观经济规律，无法形成生态产品需求与供给的良性互动机制；③避免对核算实践推进的创新性认识不到位，不能机械理解推动核算试点建设的地方实践，更不能生搬硬套，必须充分发挥基层首创精神，群策群力。[③]

第二节　生态安全屏障建设调控性制度之健全

构建生态安全屏障，需要改善环境治理结构，立足生态交易，充分利用市场机制，发挥企业的市场主体责任，开展环境治理市场化尝试，

① 张林波，虞慧怡，郝超志，等. 国内外生态产品价值实现的实践模式与路径 [J]. 环境科学研究，2021（6）：1407-1416.

② 虞慧怡，张林波，李岱青，等. 生态产品价值实现的国内外实践经验与启示 [J]. 环境科学研究，2020，33（3）：685-690.

③ 张林波，陈鑫，梁田，等. 我国生态产品价值核算的研究进展、问题与展望 [J]. 环境科学研究，2023，36（4）：743-756.

培育和发展潜在专业化市场。环境治理市场调节模式或者说市场型协调机制旨在通过环境产权设计和产权交易从根本上解决环境问题，但其在解决“公共地悲剧”问题时常遭到批判。生态补偿、水权交易、排污收费与排污权交易等是典型的生态交易方式。此外，环境治理市场化尝试的另一个方向是污染治理和生态恢复方面的潜在专业化市场。区域间生态交易因产权界定、初始分配、价值核算等种种问题无法实现时，可以由中央政府建立合作基金，专门用于解决环境外部作用引发的矛盾。[①]

一、健全生态安全屏障建设中的生态资源产权交易制度

产权交易制度目的是通过市场化手段，解决负外部性问题，实现稀缺资源的高效配置，其应用到资源环境领域，演化出多种政策手段，如用能权交易、碳排放权交易等，在降低能源消费总量，减少温室气体排放，实现节能低碳发展方面起着重要的作用。[②]目前，在我国生态安全屏障建设领域运用产权交易制度推动绿色发展成为亟待解决的问题。

（一）聚焦生态资源产权交易制度重点问题

（1）生态资源资产的所有权与使用权问题。明晰生态资源资产产权界定是进行产权交易、实现生态补偿的基础。在坚持“资源公有、物权法定”的前提下，据实划清生态资源资产所有权的界限——国家所有、集体所有还是各级政府所有，并制定相应权利清单。在明确各类生态资源资产产权主体权利的同时，应考虑如何合理准确地下放其经营权、使用权以外的权利，并认可其在产权市场交易中的合法性。

（2）政府在生态资源产权交易中的角色定位问题。政府在现行产权制度的制定和运行过程中，既是资源资产所有者，又是管理者，另外还

---

① 余敏江，黄建洪．生态区域治理中中央与地方府际间协调研究 [M]．广州：广东人民出版社，2011：8-10.

② 张立锋．用能权相关法律问题辨析 [J]．河北科技大学学报（社会科学版），2017，17（4）：33-39.

扮演着裁判员和运动员的双重角色。所有者追求自身收益的最大化，管理者追求社会利益的最大化，两者难以平衡，这种双重身份为政府腐败寻租创造了天然的有利条件，也导致生态资源资产难以得到有效使用、合理保护和自由流转。要纠正所有者管理与社会管理在职能上的混淆，避免双重角色，就必须明确政府在整个产权交易中的职能和作用。

（3）生态资源产权交易中生态保护与扶贫和民族文化的融合问题。在我国西部，生态环境脆弱与地区贫困高度耦合。这些地区的经济发展受到生态环境承载力的严格限制，丧失很多与其生态功能不相适应的高收益产业。我国自然资源产权的国有制和资源价格偏低又使得地方资源收益上缴和流失现象突出，降低了地方收益。这种产业发展权的缺失和本地资源利益外流的双重盘剥，会加剧这些地区的贫困，挫伤生态保护者的保护积极性，使生态保护与经济发展陷入艰难抉择。

有效的产权制度能够对产权机制的具体运作进行指导和规范。通过形成可操作性强的权利边界和作用机理，使生态资源资产产权交易参与者的行为得到激励和约束，在满足交易主体利益需求的同时，实现产权制度设定的目标。

（二）健全生态资源产权交易制度的建议

（1）完善法律规范和配套政策。当前，已有部分省市乡镇率先出台了与水权交易、农地产权交易等产权交易相关的指导意见，并在当地设立的产权交易机构进行尝试。在现有实践基础上，应加快建立顶层生态资源资产产权制度，着重解决生态资源资产所有权缺位、经营权等关联权力下放、产权交易定价及收益分配等交易主体最关注的问题，从而为各地确定生态资源资产产权交易方案提供基本方向，保障参与主体的基本利益，加快地方生态补偿、生态价值挖掘的进程。

（2）促进生态保护与扶贫和民族文化的融合。在生态脆弱的贫困地区，考虑将当地的一些能源资源、森林资源、旅游资源、矿产资源、土地资源等资产的国有收益部分合理统筹划拨给农村集体，以促进当地经济发展。出于社会和谐和文化习俗的考虑，产权制度设计应顾及民族地区的图腾文化，以图腾文化为载体的生态资源资产产权交易应受到限制，不便随意交易。

（3）探索两权分离的途径措施。厘清资产产权关系，重要的是在保障资产所有权不变的前提下，如何进一步激活其使用权、经营权，以增强资产的流动性，促进资产的合理使用和生态修复。最近，国家提出实行农地所有权、承包权和经营权“三权分置”，这是我国农村改革又一重大制度创新。因此，创新产权制度，进一步探索生态资源资产两权分离的途径与措施势在必行。

（4）优化生态资源资产的运营管理。具体来讲，对于国资背景的生态资源资产经营性活动，应由政府国资机构代表国家按照特许经营方式委托专业公司机构，国资机构与管理机构在职能上严格分开；对于提供公益性生态服务和公共产品，以及涉及国家安全的生态资源资产，政府应采取公共行政管理手段加以管理，禁止和限制经营性利用；对于提供市场产品为主的商业经营性生态资源资产，政府应进行市场化运营管理，按照市场规范进行出让和转让；对于其中一些以经营性生产利用为主，但因国家安全和公共利益受到用途管制的生态资源资产，需要采取市场化与公共行政相结合的手段加以运营管理，实行用途管制。①

（5）明确政府角色定位。按照循序渐进原则，促使县乡两级交易平台按事业单位机构运作，省市两级交易平台按公司化运作，政府则加强监管，避免政企不分，实现产权交易市场化。目前，我国产权交易监管政出多门，行政手段代替市场运作，容易造成监管不及时、监管力度过于分散，从而制约产权市场的健康发展。因此，有必要设立统一的监管部门承担监管职责，对产权交易整个流程进行监督管控。

① 杨海龙，杨艳昭，封志明.自然资源资产产权制度与自然资源资产负债表编制[J].资源科学，2015，37（9）：1732-1739.

（6）建立风险防范机制。生态资源资产的产权交易主体双方，多数情况下有着不同的地位和不同的交易需求。要保障交易双方权益，即一方面要让受让方有利可图，另一方面又要依法严格用途管理，并使出让者得到合理报酬，前提是先对流转交易进行风险评估，并设立风险防范和应对机制。对于生态脆弱的贫困地区，国家可以考虑将产权交易与扶贫解困结合在一起，出台优惠政策鼓励有资质的企业积极加入，统筹解决生态与脱贫问题。

二、健全生态安全屏障建设领域财政税收制度

中华人民共和国成立以来，我国政府通过加大投入、制定排污收费政策、减免税等多项直接或间接措施积极参与生态环境治理，不仅在一定程度上遏制了环境污染趋势，还建立了较为完善的激励约束体系，促进了我国生态安全屏障建设步伐。

（一）生态安全屏障建设领域财政税收制度面临的现实困境

（1）财政支出的力度和效率与生态安全屏障建设的需求有差距。以中央财政为例，2010—2018 年中央生态环境转移支付占转移支付总额的比例为 4.6%～6.4%，但整体呈下降趋势，从 2010 年的 6.4% 下降至 2018 年的 4.8%，未随着中央转移支付力度的加大同步增大支出规模。另外，长期以来，财政生态环境资金重投资、轻效益的项目实施与管理方式，导致许多项目虽然有固定资产形成，但后期运行维护资金缺乏，不能有效发挥投资效益。

（2）生态环境保护事权与财政支出责任相适应的制度不明确。为了引导地方加大地方环境保护力度，中央层面设立大气污染防治、水污染防治、土壤污染防治等覆盖各环境要素的专项治理资金，通过转移支付方式给予地方支持，但中央财政支持事项多以补助地方为主，承担的环境事权相对较少。另外，根据《中华人民共和国环境保护法》，当前环境管理体系奉行的是属地管理原则，即各级地方政府应对自己所管辖区

内的环境质量负责，受地方保护主义干预，中央财政在面对跨区域、跨流域治污需求时的调控能力较弱，在应承担环境事权的范畴内未有明确的政策措施。①

（3）生态环境保护的税制不健全。我国现在实施的涉及环境保护的税种，在设立伊始并不是以环保为直接目的，而是在实施过程中间接地发挥了环境保护的作用。不论是征收范围、税率，还是征收力度方面，都需要进一步改进和完善。尽管《中华人民共和国环境保护税法》已于2018年1月1日起施行，这是我国第一部与环保直接相关的税收法律，但我国有关生态环境保护的税制仍是薄弱环节，税收的经济杠杆作用没有得到充分发挥。

（4）财税政策体系构建尚未全生命周期融入生态安全屏障建设。生态创新强调全生命周期视角下的生态保护与绿色创新，而我国在生态创新的财税政策体系构建上，全生命周期的视角未能完全融入。除消费税、绿色产品政府优先采购制度和节能产品政府强制采购制度外，我国基本上没有建立其他激励绿色消费、生态消费的财税制度，促进居民及企业绿色消费的制度欠缺，且消费税及政府绿色采购体制仍不完善。②

（5）支持生态保护与技术创新的财税政策工具相互割裂。2019年4月，国家发展改革委联合水利部发布的《国家节水行动方案》提出，要“加大节水产品和技术研发”，并要“落实节水税收优惠政策”，以提供配套支持。这些配套的财税政策固然有积极的作用，但多数只是提供资金保障、税收优惠，并未注重相关政策工具的协调与配合。财税政策的相互割裂还体现在具体政策的碎片化上，政策制定者没有考虑政策间可能存在的冲突及潜在的负面影响。

① 徐顺青，程亮，陈鹏，等.我国生态环境财税政策历史变迁及优化建议[J].中国环境管理，2020，12（3）：32-39.

② 欧阳洁，张静堃，张克中.促进生态创新的财税政策体系探究[J].税务研究，2020（9）：105-110.

（二）健全生态安全屏障建设领域财政税收制度的建议

党的十九大报告作出了“加快生态文明体制改革，建设美丽中国”的战略部署，反映了党中央解决好经济发展与生态保护关系问题的决心和勇气。构建促进生态安全屏障建设的财税政策体系，有助于经济发展、技术创新和环境保护，使“绿水青山”成为“金山银山”。

（1）重塑财税政策设计思路。首先，要在财税政策中融入生态创新理念，努力获取生态保护和技术创新的双重红利，重点考虑相应的财税政策能否弥补生态创新的双重外部性，兼顾技术创新和绿色发展，尤其要激励企业更好地将环境收益转化为经济收益。其次，促进生态创新的财税政策要从全生命周期视角出发，促进有效的闭环治理，转变传统的污染治理思路，针对投入、生产、消费和再循环四个不同阶段出台相应的财税政策。最后，制定财税政策时要增强政策协同，缓解冲突效应，并加强论证，深入研究不同政策之间是否存在矛盾，是否可以互相促进，以从整体的角度进行设计。

（2）优化财政支出结构。在加大财政支出力度的同时，政府还需要提升生态创新相关支出的使用效率。各地应当强化责任意识，将相应的财政专项资金用到实处，中央也要加强绩效考核，保证财政资金高效运用。除了直接支持生态创新，政府还可以拓宽生态创新资金来源，充分利用多方资金，调动社会各方的积极性；还可以运用财政资金发展生态环保市场，培育生态环保市场主体。要利用财政资金降低企业治污成本，鼓励更多的环保型企业上市，利用资本市场缓解其融资压力。

（3）完善绿色税收体系。未来可根据具体情况，对污染防治任务较重、技术达到标准成熟的税目开征环境保护税，扩大征税范围。设定合理税率，给予地方政府一定自主权，根据当地污染物排放量和承受力设定适应本地区的环境税率，使企业缴纳的税费能够弥补企业的排污行为给环境造成的损失。在涉及生态环境保护的税收优惠政策方面，进一步完善优惠体系，构建可充分发挥作用的税收优惠体系。

（4）完善政府绿色采购制度。完善绿色采购制度，首先要制定细致具体、合理规范且符合中国国情的法律法规，对政府绿色采购的主体、标准、清单和流程等一系列问题进行规定，从而确保绿色采购活动的顺利开展。其次可借助节能产品、环境标志产品政府采购执行机制调整优化的契机，建立起一套完备的绿色采购指标体系。最后应建立一套可以科学反映政府绿色采购情况的绩效指标，建立具有约束力的政府采购考评机制。①

（5）健全事权与支出责任相匹配的财政支付体系。明确中央和地方财政支出责任，制定实施生态环境领域中央与地方财政事权和支出责任划分改革方案；按照财力与事权相匹配的原则，在进一步理顺中央与地方收入划分和完善转移支付制度改革中统筹考虑地方环境治理的财政需求；完善转移支付制度，中央财政在地方支出能力不足的领域和区域，加大补助力度，尤其向中西部经济薄弱地区倾斜，实现环境保护投入覆盖均等化。

（6）建立基于环境绩效的财政资金分配机制。按照中共中央、国务院《关于全面实施预算绩效管理的意见》，全面建立大气污染防治、土壤污染防治、农村环境整治、重点生态保护修复治理等专项资金绩效评价制度，对财政专项资金支持的项目开展常态化的绩效评价，提高资金使用效益。建立基于绩效的专项资金分配机制与奖惩机制，在环境保护专项资金分配中建立竞争立项与因素分配相结合的资金分配方式，将项目实施成效与地方资金安排、项目投资补助额度、竞争立项等挂钩，建立联动机制，对超额完成治理目标的给予奖励，未完成目标的扣回财政资金或削减以后年度预算。②

① 欧阳洁，张静堃，张克中. 促进生态创新的财税政策体系探究 [J]. 税务研究，2020（9）：105-110.

② 徐顺青，程亮，陈鹏，等. 我国生态环境财税政策历史变迁及优化建议 [J]. 中国环境管理，2020，12（3）：32-39.

三、健全生态安全屏障建设领域区域生态补偿制度

生态补偿是对环境功能性修复产生的环境功能性价值[①]的补偿，生态补偿法律制度所反映的是环境功能性价值创造关系（具有正外部性），而不是开发者还原性与污染者治理性社会关系（具有负外部性）。以流域政府间生态补偿机制为例，即下游地区政府和中央政府给予上游政府及其辖区居民的生态补偿，表现为优惠政策、资金、实物等形式，本质是弥补上游政府及其居民因保护环境敏感区而失去的发展机会。[②]生态补偿主要适用于森林、流域、水源区、荒漠化及盐碱地治理、自然保护区等领域，在这些领域可以建立相应的生态补偿制度，也可以通过资源价格（税费）调整、完善污染防治法等措施来避免单纯为解决问题而生硬套用生态补偿的功利主义倾向。[③]

生态补偿包括国家补偿（或称中央政府补偿）和社会补偿两种模式。国家补偿模式下，中央政府是给付主体，生态产品提供区域、下级政府或农牧民等是接受主体，它多适用于环境功能性价值不容易确定创造者和受益者的情形。社会补偿模式（主要是地区间补偿模式）下，购买生态产品和服务的区域政府是给付主体，生态产品提供区域所在地的地方政府是接受主体，它适用于环境功能性价值较容易确定创造者和受益者的情形。[④]目前，国家补偿是我国区域生态补偿的主要形式，广泛应用于

① 环境功能性价值即环境正外部性行为产生的环境生态效益或环境生态利益，与《森林法》中的“森林生态效益”具有很大的包容关系，反映出生态补偿研究与现行法的规定具有高度一致性。李永宁．生态保护与利益补偿法律机制问题研究 [M]．北京：中国政法大学出版社，2018：16-18.

② 周大杰，董文娟，孙丽芙，等．流域水资源管理中的生态补偿问题研究 [J]．北京师范大学学报（社会科学版），2005（4）：131-135.

③ 李永宁．生态保护与利益补偿法律机制问题研究 [M]．北京：中国政法大学出版社，2018：20-22.

④ 任世丹．重点生态功能区生态补偿法律关系研究 [J]．湖北大学学报（哲学社会科学版），2013，40（5）：107-110.

区域补偿、区域生态补偿和重要生态功能区补偿，如在青海三江源、南水北调中线水源地等进行了中央生态补偿（试点）。[①]

（一）生态安全屏障建设中区域生态补偿制度的特征

《国务院关于落实科学发展观加强环境保护的决定》（2005年）强调尽快建立生态补偿机制；《关于开展生态补偿试点工作的指导意见》（2007年）强调将自然保护区、重要生态功能区、矿产资源和流域水环境保护作为开展生态补偿试点的四个重点领域；《关于加快建立流域上下游横向生态保护补偿机制的指导意见》（2016年）强调从区域补偿基准、补偿方式、补偿标准以及联防共治机制等方面对上下游横向区域生态补偿机制予以规范；《中华人民共和国水污染防治法》（2017年）在总则中明确区域生态补偿机制，同时在分章中对区域水污染防治和区域水环境保护作出规定；《中华人民共和国长江保护法》（2020年）强调建立长江流域生态保护补偿制度，对长江干流及重要支流源头和上游的水源涵养地等生态功能重要区域予以补偿；《中华人民共和国黄河保护法》（2022年）对黄河流域生态保护补偿制度进行了专门规定，有助于构建上中下游齐治、干支流共治、左右岸同治的格局。

在国家层面区域生态补偿法律规范的推动下，各地陆续出台了区域生态补偿相关的地方性文件，呈现出如下特点。

（1）补偿模式由单向补偿发展为双向补偿。例如，《贵州省清水江流域水污染补偿办法（试行）》（2009年）按照上下游地区交界断面水质标准，确定上游地区是否需要扣缴水污染补偿金；《贵州省赤水河等流域生态保护补偿办法》（2022年）实施双向补偿，即上游毕节市出境断面水质优于Ⅱ类水质标准，下游受益的遵义市应缴纳生态补偿资金；上游毕节市出境断面水质劣于Ⅱ类水质标准，毕节市则应缴纳生态补偿资金。

---

① 余敏江，黄建洪. 生态区域治理中中央与地方府际间协调研究[M]. 广州：广东人民出版社 2011：6-8.

（2）补偿由水质为目标转变为水质和水量双重目标。例如，《浙江省跨行政区域河流交接断面水质监测和保护办法》（2008年）要求，河流上游地区污染造成下游地区水质达不到控制目标且造成严重后果或者因上游地区水污染事故造成下游地区损失的，上游地区对下游地区进行补偿；《关于加快建立流域上下游横向生态保护补偿机制的指导意见》（2016年）规定，下游地区应当为尊重上游地区为保护水环境付出的努力而予以合理补偿，同时享有水质恶化、上游过度用水的受偿权利；《浙江省财政厅 浙江省生态环境厅 浙江省发展和改革委员会 浙江省水利厅关于深化省内流域横向生态保护补偿机制的实施意见》（2022年）提出，以省内流域上下游地区经济社会协调可持续发展为主线，以流域水资源保护和水质改善为主要目标，鼓励饮用水水源地和用水邻县开展排污权交易和水权交易，促进水生态环境持续改善和经济社会高质量发展。以水质和水量为双重目标，既保障了用水需求，控制了水资源的开发和利用，又有效维护了生态环境，更加全面地解决了水资源的保护和管理问题，保障了流域生态系统的平衡和健康。

（3）补偿方式由以罚款为主转变为罚款与奖励结合。例如，《江苏省河道管理实施办法》（1996年）规定，责任单位必须补偿由其引起的环境损害，包括罚款、赔偿等方式；《江苏省水环境区域补偿工作方案》（2021年）采用双向补偿的方式，根据生态环境承载能力、污染物负荷和工业企业排污情况等因素，对企业进行差别化罚款，同时对保护生态环境的优秀企业进行奖励，提升了流域内各方保护生态环境的积极性，有效解决了流域水污染、水资源短缺等问题。

（二）生态安全屏障建设中区域生态补偿制度反思

基于水环境质量目标考核的压力，地区政府更重视借助区域生态补偿解决水污染治理问题。虽然随着政策措施推进和地方实践的发展，我国的区域补偿政策不断发展进步，但仍面临不少困境，主要体现在以下几方面。

（1）生态补偿同污染赔偿的法律边界相混淆。我国相关法律法规对合法与违法的界分标准则是辨识区域生态补偿和污染赔偿的主要依据。《中华人民共和国环境保护法》规定，地方政府应对本辖区的环境质量负责。《中华人民共和国水污染防治法》第十二条、第十三条规定，国务院环保主管部门制定的国家水环境质量标准或经国务院批准的水环境质量标准是地方政府必须遵守的强制性环境标准。根据“纳入其中即为组成”的法学逻辑，环境标准可以为环境法所适用，产生法律上的强制实施效果。[①] 被法律所援引的国家环境质量标准具有强制性，违反强制性标准的行为即为违法行为。上下游交界断面水质未达标亦适用区域生态补偿的做法，实质上是混淆了生态补偿的达标合法性和污染赔偿的不达标非法性的法律边界。政策规范中的区域生态补偿制度定位不清，与污染损害赔偿制度相互混淆，直接影响了区域生态补偿制度存在的合理性。

（2）生态环境正外部性内部化与环境负外部性内部化的逻辑关系混乱。根据外部性理论，当某个主体的生产消费行为造成环境污染或生态破坏，却不承担因环境污染或生态破坏而给他人带来的成本时，便产生了负外部性。相反，当某个主体从事了某项有利于环境保护的行为，却不能从共享利益的主体手中获得对价时，便产生了正外部性。区域生态补偿地方政策规范的出台往往是为了治理某一流域严重的水污染问题，侧重将其功能定位为实现环境负外部性成本内部化。区域生态补偿地方规范和试点实践，实质是将区域生态补偿的功能定位为治理水污染负外部性问题、实现环境负外部性内部化，混淆了环境正外部性内部化和环境负外部性内部化的逻辑关系。

（3）区域生态补偿的正向激励功能被抑制。从区域生态补偿政策规范来看，区域生态补偿在补偿主体、补偿标准以及补偿方式等方面应发

---

① 陈伟.环境法典中的生态环境标准：属性、问题与体例[J].法学评论，2023，41（1）：164-175.

挥其重要的正向激励功能。在补偿主体方面，区域生态补偿的政策和实践往往发生在上下游地区政府之间，忽视了对直接提供流域生态利益或为流域生态保护放弃一定发展机会的施益者的补偿。[①] 在补偿标准方面，流域各省（市）通常是根据上游地区投入流域生态建设的净成本、出入境断面水质改善的治理成本、下游地区居民对水资源价值支付意愿、下泄水量保障等标准来确定补偿标准，[②] 未将上游地区所提供的外溢性流域生态利益价值考虑在内，由此计算出的补偿数额一般远低于应当补偿的数额。在补偿方式方面，政策规范所推动的区域生态补偿方式多是以政府为主导的财政转移支付，尚未进一步具体落实到微观的利益相关者。[③] 这种停留在政府之间、未实现利益归属分配的区域生态补偿模式不利于在上下游政府、上下游单位及个人之间实现真正意义上的利益衡平，难以激励流域生态利益提供者或贡献者持续从事流域生态保护工作。[④]

（三）完善区域生态补偿制度的应对措施

为有效应对我国区域生态补偿的法律问题，应从明确区域生态补偿的适用前提、认准区域生态补偿的功能定位以及发挥区域生态补偿的正向激励功能三个方面入手。

（1）明确区域生态补偿的适用前提。被环境法援引的国家水环境质量标准是衡量地区政府是否依法履职的法律依据。因此，上下游地区间区域生态补偿的前提应是上下游交界断面水质优于国家水环境质量标准。在确保上下游交界断面水质达到国家水环境质量标准的前提下，进行上

① 杜群.长江流域水生态保护利益补偿的法律调控[J].中国环境管理，2017，9（3）：30-36.

② 康艳青，毛柯予，朱永明.成本分担下黄河流域跨省生态补偿利益均衡分析[J].人民黄河，2023，45（3）：79-84.

③ 谭洁.民族地区横向生态转移支付的法治化构建：以广西金秀瑶族自治县为例[J].广西民族研究，2020（1）：128-135.

④ 万勇，杨思雅.完善流域生态补偿机制研究：以安徽省为例[J].地方财政研究，2021（6）：60-67.

下游地区之间区域生态补偿才具有现实的可行性。[①] 具体而言，在上下游地区区域生态补偿领域，应以上下游交界断面水质优于国家水环境质量标准作为区域生态补偿的适用前提。在区域生态补偿领域，要以具体的流域生态利益提供者或贡献者实施了合法的、产生外溢性流域生态功能的增益行为作为区域生态补偿的适用前提。

（2）认准区域生态补偿的功能定位。根据“谁受益谁补偿”的原则，上游地区政府、实施流域生态保护行为的建设者或者为流域生态保护放弃一定发展机会的贡献者，有权利要求下游地区受益者支付一定的代价作为补偿，实现正外部性成本内部化，进而激励流域生态保护者持续提供优质的流域生态利益。只有在上游地区为下游地区提供足量优质的水资源时，即上下游交界断面水质优于国家水环境质量标准，产生的外溢性生态价值才是正外部性利益，正外部性内部化的法律调控才属于真正意义上的区域生态补偿。换言之，区域生态补偿的功能定位应在于实现环境正外部性内部化。

（3）发挥区域生态补偿的正向激励功能。发挥区域生态补偿的正向激励功能，要解决“为何发挥”和“如何发挥”两个基本问题，即发挥区域生态补偿正向激励功能的必要性和实现路径。建立区域生态补偿法律制度，保障区域生态补偿各相关主体的权利，发挥区域生态补偿的正向激励功能，有助于在实现环境正外部性内部化和利益衡平的基础上，激发和鼓励上游地区保护者持续从事获得社会积极评价的行为，持续改善流域水生态环境。区域生态补偿正向激励功能的有效发挥，主要是通过立法，合理分配受偿权利主体和补偿义务主体的权利义务，激励区域生态补偿各方利益相关者遵守政策规范，积极履行法律赋予的义务，主张法律授予的权利（权力），共同实现流域生态产品可持续供给的目标。

① 孙翔，王玢，董战峰.流域生态补偿：理论基础与模式创新[J].改革，2021（8）：145-155.

第三节　生态安全屏障建设引导性制度之健全

健全生态安全屏障建设的引导性制度，就是通过生态教育的普及和生态伦理思想的培养，增强公众的生态环境保护意识，为生态安全屏障建设营造良好的社会氛围和人文基础。与此同时，通过有效的生态环境教育和生态伦理理想教育，还能够进一步提高国民的整体素质，为我国正在进行的生态文明建设工作提供可靠的保障。

一、我国生态环境教育的法治化进程

中国首次正式提出推进环境保护的宣传教育，是在 1973 年中国召开的第一次环境保护会议上，该会议通过的《关于保护和改善环境的若干规定（试行草案）》第九条明确指出“大力开展环境保护的科学研究工作，做好宣传教育”。《国务院关于在国民经济调整时期加强环境保护工作的决定》（1981 年）中提出“把培养环境保护人才纳入国家教育规划”“中、小学要普及环境科学知识”；《中国环境与发展十大对策》（1992 年）第八条明确指出“加强环境教育，不断提高全民族的环境意识”，20 世纪 90 年代一批民间环保组织涌现，并开展环保公益宣传活动。

中国首次以纲要形式指导环境教育工作，将环境教育的实践活动纳入制度层面，如《全国环境宣传教育行动纲要（1996—2010 年）》规定“到 2000 年，在全国逐步开展创建‘绿色学校’活动”“建立国家级环境教育基地”。2009 年《关于做好新形势下环境宣传教育工作的意见》提出“开展环境教育立法”研究；《2010 年全国环境宣传教育工作要点》将民间环保组织纳入国家管理，指出“抓好面向社会的环境教育培训工作，积极推动环境教育立法，加强 NGO 组织管理，进一步规范公众团体有序参与环保行为，激发公众参与环保、支持环保的热情”；《环境保护公众参与办法》（2015 年）规定“环境保护主管部门应当在其职责范围内加强宣传教育工作，普及环境科学知识，增强公众的环保意识、节约意识；鼓励公众自觉践行绿色生活、绿色消费，形成低碳节约、保护环境的社会风尚”;《全国环境宣传教育行动纲要（2011—2015 年）》强调“构建多层次、多形式、多渠道的全民环境教育培训机制”；《全国环境宣传教育工作纲要（2016—2020 年）》强调“积极促进公众参与，壮大环保社会力量”“成立环境宣传教育工作专家委员会，为环境宣传教育工作提供智力支持”“不断完善环境宣传教育工作评价考核机制”；《建立国家公园体制总体方案》（2017 年）强调国家公园的试点和推行让环境教育获得更优质的自然资源与国际经验。

2003 年 10 月 8 日教育部颁布并同日施行《中小学环境教育实施指南（试行）》（以下简称《指南》）强调“加强中小学环境教育，是贯彻落实我国环境保护基本国策，提高全民族的环境意识和科学文化素质的奠基工程”，《指南》前言部分介绍了国际环境教育发展趋势、环境教育的性质与特点、环境教育的基本理念等，第二至五部分规定了中小学环境教育的目标、学习内容、实施建议、评价建议；2012 年 9 月 10 日环境保护部（已撤销）等颁布并同日施行《环境保护部 教育部关于建立中小学环境教育社会实践基地的通知》（环发〔2012〕113 号），要求充分认识建立中小学环境教育社会实践基地的重要意义，具体规定中小学环境教育社会实践基地建设的基本要求和内容、全国中小学环境教育社会实践基地申报程序等；2013 年 6 月 8 日，环境保护部办公厅（已撤销）等联合发布《环境保护部办公厅 教育部办公厅关于公布首批全国中小学环境教育社会实践基地名单的通知》）（环办〔2013〕68 号）；2013 年 8 月 9 日环境保护部办公厅（已撤销）等部门联合发布《环境保护部办公厅 教育部办公厅关于印发〈全国中小学环境教育社会实践基地申报与管理办法（试行）〉的通知》（环办〔2013〕85号），明确环境保护部（已撤销）和教育部从2012年起每两年从各省级环境教育基地中遴选出一批全国中小学环境教育社会实践基地；2020年第七届环境教育年会以“共建美丽中国，共享生态文明”为主题，生态文明教育成为环境教育的新内涵。

除此以外，我国地方政府也相继颁布一些生态环境教育相关地方性法规、规章和规范性文件。2011年12月1日宁夏回族自治区人民代表大会常务委员会公布并同日施行《宁夏回族自治区环境教育条例》（2019年修正、2021年修正）；2012年9月11日天津市人民代表大会常务委员会公布并于2012年11月1日施行的《天津市环境教育条例》（失效）意味着环境教育有法可依，逐步走向法制治化；2019年12月9日衡水市人民代表大会常务委员会公布并于2020年1月1日施行《衡水市生态环境教育促进条例》，其第二条第二款规定“生态环境教育，是指通过多种形式向公民普及生态文明建设和环境保护知识，培养公民生态环境保护意识，提高公民生态环境保护技能，树立社会主义生态文明观的教育活动”；2022年9月27日天津市人民代表大会常务委员会公布并于2022年11月1日施行《天津市生态文明教育促进条例》，其第二条第二款规定“生态文明教育，是指通过多种形式宣传生态文明相关法律法规和政策，普及生态文明基本知识，培养生态环境保护技能，提升公民生态文明素质，促进全社会牢固树立生态文明价值观念和行为准则的教育活动”。这说明我国环境教育实现了从环境保护教育到生态文明教育的转变。2015年11月17日南京市人民政府公布并于2015年12月20日施行了《南京市环境教育促进办法》（南京市人民政府令第312号），2016年8月29日厦门市人民政府公布并于2017年1月1日施行了《厦门市环境教育规定》（厦门市人民政府令第165号），2019年1月23日清远市人民政府公布并于2019年3月1日施行了《清远市环境教育规定》（清远市人民政府令第2号），这些环境教育相关地方政府规章均包含环境教育的总则、组织管理、环境教育活动、保障与监督等内容。其中，《南京市环境教育促进办法》规定将环境教育经费列入本级财政预算并加以保障，要求编写环境教育地方课本并将其纳入中小学课程，规定排污单位负责人每年强制接受环境教育，并要求落实环境教育普及化的奖惩办法。①

二、我国生态环境保护教育制度面临的困境

（1）生态环境教育缺失法律顶层设计。目前，我国生态环境教育的法律法规仅在《中华人民共和国环境保护法》第五条中有所体现，规定为"国家鼓励环境保护科学教育事业的发展，加强环境保护科学技术的研究和开发，提高环境保护科学技术水平，普及环境保护的科学知识"。目前，维持环境教育机制运转的文件多以政策性倡导和纲领为主。各级地方政府因地区经济水平、教育程度等因素制定环境教育政策存在差异，但这种差异程度在不同地区的现有基础上是否处于合理范围则无法考量。所以，没有法律层面的顶层设计，很难进行有效的制度创新。

（2）生态环境教育中政府处于绝对主导地位。目前，我国生态环境教育基本处于政府主导与学校执行的大框架下，社会组织的实质参与微乎其微。根据教育学原理，真正掌握环境保护知识，不仅仅是达到"环境知识是什么"的层面，还要达到"环境知识为什么"以及"环境知识如何用"，后者已不是"政府—学校"这种模式所能完全覆盖的。社会组织的参与可以丰富环境教育的形式，加深环境教育的直观感受。政府与学校、社会组织之间的关系应当是政府发挥引领环境教育发展方向和保障学校有秩序地开展环境教育、企业有机会主动参与环境教育。②

---

① 南京市人民政府.《南京市环境教育促进办法》解读［EB/OL］.（2015-11-26）［2023-06-29］.https://www.nanjing.gov.cn/zdgk/201511/t20151126_1056701.html.

② 张凤娟.推进环境教育应对环境挑战［J］.环境与可持续发展，2016，41（5）：97-98.

（3）传统生态环境教育管理模式转型困难。环境教育需要多部门共同协调合作。目前，我国环境教育的管理模式与生态文明赋予环境教育的意义不相适应。环境教育由于长期以来由政府包办而受到制约，显得大而空。这种现象是由制定政策时忽视当地的社会环境、经济发展水平以及当地的环境特点所导致。同时，环境教育的需求与规模随着新时代的发展越来越大，这就意味着需要更多的人力、物力、财力。环境教育投资大、见效慢，但政府更期待投资短时间出效果。这个矛盾不解决，环境教育机制就很难有发展的空间。

（4）相关利益群体互动贫乏。环境教育的利益相关者就是对其有一定形式投入及受益的相关组织或者个人，在环境教育管理的过程中，政府、社会组织、学校应该均有自身的定位。要明确环境教育的利益点，调动政府、社会组织、学校的主观能动性。社会组织中包含以营利为目的的企业和社会公益组织。公益组织的经费多靠财政拨款和募集捐款，存在经费不足的问题，因此很难切实参与环境教育。企业对环境教育可以为经济、科技带来进步的认知不够，且认为自身只是履行社会责任，没有切实的利益，导致缺乏主观能动性。环境教育过程中需要使各主体之间的需求有机联动。政府提高环境教育深度与广度，普遍提高民众的环境意识；企业可以通过环境教育带来的绿色创新技术获利，并通过参与环境教育营造负责任的企业形象；学生获得环境知识、培养环境技能，由环境教育驱动创新与本专业相关的知识技术，增强自己的核心竞争力。多方利益得到平衡满足，环境教育的制度困境才能突破。

三、健全生态环境教育制度的具体路径

（1）生态环境教育应当纳入法律体系。环境教育的健康发展需要纳入法律体系，但这并不意味着法律对环境教育中的任何细枝末节都加以规制，而应该分层级、有秩序地将其纳入法律体系，且要有顶层设计引领方向，要有相关下位的法规、规范性文件保证环境教育落到实处。应

当在《中华人民共和国教育法》总则中加入学生全面发展相关内容，并明确说明教育过程中环境教育是独立存在的。笔者认为在该法的第五条、第六条中应加入环境教育相关内容，从法律层面将环境教育纳入我国教育事业，使其成为重要的组成部分。同时，各地区要制定出与当地教育水平、经济发展水平等因素相适应的环境教育政策。政策应当包含参与环境教育的全部主体的权利与义务，明确划分责任，保障环境教育落到实处，赋予学校和社会组织一定的空间以有利于调动其主观能动性，以及关注如何提高社会组织协同参与环境教育、学校在具体的教学事务中如何有适度的话语权等相关问题。环境教育要在《中华人民共和国教育法》中有所体现的同时，也要在较低位阶的法规、规章、规范性文件中有具体规定，形成一套从高到低完整的体系。

（2）明确生态环境教育不同主体角色定位。环境教育中管理机制的主体主要包括政府机构、学校与企业、社会组织、公众等利益相关者。①政府要提供制度性保障并加以监管。《关于在中小学落实习近平生态文明思想、增强生态环境意识的通知》（2019 年）要求各级教育行政部门和中小学校，要高度重视落实习近平生态文明思想进校园工作，迅速行动起来，认真部署安排，制定具体方案。②企业要充分认知环境教育的重要性，积极宣讲环保知识。企业作为最重要的社会主体，其肩负节约资源、保护环境的社会责任。③将环境教育纳入课堂教学计划。通过语文、科学、历史、地理、生物等学科教学把环境保护、水土保持、国土资源保护等知识和绿色、低碳、节能、环保等内容纳入课堂教育教学，将绿色发展理念根植于学生心中。

（3）建立生态环境教育高效可执行的协作机制。在环境教育协作的过程中，各个参与主体齐心协力，并在方式方法上取得一致性，是建立高效有序协作机制的前提条件。①政府建立专门的环境教育协作部门。这样做的目的在于协调各主体之间的利益冲突，保障协调各政府部门的支持。在政府的视角，环境教育的协调在于资金与政策的协调，由政府牵头成立环境教育协作部门，去协调环保局、教育局、财政局等各个政府部门的效果，一定优于学校和社会组织去协调的效果。②加强各主体之间的信息交互。环境教育管理机制中核心问题的解决应有赖于各个参与主体间的协同行动。因此，在环境教育管理机制中，社会组织和公众的实质性参与成为现代环境教育治理结构的关键性问题。

（4）完善评估监督体系。评估监督体系是我国环境教育管理机制中相对薄弱的环节，环境教育的评估监督体系包含了对环境教育质量的评估、对环境教育资金使用的监督、对各主体环境教育教学任务完成情况的评判。在环境教育方面，评估教育教学成果是一个十分复杂的过程，它要求对受教育者的环境知识量进行动态评价，以检测环境教育发挥的作用，具体可以通过环境知识竞赛、环境知识问卷调查等方式开展。要鼓励多主体之间相互监督，保障环境教育制度高效运转。在环境教育监督中，政府应该发挥其优势地位，加强环境教育行政执法力度，保证环境教育的质量与效果。①

① 陈袆琬.生态文明视域中的环境教育制度探析[J].淮阴师范学院学报(自然科学版)，2021，20(2)：156-159.

第七章　完善生态安全屏障建设法律责任追究制度

生态安全屏障建设面临的核心问题是生态安全屏障建设与环境治理过程中权力的配置与行使问题，亦即环境治理权力如何在政府间配置。生态安全屏障建设本质上是供应公共产品，且环境问题的外部性、整体性、系统性，导致局部、单一主体不具备应对全局、整体环境问题的资源和能力，在“搭便车”影响下，也欠缺单边行动的意愿和动力，而采取集体行动、加强各方协作治理是生态安全屏障建设与环境治理的最佳途径。但集体行动必然意味着责任分配，不同主体在经济发展程度、治理环境问题能力、治理成本和收益等方面的差异，使生态安全屏障建设中的合作面临冲突和分歧。生态安全屏障建设的法律保障，是运用法律机制确定并落实不同主体在生态安全屏障建设中的责任，并对生态安全屏障建设中的违法行为或渎职行为进行责任追究。

第一节 生态公益诉讼制度之完善

我国已初步形成生态民事公益诉讼和生态行政公益诉讼并存的生态环境公益诉讼模式。[①]生态安全屏障建设追究主体的法律责任，可充分利用生态环境民事公益诉讼、生态环境行政公益诉讼，以及生态环境损害赔偿诉讼。生态环境民事公益诉讼中，人民检察院与拥有符合法律规定资质的社会组织实际享有法律授权原告资格；生态环境行政公益诉讼中，人民检察院实际享有法律授权原告资格。生态环境公益诉讼应具有多重职能。在我国，企业生态环境违法和政府生态环境违法都广泛存在，生态环境公益诉讼应当承担监督企业和政府的功能，承担生态环境法律秩序维护、生态环境公共利益保护和追偿等任务。[②]

一、生态安全屏障建设中生态环境公益诉讼典型案例

（一）首例生态环境民事公益诉讼案[③]

江苏某农化有限公司等6家企业将生产过程中产生的危险废物废盐酸、废硫酸总计2.5万余吨，以每吨20至100元不等的价格，交给无危

① 徐以祥.我国环境公益诉讼的模式选择：兼评环境行政公益诉讼为主模式论[J].西南民族大学学报（人文社科版），2017，38（10）：86-94.

② 徐以祥.我国环境公益诉讼的模式选择：兼评环境行政公益诉讼为主模式论[J].西南民族大学学报（人文社科版），2017，38（10）：86-94.

③ 人民法院报发布2016年度人民法院十大民事行政案件[EB/OL].（2017-01-07）[2023-06-03].https://www.pkulaw.com/pal/a3ecfd5d734f711df1081a2a94c983130332a48f4da912cbbdfb.html.

险废物处理资质的企业偷排进运河，导致水体严重污染。泰州市环保联合会诉请法院判令6家企业赔偿环境修复费1.6亿余元、鉴定评估费用10万元。该案经一审、二审法院审理后，判令6家被告企业承担巨额的环境修复费。2016年1月21日，最高人民法院公开开庭就该环境污染侵权赔偿纠纷案进行询问，并当庭裁定驳回某公司的再审申请。

（二）全国首起大气污染生态环境公益诉讼案①

2016年7月20日，山东省德州市中级人民法院对中华环保联合会与某有限公司大气环境污染责任纠纷公益诉讼案作出一审宣判，判决被告某公司赔偿因超标排放污染物造成的损失2 198.36万元，用于德州市大气环境质量修复，并在省级以上媒体上向社会公开赔礼道歉。

（三）服务和保障长江经济带发展生态环境公益诉讼案

网湖大湖为网湖湿地自然保护区内的主要湖泊，并被湖北省人民政府列入第一批湖泊保护名录。某网湖生态种养殖有限公司（以下简称养殖公司）与黄石市网湖湿地自然保护区管理局签订合同，约定由其承包网湖大湖进行生态渔业养殖。2014—2016年，养殖公司先后向网湖大湖违法投放磷肥约1 000吨，氮肥约2 000吨，有机肥约1 000吨，豆渣、啤酒糟等约46 000吨。网湖整体水质类别由2013年的Ⅲ类逐渐降至2016年的Ⅴ类，水质恶化，主要超标项目为总磷，水质呈中富营养状态级别。

2018年12月25日，湖北省人民检察院根据《检察机关提起公益诉讼试点方案》第二十九条规定，指定武汉铁路分院就本案向武汉海事法院提起诉讼。武汉海事法院一审认为，网湖大湖水质总磷超标的损害后果，与养殖公司进行渔业养殖过程中违法过度投放肥料和饲料的行为具有直接的因果关系，养殖公司作为污染者，应承担侵权责任。故依据湖

① 人民法院报发布2016年度人民法院十大民事行政案件[EB/OL].(2017-01-07)[2023-06-03].https://www.pkulaw.com/pal/a3ecfd5d734f711df1081a2a94c983130332a48f4da912cbbdfb.html.

北省环境科学研究院生态环境损害司法鉴定中心出具的鉴定意见，判决养殖公司赔偿网湖大湖水体环境损害费 1 946 776 元，支付至阳新县财政局非税财政专户，用于网湖大湖水体的整体治理与恢复工作，并在市级以上新闻媒体上向社会公开赔礼道歉。

本案是由公诉机关提起公诉并由海事法院行使水域污染案件管辖权的生态保护案件，是为长江流域生态环境安全提供有力司法保障的具体体现。判决适用无过错责任原则，排除其他污染影响，采用虚拟成本法计算损害赔偿金额，对生态保护公益诉讼类案件裁判具有参考意义。

本案在污染地公开开庭，庭审时邀请人大代表、政协委员、特约监督员参加，直播时有多家媒体参与，促进了公众环保意识的提高和当地政府污染治理工作的开展，切实维护了公众知情权、参与权与监督权，法治宣传和生态保护宣传效果突出，增强了环资审判公信力，充分发挥了海事法院生态环境资源审判职能，取得了良好的法律效果和社会效果，为探索建立协同保护、立体保护、区域保护、全方位保护机制，推动形成长江大保护的强大合力树立了典范。该案入选 2019 年度“湖北省十大法治创新案例”和 2021 年 2 月 25 日最高人民法院发布 10 个长江流域生态环境司法保护典型案例。[①]

二、生态环境公益诉讼制度在生态安全屏障建设实践中的法治困境

生态环境公益诉讼制度的建立，对生态安全屏障建设法律责任追究制度的完善起到了积极作用。但也应看到，在司法实践中，司法权通过生态环境民事公益诉讼介入生态环境公益保护，代替生态环境监管执法主体履行职责，容易导致司法权僭越、虚化行政权以及司法权与行政权错位等问题。同时，生态环境行政公益诉讼仅允许检察机关作为原告，

① 最高人民法院发布10个长江流域生态环境司法保护典型案例［EB/OL］.（2021-02-25）［2023-06-03］.https://www.pkulaw.com/chl/43893ca669d1a8c1bdfb.html.

而不允许社会组织，如环保团体等提起，导致公众参与无法通过提起生态环境行政公益诉讼来监督政府生态环境行政行为合法性及其生态环境领域的履职，生态环境公益诉讼监督政府的职能无法充分发挥。具体来说，我国的生态环境公益诉讼制度在生态安全屏障建设实践中存在如下现实困境。

（一）环境民事公益诉讼手段与目的相背离

2014 年修订的《中华人民共和国环境保护法》正式确认社会组织可提起公益诉讼，希望引入社会“第三方部门”，弥补公权力治理环境方面的不足。但我国环境民事公益诉讼是起诉环境污染者或破坏者，要求环境损害赔偿，是对环境污染者或生态破坏者进行经济性惩罚，却试图用经济性环境损害赔偿代替环境功能甚至社会功能的修复，不能从根本上救济受损的环境公益。①

（二）生态环境民事公益诉讼导致司法权与行政权错位

生态环境违法行为背后，一定存在负有行政管理职责的行政机关，且该机关享有对违法行为行政管辖的优先权。换言之，现实中的污染、破坏环境和生态资源的行为往往处于某个行政机关的职权管辖之下。我国《中华人民共和国宪法》也确立了行政权在社会公共事务管理中的优先地位。

在环境与资源保护领域，第一位的主体关系是行政机关与行政相对人之间的行政管理关系，而法院居中裁判、原告和被告等当事方之间的司法关系是附属的、个案的第二位关系，是为了保障行政管理关系正常运转而存在。基于《中华人民共和国民事诉讼法》第五十八条，人民检察院和符合法律规定资质的社会组织可以直接对涉嫌违反环境与资源保护法律的行为人提起环境民事公益诉讼。此种情形下，第二位司法关系

① 梁春艳. 我国环境公益诉讼的模式选择 [J]. 郑州大学学报（哲学社会科学版），2015，48（6）：46-50.

就取代了行政管理关系成为第一位关系。[①]行政权是管理权，司法权是判断权，不能相互混淆。[②]司法权在环境公共利益问题上介入行政权权力范围，会引起权限划分和功能定位的冲突。[③]

（三）环境民事公益诉讼僭越司法权、虚化行政权，默认或放纵行政不作为

人民检察院不提起环境行政公益诉讼，而越过对环境保护负有监管职责的行政机关直接提起环境民事公益诉讼，会使环境行政机关成为环境民事公益诉讼中的“作壁上观”者，其环境行政权也将形同虚设。检察院不以环境公益诉讼敦促环境行政机关采取行政管理措施，而是对行政相对人提起环境民事公益诉讼，意味着对环境行政机关的不作为和怠政视而不见，结果是默认或放任了环境行政机关的不作为和怠政。[④]

2019 年辽宁省营口市中级人民法院王某案中，被告农民王某在辽宁省盖州市碧流河河道内挖了 3 个大水塘养鱼和蟹。营口市人民检察院以被告王某涉嫌危害堤防安全和河道行洪，向营口市中级人民法院提起环境公益民事诉讼，被告王某辩称“检察机关应优先选择环境行政公益诉讼，而非环境民事公益诉讼”，法院最后判决被告王某败诉。本案中王某与盖州市水利局之间存在行政管理关系，王某在河道内开挖水塘的行为，应当且事实上是由盖州市水利局管辖，法院居中裁判的王某与盖州市检察院等当事方之间的司法关系是第二位的关系，为保障王某与水利局之间的行政管理关系正常运转而存在。本案的营口检察院选择了对王

① 王曦.我国环境公益诉讼制度设计的弊端与改进[J].昆明理工大学学报（社会科学版），2021，21（1）：1-8.

② 博晓波.三元模式归于二元模式：论环境公益救济诉讼体系之重构[J].中国地质大学学报（社会科学版），2020，20（4）：34-47.

③ 王明远.论我国环境公益诉讼的发展方向：基于行政权与司法权关系理论的分析[J].中国法学，2016（1）：49-68.

④ 王曦.我国环境公益诉讼制度设计的弊端与改进[J].昆明理工大学学报（社会科学版），2021，21（1）：1-8.

某提起环境民事公益诉讼，而未对营口市水利局提起环境行政公益诉讼，其凭提起环境民事公益诉讼"冲到环境监管执法第一线"，事实上是用司法关系取代了处于社会公共事务管理第一位的行政管理关系，构成对地方政府水利行政权的否定和僭越。王某的环境违法行为，属于地方行政机关管辖的事项。公益维护是行政机关的首要职责，即使在公益诉讼中亦不得完全免除。[①]环境民事公益诉讼以私法规范来判断行为人违反公法规范行为应承担的公共责任，逻辑不通。[②]

（四）环境民事公益诉讼导致社会组织监督功能的扭曲

当前，《中华人民共和国环境保护法》仅授权符合法律规定的社会组织提起环境民事公益诉讼，但不允许其提起环境行政公益诉讼，导致符合法律规定的社会组织，即各类环保团体，无法通过提起行政诉讼监督政府环境行政与执法行为，其监督政府的功能扭曲成以提起环境民事诉讼辅助环境行政机关打击企业或其他组织、个人的工具。

环保团体维护环保公共利益，监督环境法律实施，其监督对象主要包括各级政府和企业。各级政府具有解决环境问题所需的技术和资源，是环境质量的第一责任主体，环境问题主要是政府不履行职责所致，环保组织应当把监督政府作为履职的首要手段。但在环境民事公益诉讼中，最应当接受环保团体监督的各级地方政府却不受监督、置身事外。

（五）生态环境损害赔偿诉讼与环境民事公益诉讼制度重合、衔接不畅

生态环境受损害后，环保组织或检察机关可能提起环境民事公益诉讼，政府或其指定的部门也可能提起生态环境损害赔偿诉讼，可能面临

① 巩固．环境民事公益诉讼性质定位省思[J]．法学研究，2019，41（3）：127-147.

② 龚学德．论公法制裁后环境民事公益诉讼中的重复责任[J]．行政法学研究，2019（5）：106-118.

"一损害两份求偿"。[①]生态环境损害赔偿诉讼与环境民事公益诉讼除了原告不同外，被告、案件事实和诉讼请求基本相同，在价值目标、制度功能、请求权基础、诉讼对象与诉求范围等方面无明显差异。例如，二者均以造成生态环境损害的环境污染或生态破坏行为人为被告；环境民事公益诉讼是为了保护环境公益，生态损害赔偿诉讼同样致力保障人民环境权益；除"恢复原状"与"修复生态环境"表述略有差异外，其他责任承担方式完全相同。二者并存会导致司法资源浪费，也会从理论到实践均产生冲突隐患，应予以优化整合。[②]

（六）环境行政公益诉讼中享有原告资格的主体单一

各级政府是保护环境公益法定义务的第一位责任人，其资源丰富，有专业技术及业务能力，管理环境具有规范性和权威性，且很多环境问题本身是地方政府决策失误、行政不作为或违法作为导致的。[③]监督政府履行环境监管职责是环境公益诉讼制度的应有之义。在当前环境民事公益诉讼、环境行政公益诉讼与环境生态损害赔偿诉讼中，除政府可能成为环境行政公益诉讼的被告外，其他诉讼多以生态环境损害行为人为被告，[④]对政府履职的监督明显不足。只允许检察机关提起环境行政公益诉讼，不利于发挥公众的力量，通过公众参与来监督政府环境履职，也会

---

① 例如，重庆藏金阁案、江苏德司达废硫酸处置案等，法院对环保组织提起的环境民事公益诉讼和政府提起的生态环境损害赔偿诉讼合并审理；泰州"天价赔偿"案中，泰州市环保联合会对污染企业提起环境民事公益诉讼，泰州市环保局也提出生态环境损害赔偿要求，法院则采用择一处理方式，最终作出环境民事公益诉讼判决。博晓波. 三元模式归于二元模式：论环境公益救济诉讼体系之重构 [J]. 中国地质大学学报（社会科学版），2020（7）.

② 博晓波. 三元模式归于二元模式：论环境公益救济诉讼体系之重构 [J]. 中国地质大学学报（社会科学版），2020，20（4）：34-47.

③ 博晓波. 三元模式归于二元模式：论环境公益救济诉讼体系之重构 [J]. 中国地质大学学报（社会科学版），2020，20（4）：34-47.

④ 博晓波. 三元模式归于二元模式：论环境公益救济诉讼体系之重构 [J]. 中国地质大学学报（社会科学版），2020，20（4）：34-47.

令检察机关陷入势单力薄之境地。

法律、法规、规章以及规范性文件关于行政机关法定职责的概括式规定同样属于行政机关履职尽责的内容，乡镇人民政府对辖区内环境保护具有监督管理职责，检察机关对其不依法履职行为可以提起行政公益诉讼。对确有错误的公益诉讼生效判决、裁定或者调解书，检察机关可以依法提出抗诉。检察机关提起行政公益诉讼，必须严格履行诉前程序，应当依法督促行政机关纠正违法行政行为、履行法定职责。发出检察建议是检察机关提起行政公益诉讼的前置程序，目的是增强行政机关纠正违法行政行为的主动性，有效节约司法资源。通过诉前程序推动侵害公益问题的解决，不仅是检察机关提起公益诉讼工作的重要内容，还是公益诉讼制度价值的重要体现。只有当行政机关应当纠正而拒不纠正，坚持不履行法定职责，致使国家和社会公共利益持续处于受侵害状态，检察机关才应当提起行政公益诉讼。检察机关提起行政公益诉讼仅是在公共利益严重受损而无相关救济渠道时的一种司法补救措施，具有救济性和终局性。

行政公益诉讼审理过程中，行政机关纠正违法行为或者依法履行职责而使人民检察院的诉讼请求实现的，人民检察院可以变更诉讼请求，请求判决确认行政行为违法，或者撤回起诉。检察机关提出检察建议和提起行政诉讼，目的都是督促涉案行政机关积极依法履行职责，有效维护国家和社会公共利益。

三、生态安全屏障建设中生态环境公益诉讼制度的完善路径

在生态安全屏障建设过程中，环境污染和破坏通常伴随着民事侵权与行政违法或不作为。由于在生态环境治理问题上存在“政府失灵”“管制俘获”可能性，地方政府与中央政府、下级政府与上级政府在短期目标上可能产生分歧，“以权力制衡权力”的生态环境行政公益诉讼成为必要。环境公益诉讼作为一种政治控制机制，与传统的政治控制机制相比，

一定程度上改变了上下级政府之间的信息不对称状况，与信访、“媒体曝光”等相比，更制度化、更平等且可预期。[①]基于我国生态环境公益诉讼制度在生态安全屏障建设实践中遇到的现实困境，笔者认为，应从以下三方面来完善我国的生态公益诉讼制度。

（一）贯彻行政优先解决原则，优化生态环境公益诉讼与环境行政执法的关系

当前需要处理环境公益诉讼和环境行政执法的关系。原告在提起环境民事或行政公益诉讼前，均应将公益诉求通知相应环境行政部门，环境行政部门在一定期限内不采取措施或采取措施不力而环境公共利益仍受损或受损害威胁时，方可诉至法院。[②]

当环境行政机关能通过行政执法来制止企业环境违法行为时，应当优先采用行政执法手段。当行政机关不履行职责时，检察机关既可以选择提起环境行政公益诉讼，又可以选择提起环境民事诉讼，不宜直接越过环境行政公益诉讼而径直提起环境民事诉讼，从而忽视对行政机关的监管，默示放纵行政不作为或怠政，而应根据具体案情、证据占有情况、诉讼成本承担能力等综合考量后再作选择。[③]

（二）赋予社会组织提起环境行政公益诉讼的权利

我国目前仅检察机关有权提起环境行政公益诉讼，而环保团体等社会组织、公民个人均无权提起，这不利于通过公众参与来监督政府环境履职，且将检察机关作为唯一起诉主体，难免势单力薄，若将其他主体纳入原告范围，则能形成合力，减轻检察机关工作负担，尤其是当检察

① 湛中乐，尹婷．环境行政公益诉讼的发展路径［J］．国家检察官学院学报，2017，25（2）:49-58，171.

② 徐以祥．我国环境公益诉讼的模式选择：兼评环境行政公益诉讼为主模式论［J］．西南民族大学学报（人文社科版），2017，38（10）：86-94.

③ 何江．环境公益诉讼程序协调论［D］．重庆：重庆大学，2019.

机关未能及时履职时，可以动用其他力量，更全面地督促执法者履责。[①]环保团体等社会组织参与环境行政公益诉讼，能及时、有效地敦促政府全面履职，与仅能在环境污染或生态破坏结果出现后方可对污染者或破坏者提起环境民事公益诉讼相比，效率更高、成本更低，也更符合预防原则与公众参与原则。[②]

（三）完善生态环境公益诉讼制度内部的职能分工和衔接

生态环境损害赔偿诉讼指国务院授权的省级、市地级政府及其指定的自然资源、环境保护等相关行政机关代表国家向造成生态环境损害的单位或个人提起的生态环境损害求偿之诉。其是特殊的环境民事公益诉讼，旨在对生态环境自身损害请求救济，不涉及人身或财产权益损害。[③]1985 年生态环境损害赔偿诉讼在海洋自然资源领域已有明确法律规定，2018 年起，全国试行生态环境损害赔偿制度。生态环境损害赔偿诉讼中，原、被告地位平等且不能以行政主体为被告。生态环境损害赔偿诉讼的原告之一是行政机关，其负有宪法规定的生态环境保护义务，提起诉讼是履行义务的体现，是国家以私人地位从事维护社会公共利益的行为，但在此过程中行政机关并未运用公权力，而是以民事主体身份行事。[④]

但是，应当限制生态环境损害赔偿的适用范围，不应无限度地扩大其启用范围，更不应将其作为一种普遍适用的制度。[⑤]社会组织提起环

① 博晓波. 三元模式归于二元模式：论环境公益救济诉讼体系之重构 [J]. 中国地质大学学报（社会科学版），2020，20（4）：34-47.

② 博晓波. 三元模式归于二元模式：论环境公益救济诉讼体系之重构 [J]. 中国地质大学学报（社会科学版），2020，20（4）：34-47.

③ 陈海嵩. 生态环境损害赔偿制度的反思与重构：宪法解释的视角 [J]. 东方法学，2018（6）：20-27.

④ 林莉红，邓嘉咏. 论生态环境损害赔偿诉讼与环境民事公益诉讼之关系定位 [J]. 南京工业大学学报（社会科学版），2020，19（1）：37-46，111.

⑤ 徐以祥. 我国环境公益诉讼的模式选择：兼评环境行政公益诉讼为主模式论 [J]. 西南民族大学学报（人文社科版），2017，38（10）：86-94.

境公益诉讼应成为核心构架，要改变目前仅允许其提起环境民事公益诉讼的做法，同时授权其提起环境行政公益诉讼；限定政府部门仅能提起以追究生态损害的损失赔偿为请求内容的民事公益诉讼；确定检察机关在民事公益诉讼领域内的补充作用，其依法提起环境民事公益诉讼和环境行政公益诉讼，在其发出检察建议后的一定期限内，若社会组织或政府机关提起了环境民事公益诉讼，则检察机关无须再提起民事公益诉讼；在其发出检察建议后一定期限内若行政机关仍不履行职责或撤销违法行为，则检察机关可以提起环境行政公益诉讼。[①]

第二节　生态行政责任追究制度之完善

自20世纪70年代以来，我国颁布实施了《中华人民共和国环境保护法》基本法，《中华人民共和国大气污染防治法》《中华人民共和国水污染防治法》《中华人民共和国环境影响评价法》等专门法律法规。2014年修订的《中华人民共和国环境保护法》授予环境行政主管部门环境治理方面的七项权力，即环境治理的财政投入权、环境标准和污染物排放标准的制定权、环境影响评价的实施权、现场检查权、排污许可权、环境信息发布权、环境违法行为处罚权。可见，地方政府是生态安全屏障建设的主要责任主体，但现行环境法律法规重地方政府环境权力、轻地方政府环境义务，重追究行政相对人责任、轻问责地方政府环境责任，导致地方政府不履行环境责任或履行环境责任不到位，[②] 这成为我国环境

① 徐以祥.我国环境公益诉讼的模式选择：兼评环境行政公益诉讼为主模式论[J].西南民族大学学报（人文社科版），2017，38（10）：86-94.

② 王柏东.我国政府环境问责问题研究[D].长春：吉林财经大学，2016.

治理的障碍。2006年的《环境保护违法违纪行为处分暂行规定》是首部关于环境行政问责的部门规章，[①]建立首个环境问责制度，即国家机关及其工作人员等，若有充当违法排污企业“保护伞”等违法违纪行为，将受到严格的责任追究和处分。我国现行《中华人民共和国环境保护法》第六条、第十条、第二十六条的规定直接或间接体现了环境问责制。[②]《中华人民共和国环境保护法》第六条确定了环境保护的属地责任，由地方人民政府对本行政区域内的环境质量负责；第十条规定了国务院环境保护主管部门、县级以上地方人民政府环境保护主管部门等对环境保护工作的监督管理责任；第二十六条确立了环境保护目标责任制和考核评价制度。《中华人民共和国环境保护法》第六十七条[③]规定了上级人民政府及其环境保护主管部门对下级环境保护工作的监督权力和义务，《中华人

① 周孜予.环境行政问责：基于法治要义的规范分析[J].南京大学学报（哲学·人文科学·社会科学），2015，52（5）：36-42.

② 《中华人民共和国环境保护法》第六条第二款规定：“地方各级人民政府应当对本行政区域的环境质量负责。”《中华人民共和国环境保护法》第十条规定：“国务院环境保护主管部门，对全国环境保护工作实施统一监督管理；县级以上地方人民政府环境保护主管部门，对本行政区域环境保护工作实施统一监督管理。县级以上人民政府有关部门和军队环境保护部门，依照有关法律的规定对资源保护和污染防治等环境保护工作实施监督管理。”《中华人民共和国环境保护法》第二十六条规定：“国家实行环境保护目标责任制和考核评价制度。县级以上人民政府应当将环境保护目标完成情况纳入对本级人民政府负有环境保护监督管理职责的部门及其负责人和下级人民政府及其负责人的考核内容，作为对其考核评价的重要依据。考核结果应当向社会公开。”

③ 《中华人民共和国环境保护法》第六十七条规定：“上级人民政府及其环境保护主管部门应当加强对下级人民政府及其有关部门环境保护工作的监督。发现有关工作人员有违法行为，依法应当给予处分的，应当向其任免机关或者监察机关提出处分建议。依法应当给予行政处罚，而有关环保保护主管部门不给予行政处罚的，上级人民政府环境保护主管部门可以直接作出行政处罚的决定。”

民共和国环境保护法》第六十八条[①]确立了主要负责人、直接负责的主管人员和其他直接责任人员的个人责任，即针对环境违法行为承担记过、记大过或者降级处分、撤职或者开除处分，以及主要负责人引咎辞职等责任。第六十八条具体规定了八种环境行政法律问责事由。[②]

一、生态安全屏障建设中的生态行政责任追究典型案例

笔者认真梳理了最高人民检察院发布的生态行政责任追究典型案例，而这些典型案例发生的原因分析及案件从提起诉讼到审理的过程，可以透视出生态行政责任追究的意义，以及对完善生态行政责任追究制度的启示。

（一）生活垃圾治理案例

案例名称：吉林省德惠市人民检察院督促履行环境保护监管职责行政公益诉讼案。[③]

① 《中华人民共和国环境保护法》第六十八条规定："地方各级人民政府、县级以上人民政府环境保护主管部门和其他负有环境保护监督管理职责的部门有下列行为之一的，对直接负责的主管人员和其他直接责任人员给予记过、记大过或者降级处分；造成严重后果的，给予撤职或者开除处分，其主要负责人应当引咎辞职：（一）不符合行政许可条件准予行政许可的；（二）对环境违法行为进行包庇的；（三）依法应当作出责令停业、关闭的决定而未作出的；（四）对超标排放污染物、采用逃避监管的方式排放污染物、造成环境事故以及不落实生态保护措施造成生态破坏等行为，发现或者接到举报未及时查处的；（五）违反本法规定，查封、扣押企业事业单位和其他生产经营者的设施、设备的；（六）篡改、伪造或者指使篡改、伪造监测数据的；（七）应当依法公开环境信息而未公开的；（八）将征收的排污费截留、挤占或者挪作他用的；（九）法律法规规定的其他违法行为。"

② 周孜予. 环境行政问责：基于法治要义的规范分析 [J]. 南京大学学报（哲学·人文科学·社会科学），2015，52（5）：36-42.

③ 最高人民检察院发布二十三起检察公益诉讼起诉典型案例之十四：吉林省德惠市人民检察院督促履行环境保护监管职责行政公益诉讼起诉案［EB/OL］.（2021-09-15）［2023-07-01］.https://www.pkulaw.com/pfnl/c05aeed05a57db0a46da3d45ea3692a22f1b92673b922213bdfb.html.

案情简介：

2017 年 3 月，吉林省德惠市人民检察院在开展专项活动中发现，德惠市朝阳乡境内存在擅自倾倒、堆放生活垃圾情况，涉案两处垃圾堆放场位于松花江围堤内，垃圾直接就地堆放，未作防渗漏、防扬散及无害化处理，散发出刺鼻气味，污染周边环境和水质，且对松花江汛期行洪产生影响，侵害了社会公共利益。2017 年 3 月 31 日，德惠市人民检察院决定立案并开展调查，调查取证结束后，德惠市人民检察院根据《中华人民共和国环境保护法》《固体废物污染环境防治法》《关于全面推进农村垃圾治理的指导意见》《长春市市容和环境卫生管理条例》《德惠市生态环境保护工作责任规定（试行）》等相关规定，于 2017 年 4 月 18 日向德惠市朝阳乡人民政府发出检察建议书，建议其依法履行统筹和监管职责，对涉案垃圾堆放场立即进行整治。2017 年 5 月 12 日，德惠市朝阳乡人民政府向德惠市人民检察院书面回复，称已制定整治方案。但德惠市人民检察院四次跟进调查发现，截至检察建议整改期满，德惠市朝阳乡人民政府虽有部分整改行为，但对违法形成的垃圾堆放场未进行彻底整治，公益侵害仍在持续。

2017 年 6 月 26 日，德惠市人民检察院就该案向德惠市人民法院提起行政公益诉讼，诉请：确认德惠市朝阳乡人民政府不履行对垃圾堆放场的监管职责违法；判令德惠市朝阳乡人民政府立即履行监管职责，对违法形成的垃圾堆放场进行治理，恢复原有的生态环境。德惠市人民法院一审认为，德惠市朝阳乡人民政府只对该事项负有管理职责，监管职责应由有关行政主管部门行使，德惠市朝阳乡人民政府不是本案适格的被告，裁定驳回起诉。2018 年 1 月 4 日，德惠市人民检察院提起上诉。长春市中级人民法院二审认为，《中华人民共和国行政诉讼法》第二十五条规定的“监督管理职责”不包括行政机关对生态环境进行治理的管理职责，而应限定在行政机关对破坏生态环境的违法行为进行制裁和处罚的范围内；相关法律、地方性法规虽然宏观规定了乡镇政府负责辖区内环境保护工作，但未明确具体应当如何履行，乡镇政府的履职情况应由上级政府奖励及问责。故朝阳乡政府是否履行清理垃圾的职责不受行政诉讼法调整；朝阳乡政府不是履行对破坏生态环境的违法行为进行制止和处罚的监督管理职责的责任主体，裁定驳回上诉，维持原裁定。

2018 年 6 月 25 日，吉林省人民检察院以审判监督程序就该案向吉林省高级人民法院提出抗诉。2019 年 12 月 30 日，吉林省高级人民法院作出再审行政裁定，认为检察机关抗诉理由成立。再审裁定：支持吉林省人民检察院的抗诉意见，裁定撤销一审、二审裁定，指定德惠市人民法院再审。2019 年 5 月 29 日，德惠市人民法院重新组成合议庭，再次审理本案。由于朝阳乡政府在本案二审期间对案涉垃圾进行了清理，德惠市院变更诉讼请求为确认德惠市朝阳乡人民政府不依法履行生活垃圾治理职责违法。德惠市人民法院重审认为，对于垃圾堆放等破坏辖区范围内环境卫生行为，朝阳乡政府应当依法履行监督管理职责，判决确认德惠市朝阳乡人民政府原不依法履行生活垃圾治理职责违法。朝阳乡人民政府未提出上诉。判决已生效。

本案是省级检察院按审判监督程序向省级法院提出抗诉的案件，历经一审、二审、抗诉再审、重审，成为行政公益诉讼案件的全流程样本。本案中，针对《中华人民共和国行政诉讼法》中第二十五条规定行政机关的监督管理职责应当如何理解、乡镇人民政府对辖区环境保护是否具有监督管理职责及是否属于行政公益诉讼的监督对象，检察机关、行政机关、审判机关在诉讼中曾存在较大的分歧。检察机关以保护公益为核心，立足法律监督职能定位，通过提起上诉、抗诉，依法推动乡镇人民政府准确认清自身职责，主动修复公益损害，也促成检法两家对行政诉讼法中有关行政机关监管职责的理解和认定形成共识，即法律、法规、规章以及规范性文件中关于行政机关法定职责的概括式规定也属于行政机关的法定义务范畴，并进一步明确了乡镇人民政府对辖区内环境卫生负有监督管理职责，属于行政公益诉讼监督范围，为共同推动完善基层治理体系建设贡献了司法力量。

（二）危险废物处置案例

案例名称：福建省清流县人民检察院诉清流县环保局行政公益诉讼案。[①]

案情简介：

2014年7月31日，福建省三明市清流县环保局会同县公安局现场制止刘某非法焚烧电子垃圾，当场查扣危险废物电子垃圾28 580千克并存放在附近的养猪场。2014年8月，清流县环保局将扣押的电子垃圾转移至不具有贮存危险废物条件的某公司仓库存放。2014年9月2日，清流县公安局对刘某涉嫌污染环境案刑事立案侦查，并于2015年5月5日作出扣押决定书，扣押刘某污染环境案中的危险废物电子垃圾。清流县环保局未将电子垃圾移交公安机关，于2015年5月12日将电子垃圾转移到不具有贮存危险废物条件的某公司仓库存放。因刘某涉嫌污染环境罪一案事实不清，证据不足，清流县人民检察院于2015年7月7日作出不起诉决定，并于7月9日向县环保局发出检察建议，建议其对扣押的电子垃圾和焚烧后的电子垃圾残留物进行无害化处置。2015年7月22日，清流县环保局回函称，拟将电子垃圾等危险废物交由有资质的单位处置。2015年12月16日，清流县人民检察院得知县环保局逾期仍未对扣押的电子垃圾和焚烧电子垃圾残留物进行无害化处置，也未对刘某作出行政处罚。清流县人民检察院经调查核实，没有公民、法人和其他社会组织因县环保局非法贮存危险物品而提起相关诉讼。

2015年12月21日，清流县人民检察院以公益诉讼人身份向清流县人民法院提起行政公益诉讼，诉求法院确认清流县环保局怠于履行职责行为违法并判决其依法履行职责。2015年12月29日，三明市中级人民法院作出行政裁定书，指定该案由明溪县人民法院管辖。2016年1月

① 最高人民检察院指导案检例第31号：福建省清流县人民检察院诉清流县环保局行政公益诉讼案[EB/OL].（2017-09-14）[2022-04-13].http://www.yasjicy.gov.cn/ms/article.html?id=984.

5 日，清流县环保局向三明市环保局提出危险废物跨市转移，并于 1 月 11 日得到批准。2016 年 1 月 18 日，清流县公安局告知县环保局，清流县人民检察院对犯罪嫌疑人刘某作出不起诉决定。1 月 23 日，清流县环保局对刘某作出责令停止生产并对焚烧现场残留物进行无害化处理及罚款 2 万元的行政处罚。同日，清流县环保局将涉案的 28 580 千克电子垃圾交由福建某环保技术有限公司处置。鉴于清流县环保局在诉讼期间已对刘某的违法行为进行行政处罚并依法处置危险废物，清流县人民检察院将诉讼请求变更为确认被告清流县环保局处置危险废物的行为违法。2016 年 3 月 1 日，明溪县人民法院依法作出一审判决，确认被告清流县环保局处置危险废物的行为违法。

（三）大气污染治理与扬尘污染控制案

案例名称：北京市通州区城市管理综合行政执法监察局等单位不依法履行职责案。[①]

案情简介：

2016 年 10 月 16 日，生态环境部公开通报了对北京市重污染天气应急响应的专项督查情况，其中明确指出通州区存在部分工地未按要求实施停工，扬尘污染没有得到有效控制的问题。北京市人民检察院指令通州区人民检察院对该通报中涉及通州区的相关情况进行调查，并将该案作为北京市检察机关行政检察部门开展大气污染防治专项监督活动中扬尘专项监督的线索进行挂牌督办。通州区人民检察院经调查核实发现，在 2016 年 10 月 14 日至 10 月 16 日本市空气重污染黄色预警期间，通州区七处施工工地未按规定采取抑尘措施，《通州区空气重污染应急预案》的执行未落到实处，相关行政机关未依法履行职责。

2016 年 10 月 28 日，通州区人民检察院依法向通州区城市管理综合

① 最高人民检察院公布 26 起检察机关提起公益诉讼试点工作典型案例［EB/OL］.（2017-06-30）［2023-06-23］.http://www.pkulaw.cn/fulltext_form.aspx?Db=chl&Gid=564a6425l4ddcl22bdfb&isFromV6=1.

行政执法监察局、通州区环境保护局发出检察建议，要求区城管执法局积极履行监管职责，尽快对扬尘违法行为依法进行查处，要求区环保局切实履行组织协调职责，确保《通州区空气重污染应急预案》执行到位、落到实处。

收到检察建议后，两行政机关高度重视，立即行动。通州区城市管理综合行政执法监察局迅速启动针对违法行为的查处程序，责令涉案工地限时整改，对施工裸露地面、易产生扬尘的沙土、水泥等物料全部加以苫布覆盖，并依法对相关责任单位和个人作出行政处罚，共处以罚款17万元。同时，该局各执法队实行24小时值班制，不断加强巡查和盯守力度，确保扬尘污染问题的发现和查处不留死角。通州区生态环境局通过增设微信、官网、电视、报纸等渠道拓宽下达预警指令的途径，根据黄、橙、红不同预警级别设立逐级严格的检查措施，确保各项应急措施落实到位。同时，该局加快完成对《通州区空气重污染应急预案》的修订和《通州区环境保护工作职责分工》的编制工作，并提交区政府常务会议审议通过。根据完善后的应急体系，区重污染应急领导小组成员范围从现有的30个部门增加至53个，应急指挥部成员级别提升至区长亲自担任总指挥。各相关单位的环境保护工作职责得到进一步明确，针对预警指令传达不到位、应急职责履行不到位、应急措施落实不到位等情形，将根据责任追究机制对相关单位和人员进行问责。通过上述措施，通州区在空气重污染预警期间发生的施工扬尘等环境违法行为被有效遏制，相关应急预案的执行机制也得到了进一步强化，有力地配合了北京的大气污染防治工作，维护了首都的蓝天。

二、完善生态行政责任追究的制度设计方案

对政府生态行政责任的追究①是目前我国追究生态监管机关法律责任

① 政府的生态行政责任追究是指生态保护监管机关及其公务员因违反生态法律规范所赋予的生态保护监管职责而由相关国家行政机关所给予的行政处分和其他不利的处理。

的主要形式。其追究途径主要是：执法监督、行政诉讼、行政复议；追究之后所要承担的法律后果是：具体行政行为被撤销、变更、被确认违法。我国政府生态行政责任追究对象包括主管领导和直接责任人员，而针对这些对象，一般适用的处罚是行政处分。除此之外，政府的生态行政责任追究制度还需要其他的内容来进行完善。

（一）完善政府生态行政责任的内部追究机制

生态行政责任追究机制就是在生态行政机关及其工作人员未履行生态职责或在履行职责的过程中滥用权力、违反法定职责和义务的情况下，由行政机关追究其行政法律责任，令其承担某种否定性后果的一种机制。目前，我国的行政责任追究机制包括上级行政机关的追究和行政监察部门的追究。

（1）明确生态行政责任内部追究机制的实施机关。目前，对政府工作人员环境行政责任的追究是以实施违法环境行政行为的工作人员的任免机关和同级监察机关平行形式的监督及处罚职权为基础的，这种安排使得执法监督缺乏统一的监督和实施主体，不利于责任追究的开展。因此，有必要对现有责任追究主体的关系进行梳理。监察部门按照权限进行统一监督和行政责任追究，各相关任免行政机关分工负责。监察机关在职权范围内可以直接进行责任追究，任免机关也可以按照管理权限完成责任追究，但是如果其他部门未按照规定怠于追究责任或违法追究责任，监察机关可以以出具监察建议的形式对其进行监督。同时，可以由各级人民政府按照相应的职权负责环境行政工作人员行政责任的内部追究。

（2）完善生态行政责任追究的调查机制。在监察机关或公务员的任免机关对违法环境行政行为进行调查时，要注意全面调查行为在实体和程序两方面是否存在违法。目前，我国尚没有统一的行政程序法律文件，事实上程序对于保障环境行政行为的及时和适当具有重要意义，因此完善的调查机制应当包含对行政行为作出程序调查。调查的目的是确认工作人员的主观恶意、行为的危害性以及危害结果，但也不应仅限于此，调查亦可以化解相对人与环境行政主体之间在违法行政行为做出后所存在的矛盾。可以考虑将责任追究中的调查与行政复议、行政诉讼以及信访等结合起来，在处理相对人异议的同时，完成可能存在的执法人员过错行为的调查以及确认，既可提高责任追究的效率，也可以保障相对人的权益。

（3）严格责任划分。在追究政府相关人员的生态行政责任时，应重点区分领导责任和非领导责任，这样在作出行政处分时便有了依据，什么岗位的工作人员承担什么责任一目了然，可以避免遗漏应该承担法律责任的工作人员，更可以保护本不应该承担法律责任的工作人员，一定程度上解决目前立法中责任条款模糊、操作性差的问题。

（二）增加法律责任形式—暂停某项生态监管职权

政府生态责任监管存在一些缺陷，主要是因为其选择重经济利益轻非经济利益、重局部利益轻整体利益。这样，生态监管机构的行政体制和中央与地方的财政分配体制并不有利于地方生态监管机关实施自己的监管职能，而要改变这种现状，就必须寻找新的替代方式。实际当中，可以采取暂停地方监管机关的某项职权而由中央监管机关取而代之这种处罚措施，即在《中华人民共和国环境保护法》中有关法律责任这一章节中明确规定：若有地方生态质量不达标或者生态监管部门没有实际履行自己的职责，可以暂停该生态监管部门的某项职权，直到实现环保目标为止。

（三）完善生态行政问责制度

生态行政问责制是依据一定的法定程序对政府部门积极履行环保责任情况进行绩效考核，就应承担环保责任的各级地方政府、政府部门主要负责人及其他相关公职人员由于行政不作为等原因造成的违法失职行为，依法追究其行政责任的法律制度。①生态行政问责，是行政系统内

① 王朝梁.中国酸雨污染治理法律机制研究[M].北京：中国政法大学出版社，2012：3-6.

部自我约束的一种同体问责机制，旨在保证政府依法行政、在环境法治基础上追求和实现环境善治。[①]生态行政问责法律制度随着政府环境保护责任制、环境保护目标责任制与考核评价制度、环境保护行政约谈制度，以及环境保护综合督查制度和中央环保督察制度的建立而逐步发展起来。[②]

20世纪90年代，我国环境风险与环境污染开始出现，21世纪初突发环境事件频频发生。[③]重大突发环境事件行政问责中，问责主体以上级行政机关和党委为主，问责对象主要是处、科级行政正副职及科员等，问责原因多为工作失职，问责结果以行政记过、行政撤职居多，集体问责与个人问责并重，但存在归责原则不合法，同体问责主体监督不到位，问责对象不明、权责不清，问责范围太抽象，问责结果避重就轻，问责程序不具体、不公开等问题。[④]目前，启动问责程序的基本条件包括地方政府追逐自身利益而引发的决策失误、干预环境执法和明显的环境不作为。环境行政问责，包括在法律、法规或规章对行为义务有明确规定时，依法追究相关人员的法律责任，如行政处分，以及违法情节或后果严重情形下的刑事责任；法律、法规或规章对行为义务没有明确规定时，仅出于决策失误或环保政绩低劣，而追究相关人员的政治责任；在违法前提下同时追究相关人员的法律责任和政治责任。[⑤]

---

① 周孜予. 环境行政问责：基于法治要义的规范分析[J]. 南京大学学报（哲学·人文科学·社会科学），2015，52（5）：36-42.

② 兰莹. 论我国环境行政问责法律制度的完善[D]. 武汉：武汉大学，2019.

③ 向佐群，张思琪.2010年以来我国重大突发环境事件行政问责实证研究[J]. 中南林业科技大学学报（社会科学版），2018，12（5）：41-48.

④ 向佐群，张思琪.2010年以来我国重大突发环境事件行政问责实证研究[J]. 中南林业科技大学学报（社会科学版），2018，12（5）：41-48.

⑤ 向佐群，张思琪.2010年以来我国重大突发环境事件行政问责实证研究[J]. 中南林业科技大学学报（社会科学版），2018，12（5）：41-48.

（四）健全生态环保督察制度

环保督察制度是行政权力体系内部自我革新的一种内部监督机制，为克服环保治理领域的权力“科层制”弊端而出现，由党中央与中央政府的“党政”双向行政权力避免常规型治理方式失败，以非常规权力（即政治权威）来实现特定环保任务，[①]以权力制约与监督方式，解决地方治理失灵问题。[②]早期区域环保督察制度的建立是为了解决地方各自为政、跨域治理难题，但未能发挥督查效力，[③]后续才由“区域督查”上升为“中央督察”。环保督察制度经历从“督企”到“督政”，再到“党政同责”的过程，最后由“督查”转型为“督察”。[④]中央环保督察将环境保护转化为政治任务，并上升为国家行动，强化权威治理，[⑤]党中央、国务院代表的中央“专断性权力”督察地方党委、政府在环境保护工作中的履职情况。[⑥]环保督察结合问责机制，呈现公众诉求回应型问责逻辑。具体而言，其以公众举报为信息来源，梳理后转交地方办理，要求地方政府及时调查处理，向社会公众公布问责决定；通过问责，回应行政过程和结果的质疑，及时公开追责结果，有效保障社会公众的参与权、知情权，回应公众关切。环保督察问责理性增加地方政府履职压力，倒逼政府整

① 戚建刚，余海洋.论作为运动型治理机制之“中央环保督察制度”：兼与陈海嵩教授商榷[J].理论探讨，2018（2）：157-164.

② 刘奇，张金池.基于比较分析的中央环保督察制度研究[J].环境保护，2018，46（11）：51-54.

③ 陈晓红，蔡思佳，汪阳洁.我国生态环境监管体系的制度变迁逻辑与启示[J].管理世界，2020，36（11）：160-172.

④ 陈海嵩.环保督察制度法治化：定位、困境及其出路[J].法学评论，2017，35（3）：176-187.

⑤ 郭施宏.中央环保督察的制度逻辑与延续：基于督察制度的比较研究[J].中国特色社会主义研究，2019（5）：83-91.

⑥ 陈海嵩.环保督察制度法治化：定位、困境及其出路[J].法学评论，2017，35（3）：176-187.

改并对社会公众利益负责。[①]

第三节 生态刑事责任追究制度之完善

生态刑事责任属于刑事责任的一种，是指行为人因其危害环境行为所应承受的、由司法机关根据环境刑法对该行为所作的否定性评价和对行为人进行的谴责；责任内容方面除了否定环境犯罪和谴责环境犯罪人以外，还包括恢复环境、提高环境治理和最大限度地保护公民的环境权，亦即不仅包括对环境犯罪人的刑事负担（严厉惩罚环境犯罪），还包括服务于预防环境犯罪必要性的其他途径（有效预防环境犯罪）；责任实现方式方面包括自由刑、罚金，同时赔偿经济损失、予以行政处罚或行政处分等非刑罚方法[②]也发挥重要作用，呈现责任实现方式多元化，表现出惩罚性和预防性并重、人身性和经济性并重、剥夺性和补偿性并重的特点。[③]

① 王灿发，周鹏.环保督察问责机制困局与消弭径路[J].湘潭大学学报（哲学社会科学版），2021，45（6）：61-64.

② 根据我国《中华人民共和国刑法》第三十六条和第三十七条规定，非刑罚处罚方法有判处赔偿经济损失、训诫、责令具结悔过、赔礼道歉，以及由主管部门予以行政处罚或行政处分等，当危害环境行为已构成犯罪，但情节轻微，不需要运用刑事处罚，或者单纯适用刑罚不足以实现刑罚目的、需要刑罚以外的方法配合时，可以考虑采用这些非刑罚处理方法；我国《中华人民共和国环境保护法》《中华人民共和国大气污染防治法》《中华人民共和国水污染防治法》等环节行政法规定了警告、罚款、责令停止生产或使用、责令停业、关闭、责令拆除或没收等多种行政处罚。

③ 李冠煜.环境犯罪刑事责任新论[J].时代法学，2015，13（5）：35-42.

一、生态安全屏障建设中生态刑事责任追究典型案例

（一）非法采矿罪：李某某非法采矿案[①]

2014年至2020年5月期间，以李某某为首的恶势力犯罪团伙在肇庆某石灰岩矿场等地越界、超量开采石灰岩，开采销售超出核准总量200多万吨，销售价值达数千万元，并实施多起刑事犯罪，严重破坏当地经济社会秩序。李某某等人非法采矿行为导致国家矿产资源流失、矿区植被破坏，石灰岩矿场存在严重的安全生产隐患。

佛山市南海区人民检察院以李某某构成非法采矿罪等提起公诉。佛山市中级人民法院生效裁判认为，李某某超出许可范围严重超量开采石灰岩，对超量开采部分足以认定为未取得采矿许可证开采矿产资源的情形，对李某某以非法采矿罪等数罪并罚，判处其有期徒刑二十二年，并处罚金440万元，责令退赔数千万元的违法所得。

（二）提供虚假证明文件罪：某检测公司、罗某某等人提供虚假证明文件案[②]

2020年至2021年8月，某检测公司、罗某某等人为获取更多客户和利润，在开展环境检测业务过程中弄虚作假，通过伪造或篡改监测数据，为部分客户出具虚假的环境检测报告。经对该公司300余份检测报告进行核验，发现80份存在弄虚作假行为，涉及45家排污单位，涉案金额66.49万元。

广东省中山市第一市区人民检察院以检测公司、罗某某等人构成提供虚假证明文件罪提起公诉。中山市第一人民法院生效裁判认为，检测公司作为承担环境监测职责的中介机构，罗某某等人身为公司主管人员，

① 广东高院发布服务保障绿美广东生态建设典型案例［EB/OL］.（2023-06-02）［2023-06-23］.https://www.gdzf.org.cn/zwgd/content/post_133865.html.

② 广东高院发布服务保障绿美广东生态建设典型案例［EB/OL］.（2023-06-02）［2023-06-23］.https://www.gdzf.org.cn/zwgd/content/post_133865.html.

故意提供虚假证明文件，情节严重，均构成提供虚假证明文件罪，判处该公司罚金20万元，罗某某等人有期徒刑一年九个月至一年二个月不等，并处罚金。

（三）滥伐林木罪：梁某滥伐林木刑事案[①]

2019年7月至10月间，梁某在没有办理林木采伐许可证的情况下，擅自雇请人员砍伐山场林木32.8立方米并销售，造成7.7亩（约0.005 13平方千米）生态公益林被破坏，至今没有进行抚育复绿。

检察机关对梁某提起公诉及刑事附带民事公益诉讼。广东省云浮市郁南县人民法院审理认为，梁某违反《中华人民共和国森林法》的规定，在未取得林木采伐许可证的情况下滥伐林木，其行为已构成滥伐林木罪，判处有期徒刑六个月，并处罚金8 000元。因梁某无证砍伐山场林木，破坏了生态环境，损害了社会公共利益，依法应当承担破坏生态公益林的复绿抚育费用1万元。

（四）污染环境罪：周某非法倾倒危险废物案[②]

2018年8月，生态环境局发现周某擅自在陈江街道一公路边倾倒工业废物，经过对倾倒物采样检测，确定为危险废物。生态环境局委托相关处置单位对倾倒物采取应急处理措施，对现场工业废物进行清理，支付了207 944元的应急处置费用，并将周某涉嫌环境污染刑事犯罪的犯罪线索移送公安机关。后周某因违反国家规定，非法倾倒危险废物共计30.58吨，被人民法院以污染环境罪判处有期徒刑十个月。

非法倾倒危险废物严重污染环境，除依法承担刑事责任，还需承担

① 广东法院环境资源司法保护十大典型案例[EB/OL].(2021-06-04)[2023-06-23].http://w ww.gdcourts.gov.cn/gsxx/quanweifabu/anlihuicui/content/mpost_1047104.html.

② 广东省惠州市惠城区人民法院发布涉环境资源保护六大典型案例[EB/OL].(2022-09-15)[2023-06-23].https://www.pkulaw.com/pal/a3ecfd5d734f711d100522eabb6ef14020b811e1803b697fbdfb.html?way=listView.

民事赔偿责任。生态环境局就周某污染环境行为导致生态环境局为此支付的监测、评估、应急处置费用共计 236 284 元，对周某提起环境污染损害赔偿民事诉讼。本案在审理过程中，经法院主持调解，生态环境局与周某达成调解协议，确定周某应于 2022 年 4 月 30 日前分两期向生态环境局支付危险废物应急处理费 207 944 元、检测费 8 340 元、评估费 20 000 元，合计 236 284 元等。法院依法制作了民事调解书。

二、生态刑事责任追究制度在生态安全屏障建设中的法治困境

（一）生态环境刑事责任归责制度的法治困境

依据《中华人民共和国刑法》的规定，我国的生态环境刑事责任以过错责任原则为指导。因此，责任承担的原则是生态环境刑事处罚的必要条件，属于法律规定的归责制度。导致生态环境犯罪的原因随着社会的不断发展呈现多元化趋势，单一的归责方式已经不能满足实践的需要。首先，主观过错举证难。行为人主观上是否故意方面的举证有很大的现实困难。如果客观上没有证据能够证明主观方面的过错，那么主观认定的限制会影响司法程序的继续。而且生态环境犯罪具有长期性、潜在性等特点，犯罪行为造成的损害结果在短时期内不能完全恢复，受损的经济利益得不到应有的补偿，生态环境不能保持原始的、良好的生态效能，致使环境与人类之间的平衡被打破。其次，主观无过错证明难。主观过错证明中的举证困难显然高于客观证明中的举证困难。若存在主观确实没有恶意，对损害结果的发生也不存在放任或者期望发生的心理活动，仅仅因为无法证明主观没有过错就要承担刑事责任，这显然不公平也不利于生态环境刑法发挥特殊预防的作用，也会导致行为主体产生消极情绪，使其在生态环境治理工作中带有抵触情绪。最后，严格责任有失公允。生态环境刑法要求通过刑事处罚有效地预防和惩罚生态环境犯罪，保障被害人的合法权益，恢复生态环境的生态功能，如果无视行为主体的主观因素在犯罪中扮演的角色，一概而论地进行刑事处罚难免有失公

平。对于主观不存在过错的行为主体，剥夺其无罪辩护的权利而直接因其行为导致的结果定罪，与现存的责任体制有出入，不利于生态环境刑事责任体系的完善和改革，不能营造一个良好、稳定的社会环境。①

（二）生态环境刑事责任证据认定的法治困境

我国生态环境刑事责任认定的标准基础是“以事实为依据，以法律为准绳”，由此可知证据在生态环境刑事责任认定过程中起到决定性的作用。侦查机关予以立案的前提必须是有证据可以对案件的存在进行证明；检察机关提起公诉的基础是证据不存在违法性，并且与案件具有关联性，呈现真实性；审判机关在庭审中必须进行质证，因此必须正视司法实践中显示出的证据认定的缺陷。一方面，生态环境刑事责任证据存在片面性。生态环境犯罪与其他犯罪最显著的区别就在于时效性，也就是说生态环境犯罪行为一旦出现必须在第一时间对证据予以保护，对现场进行勘察，进而才能开展后续的追责程序。但是生态环境犯罪行为破坏力强、涉及范围广，如何在短时间对证据进行妥善的保存在实践操作中的确存在难度。因此，为了提高办案效率，在主观性的作用下，必然会倾向收集违法、有罪证据，而忽视合法、无罪证据。进而将过于片面的证据作为认定犯罪的依据。另一方面，认定生态环境刑事责任过程中，获取证据的手段可能存在违法性。我国法律明确规定通过非法手段获取的证据，不论是否能够证明犯罪行为均不得认定为有效证据。司法实践中，在收集、获取生态环境犯罪证据过程中，为了提高破案率通过不合法的手段获取的证据没有经过严格的审核就出现在审判中，显然不符合我国关于证据适用的原则。②

（三）生态刑事责任追责范围的法治困境

《中华人民共和国刑法修正案（九）》的亮点在于扩大了生态环境法

---

① 黄静文. 论环境刑事责任的发展与完善[D]. 兰州：甘肃政法学院，2018.

② 黄静文. 论环境刑事责任的发展与完善[D]. 兰州：甘肃政法学院，2018.

益的保护范围，如矿产资源、固体废物的处理方式，以及对大气、土地等资源的保护措施等。生态环境作为一个有机整体，各类因素相互影响、相互协调，共同作用于生态系统，破坏、污染系统中任何一个因素都会破坏整个系统的稳定性，影响生态系统的正常运转，乃至改变生态系统的状态。目前，我国的生态环境刑事立法并未考虑到这些方面，仅仅针对污染的直接目标提供法律保护，并未在立法中体现出应当具有的全面性。一方面，根据《中华人民共和国刑法》对生态环境犯罪所作的14项规定可知，生态环境刑事立法保护的生态环境要素有限，部分生态环境违法行为无法定罪；另一方面，我国幅员辽阔、资源丰富，在拥有各类稀有资源的国家中居于前列，但仅依靠《中华人民共和国刑法》对庞大的资源进行保护和行为规制，只对矿产、水产、林木等自然环境中部分资源予以法律规定，难免有失公平，进而导致未被《中华人民共和国刑法》纳入保护范围的其余自然资源受到不利影响。现行的涉及生态环境不同领域的法律，是基于已经发生的生态环境污染案件，通过对暴露的生态环境问题反思制定出的有针对性的单行法。很显然，仍有部分生态环境领域存在制度缺失，没有相关的生态环境刑事法律对破坏自然资源、污染生态环境的具体行为予以规制。①

（四）生态刑事责任实现方式的法治困境

（1）生态环境刑罚处罚方式单一。在现实中，针对生态环境犯罪的刑罚没有达到预期的作用，并不能有效地遏制生态环境刑事犯罪行为的发生。我国对生态环境刑事责任的规定以自由刑为主，并适用罚金，对单位实行双罚制。但是，罚金的广泛适用无法从根本上改善生态环境破坏的现状，过于依赖经济处罚不能恢复生态环境的生态功能，对未发生的生态环境违法行为所起到的威慑作用也微乎其微。生态环境犯罪多以单位为主体，鉴于单位的特性，经济处罚对于打击类似的生态环境犯罪

① 黄静文.论环境刑事责任的发展与完善[D].兰州：甘肃政法学院，2018.

力度远远不够，这也使得刑罚在实践中无法发挥应有的作用。对于生态环境犯罪的刑事处罚方式，《中华人民共和国刑法》中的设置较为单一，不利于刑罚功能的实现。

（2）实践中生态环境刑罚处罚的威慑作用不足。目前，我国的生态环境刑罚处罚的威慑力与其他犯罪的刑罚处罚威慑力相比并不突出。但是，生态环境犯罪造成的影响却是广泛和深刻的。生态环境犯罪侵犯的是生态环境法益，直接作用于人类生存的生态环境，侵害的是具体的生态环境要素，造成的生态环境破坏后果可能持续影响生态环境、社会环境，甚至会影响正常的社会秩序和社会稳定发展。解决生态环境问题时不能将经济利益放在首位，而更应该关注生态环境的生态效能是否能够得到最大限度的发挥，是否能够维系人与自然的和谐相处模式。①

（3）生态环境非刑罚处罚方式缺乏实践性。从刑事立法的现状来看，虽对生态环境刑事处罚方式作了具体规定，但是形式单一，不适应生态环境犯罪的特殊性，实践中应用的具体措施也不能有效地预防和惩治生态环境犯罪。②我国关于非刑罚的处罚方式规定在《中华人民共和国刑法》总则第三十七条，包括予以训诫或者责令具结悔过、赔礼道歉、赔偿损失、行政处罚和行政处分。《中华人民共和国刑法》总则的规定同样适用于生态环境犯罪。生态环境犯罪复杂且具体，危害结果不仅涉及生态环境，还会对文明社会的发展产生影响，笼统的规定在生态环境犯罪预防方面显得力不从心。生态环境犯罪多数都是为了经济利益而牺牲生态环境利益，而上述处罚方式操作的可行性有所局限。非刑罚处罚的意义是通过改变行为主体对待生态环境的态度，引起社会对该类行为的反思。所以，非刑罚的处罚方式缺乏实践性，无法达到真正打击生态环境犯罪、警告行为主体的目的。

---

① 黄静文.论环境刑事责任的发展与完善[D].兰州：甘肃政法学院，2018.

② 王振生.刑罚个别化问题再研究[J].政治与法律，2007（2）：110-115.

（4）缺乏对生态环境犯罪非刑罚措施执行的专门监督。《中华人民共和国刑事诉讼法》对刑事处罚的执行监督明确规定，但是对于非刑罚处罚的监督却未作相应的规定。但是，司法实践中已经出现生态环境刑事公益诉讼，法律中也将检察机关在生态环境犯罪中的作用通过法条的形式规定了下来。对生态环境犯罪行为作出刑事处罚是惩治犯罪的第一步，保证判决的执行才是减少以及预防生态环境犯罪的根本。对于任何生态环境犯罪作出非刑罚处罚决定后，如果在执行中缺乏监督，不可避免会出现执法不严甚至执法不公的现象，从而使判决失去对惩治生态环境犯罪的实质效用。《中华人民共和国刑事诉讼法》中对生态环境非刑罚处罚方式的监督执行未作规定，行为主体如果仅仅是为了暂时逃避承担刑事责任而接受处罚，那么就失去了设置非刑罚处罚的意义。所以，执行中发挥监督机关的作用是必要的。①

三、生态安全屏障建设中生态刑事责任追究制度的完善路径

（一）完善生态环境刑事证据制度

（1）规范收集生态环境刑事责任证据的主体。对收集证据的主体予以法律上的适格认定是环境刑事证据能够在环境刑事责任认定过程中发挥重要作用的前提。②生态环境犯罪不同于其他社会犯罪，在我国只有检察机关、符合法律规定的社会公益组织有权提起生态环境公益诉讼，因此收集生态环境犯罪的主体也应当与提起诉讼的主体一致，才能保证收集、获取证据的过程中减少或者避免违法证据。因此，收集环境刑事责任证据的主体应当包括公安机关、检察机关、符合法律规定的社会公益组织等。

（2）完善收集生态环境刑事责任证据的过程。生态环境刑事责任认

① 黄静文．论环境刑事责任的发展与完善［D］．兰州：甘肃政法学院，2018.

② 赵旭光．生态环境执法与刑事司法衔接中的证据问题及解决［J］．证据科学，2017，25（5）：547-557.

定中的证据是决定行为主体能否承担刑事责任、承担何种刑事责任、如何承担刑事责任的关键。因此，取证过程必须严格依照程序进行。有权取证的侦查机关获取证据后必须立刻对证据进行有效的保存，防止证据被破坏、污染，保证证据的真实性；检察机关获取移交的证据后应当书面记录收到证据的详细清单，并对证据的客观性、真实性、合法性作进一步的调查；审判机关在庭审中应当对证据进行严格的质证，确保证据是符合法律规定并且能够证明案件事实的依据。

（二）完善生态环境刑事责任范围

（1）扩大破坏生态环境行为的入刑范围。依据我国现有法律对生态环境保护和治理的有关规定，生态环境犯罪的入刑范围亟待细化。例如，水、土地、大气、海洋等自然要素，以及各类生物多样性受到刑法保护，这种片面的入罪规定不能为生态环境的所有领域提供法律保障，从而导致造成危害后果的行为无法入刑，其中包括光污染、噪声污染、辐射污染等。因此，扩大破坏环境犯罪的入刑范围，能够使犯罪分子得到应有的惩罚。

（2）增设生态环境刑事处罚的种类——资格刑。《中华人民共和国刑法》关于生态环境刑事处罚的种类仅有自由刑和财产刑，但是生态环境区别于其他刑法保护对象最关键的一点就是生态环境危害后果具有潜伏期，没有即时性，但这并不意味着不会出现与行为实施后即刻表现出的相同程度的损害事实。基于刑法的基本原则和方式，应当增设资格刑与现有的刑罚方式共同适用。例如，自然人生态环境犯罪中增设“限期内不得从事”“剥夺经营资质”等限制或剥夺某项资格的处罚；单位生态环境犯罪中增设“剥夺申请进入某领域的资格”“禁止从事生产某类产品”等资格处罚。[①]

① 黄静文.论环境刑事责任的发展与完善[D].兰州：甘肃政法学院，2018.

（三）健全生态环境刑事责任追究制度

（1）确立宽严相济的生态环境刑事政策。政策是实施法律的政治保障和社会基础，而生态环境刑事政策是我国政策的重要组成部分，也是生态环境刑事责任追究体系的保障，是刑事政策和生态环境政策的具体表现。因此，建立一套区别于过去忽视生态环境保护、生态环境治理的宽严相济、有所侧重的生态环境刑事政策是社会发展的必然要求。

（2）加大生态环境监管失职犯罪行为的移送侦办力度。生态环境犯罪的危害性在于行为导致的损害结果难以用金钱衡量，而行政机关不作为或者作为导致的生态环境破坏后果应受到惩罚。例如，依据《行政执法机关移送涉嫌犯罪案件的规定》（以下简称《规定》）第六条，移送涉嫌生态环境犯罪案件是生态环境保护部门应尽的法律义务，移送案件时应当将相应材料整理齐备，该《规定》第十一条还明确了应当移送的生态环境犯罪案件，如果生态环保部门应做而不做则要为其不作为承担生态环境监管失职的责任。同时，《规定》第十四条规定，生态环境监督机关是我国的检察机关和和监察机关，在实施监督的过程中必须保证公平，对于生态环保部门移送的材料予以严格审查，确实存在的生态环境犯罪事实，依法予以行政处分或者予以刑事追究。①

（四）积极推进刑事生态修复责任

2016年，《最高人民法院关于充分发挥审判职能作用为推进生态文明建设与绿色发展提供司法服务和保障的意见》明确要求司法机关“落实以生态环境修复为中心的损害救济制度，统筹适用刑事、民事、行政责任，最大限度修复生态环境”。根据2019年《最高人民法院关于审理生态环境损害赔偿案件的若干规定（试行）》第十一、十二条，被告违反法律法规污染环境、破坏生态，且受损生态环境能够修复的，人民法院应当依法判决被告承担修复责任。

① 黄静文.论环境刑事责任的发展与完善[D].兰州：甘肃政法学院，2018.

随着恢复性司法理念的广泛深入与应用，越来越多国家在生态环境犯罪的惩罚与治理中选择追究被告人刑罚性质的生态环境修复责任，即判处被告人以特定方式、按特定要求修复受损生态环境，并以此为条件换取在一定程度上从轻或减轻自由刑的刑罚。遵循恢复性司法理念，是基于我国生态文明建设的需要，新时代的刑罚体系必须适用既能修复生态损害又具有刑罚性质与功能的刑事责任形式。在刑事生态修复责任制度设计上，既要考虑责任的类型，也要考虑适用的条件。[①]

① 宁清同.刑事生态修复责任初论[J]，深圳社会科学，2022，5（1）：96-111，125.

研究结论

研究立足生态安全屏障建设的整体性、系统性、跨区域性、负外部性特征，始终坚持问题导向、过程导向和目标导向，以解决生态安全屏障建设实际问题，服务生态安全屏障法律保障实践为宗旨。遵循提出问题（第一章）—分析问题（第二章、第三章、第四章）—解决问题（第五章、第六章、第七章）的研究思路，剖析生态安全屏障建设法律保障的规律性与特殊性，力求构建服务于生态安全屏障建设实践的法律制度体系，最终形成如下研究结论。

一、优化多元协同机制，打造生态安全屏障建设合力

生态安全屏障建设的特殊性在于其具有整体性、跨区域性、负外部性，是一项需要政府、企业、社会公众协作共建的系统性工程。生态安全屏障建设需要依托既有生态治理机制。尽管人们一直强调从“生态管制”到“生态治理”的理念转变，但现行生态治理机制在实际转型过程中仍然沿用传统科层制体系下“命令—控制”的权威式逻辑。例如，中央环保督察制度、河长制等制度创新原本旨在加强多元主体间的协作，但其背后仍是高压力型体制下压力层层传导的权力内核，本质仍然是依

靠行政权威，依靠中央或上级领导的权威来推动地方协作，与原本的制度设计初衷相违背。生态安全屏障法治建设需要克服现行生态环境治理体制诸如统管与分管部门职责权限划分不清、条块分割与府际权责不对等不合作等弊端。生态安全屏障建设的系统性、跨区域性特征，决定了生态安全屏障法治建设应坚持协同治理机制，协同治理机制是对政府管制型、市场调控型、企业自愿型、多中心共治型等生态环境治理机制的优化。协同治理机制强调政府、企业与社会公众协同参与，共享信息、共享权力，共同决策和共同行动。

二、提升政府协作方式，突破生态安全屏障建设瓶颈

中央与地方政府间的协作障碍表现为央地关系构成事实上的委托代理关系，但带来央地环境规制信息不对称与信息失真、中央政府“理性的无知”与地方政府的“道德风险”；央地间动态博弈存在利益分歧与目标差异，央地财政分权导致央地政府间环境规制的策略博弈，财政分权又叠加府际竞争，导致地方政府监管“竞相逐底”，最终产生环境规制悖论——规制俘获、规制失灵、规制软化以及环境政策制定与执行层面的非预期结果；地方政府间协作障碍表现为地方政府在生态安全屏障建设整体目标上的偏好差异、合作成员间权力实质不平等与影响力不均衡、府际竞争导致的利益博弈冲突、监管体制破碎、合作考核评价缺失等因素均制约着地方政府在生态安全屏障建设上的协作；政府各职能部门间协作障碍表现为现行管理体制的分割性与碎片化、公共权力部门化以及环境规制碎片化，部门间资源共享和互相依赖程度低、部门合理性和合法性压力较小等，造成部门间合作需求缺乏，长期合作关系难以建立，多由高层机构凭行政权威使各职能部门临时、短期性合作。践行生态安全屏障建设多元协同治理机制的关键是创新政府协作方式，从法律层面完善以“助推式”和“激励式”为核心的政府协作制度设计，将当前运动式、短期性的政府高层权威与权力驱动的合作形式转变为常态化、

规范运行的长效合作机制。

三、创新主体激励手段，激发生态安全屏障建设动能

地方政府在政绩考核下的经济发展动机强烈，同时现行财税体制下财政压力加大，环境激励不足而经济增长激励占优，使中央与地方政府的激励错配；企业作为生态安全屏障建设的市场主体，要承担节能降耗、治污减排的责任，然而当前企业社会责任制度激励不足，站在生态治理的对立面，同时地方政府追求经济利益最大化，因此出现政企合谋，使地方政府与企业之间产生激励阻滞；社会公众作为社会主体，其参与不可或缺，但因缺乏参与环境治理制度保障、有效意见表达渠道和系统的环境教育，其参与程度低且行动力弱，而社会环保组织参与仍面临社会支持不足、长远发展基金支持不足、专业知识受限、影响力不足等困境。生态安全屏障建设应聚焦于主体激励手段，在法律层面上矫正央地政府间的激励错配与政企之间的激励阻滞，规范各类激励手段的实施；通过市场激励制度设计和促进环保产业发展，真正解决市场主体在生态安全屏障建设中动力不足的困境；通过制度创新，改善公众参与生态安全屏障建设的方式，增加其参与程度与广度，鼓励和促进公众参与生态安全屏障建设。

四、培育生态交易市场，注入生态安全屏障建设内核

产权明晰前提下的生态交易是生态安全屏障建设的市场基础。产权明晰是生态交易开展的前提，法律保障机制从法律层面上确定生态资源的产权，而立足生态交易，是要为生态安全屏障法治建设注入市场内核，充分利用市场机制和市场的资源配置作用，充分发挥企业的市场主体责任，开展环境治理的市场化尝试，培育和发展潜在第三方治理的专业化市场。当前，生态补偿、水权交易、排污权交易与碳排放权交易等生态交易处于市场化探索初期，应培育产权交易市场与第三方治理市场，即

污染治理和生态恢复方面的专业化市场，在制度设计上明确产权交易规则、规范交易秩序，同时建设并规范生态资源交易平台和开发生态资源金融产品。

五、严格主体责任追究，筑牢生态安全屏障建设底线

生态安全屏障建设法律保障机制的核心是确定参与主体的责任分配，通过责任追究机制落实主体责任。生态安全屏障建设的责任分配困境表现为多元协同治理模式下主体生态治理权力分散。地方政府是生态环境保护的主要责任主体，但现行生态环境法律法规重地方政府生态环境权力、轻地方政府生态环境义务，重追究行政相对人责任、轻地方政府生态环境责任问责，导致地方政府不履行生态环境责任或履行生态环境责任不到位。在严格主体责任追究的制度设计上，应注重生态环境行政问责与生态环境公益诉讼并举，追究参与主体的政治责任与法律责任。当前生态民事公益诉讼的手段与目的相背离，导致司法权与行政权错位。生态安全屏障建设争议解决应当遵循行政优先原则，优化环境公益诉讼与环境行政执法的关系，赋予社会组织提起行政公益诉讼的权利，注重环境公益诉讼制度内部职能的分工和衔接，如应当限制生态环境损害赔偿诉讼的适用范围。

参考文献

一、中文类

（一）著作

[1] 布朗. 建设一个可持续发展的社会 [M]. 祝友三，等译. 北京：科学技术文献出版社，1981：3.

[2] 布朗. 生态经济：有利于地球的经济构想 [M]. 林自新，戢守志，等译. 北京：东方出版社，2002.

[3] 布朗. 生态经济革命：拯救地球和经济的五大步骤 [M]. 台北：扬智文化事业股份有限公司，1999.

[4] 曾文慧. 越界水污染规制：对中国跨行政区流域污染的考察 [M]. 上海：复旦大学出版社，2007

[5] 胡锦涛. 高举中国特色社会主义伟大旗帜　为夺取全面建设小康社会新胜利而奋斗：在中国共产党第十七次全国代表大会上的报告 [M]. 北京：人民出版社，2007.

[6] 胡锦涛. 坚定不移沿着中国特色社会主义道路前进　为全面建成小康社会而奋斗：在中国共产党第十八次全国代表大会上的报告 [M]. 北京：人民出版社，2012.

[7] 黄德春，华坚，周燕萍. 长三角跨界水污染治理机制研究[M]. 南京: 南京大学出版社，2010.

[8] 江泽民. 全面建设小康社会 开创中国特色社会主义事业新局面: 在中国共产党第十六次全国代表大会上的报告[M]. 北京：人民出版社，2002.

[9] 科尔. 污染与财产权: 环境保护的所有权制度比较研究[M]. 严厚福，王社坤，译. 北京：北京大学出版社，2009.

[10] 李红利. 环境困境与科学发展：中国地方政府环境规制研究[M]. 上海：上海人民出版社，2012.

[11] 李永林. 环境风险的合作规制：行政法视角的分析[M]. 北京：中国政法大学出版社，2014.

[12] 李永宁. 生态保护与利益补偿法律机制问题研究[M]. 北京：中国政法大学出版社，2018.

[13] 曼昆. 经济学原理[M]. 梁小民，梁砾，译. 北京：北京大学出版社，2015.

[14] 彭本利，李爱年. 排污权交易法律制度理论与实践[M]. 北京：法律出版社，2017.

[15] 任世丹. 重点生态功能区生态补偿立法研究[M]. 北京: 法律出版社，2020.

[16] 世界环境与发展委员会. 我们共同的未来[M]. 王之佳，柯金亮，等译. 长春：吉林人民出版社，1997.

[17] 陶伦康，鄢本凤. 政府在节能减排中的生态责任研究[M]. 北京：科学出版社，2016.

[18] 王朝梁. 中国酸雨污染治理法律机制研究[M]. 北京：中国政法大学出版社，2012.

[19] 王文婷，黄家强. 大气污染治理政府间分担机制研究：以财税法为视野 [M]. 北京：法律出版社，2017.

[20] 王燕，张磊. 碳排放交易法律保障机制的本土化研究 [M]. 北京：法律出版社，2016.

[21] 王勇. 政府间横向协调机制研究：跨省流域治理的公共管理视界 [M]. 北京：中国社会科学出版社，2010.

[22] 习近平. 决胜全面建成小康社会 夺取新时代中国特色社会主义伟大胜利：在中国共产党第十九次全国代表大会上的报告 [M]. 北京：人民出版社，2017.

[23] 习近平. 习近平谈治国理政 [M]. 北京：外文出版社，2014.

[24] 谢庆奎. 中国地方政府体制概论 [M]. 北京：中国广播电视出版社，2004.

[25] 杨健燕. 低碳发展下环境治理体系理论创新及法律制度建构研究 [M]. 上海：立信会计出版社，2019.

[26] 余敏江，黄建洪. 生态区域治理中中央与地方府际间协调研究 [M]. 广州：广东人民出版社，2011.

[27] 云正明，刘金铜，等. 生态工程 [M]. 北京：气象出版社，1998.

[28] 张宝. 环境规制的法律构造 [M]. 北京：北京大学出版社，2018.

[29] 张红凤，张细松. 环境规制理论研究 [M]. 北京：北京大学出版社，2012.

[30] 张辉. 美国环境法研究 [M]. 北京：中国民主法制出版社，2016.

[31] 张新宇. 多元化环境治理体系理论框架与实现机制 [M]. 天津：天津社会科学院出版社，2021.

[32] 中共中央文献研究室. 习近平关于社会主义生态文明建设论述摘编 [M]. 北京：中央文献出版社，2017.

[33] 中共中央宣传部. 习近平总书记系列重要讲话读本 [M]. 北京：学习出版社，2014.

（二）期刊

[1] 白佳玉，程静. 论海洋生态安全屏障建设：理论起源与制度创新 [J]. 中国海洋大学学报（社会科学版），2016（6）：19–25.

[2] 博晓波. 三元模式归于二元模式：论环境公益救济诉讼体系之重构 [J]. 中国地质大学学报（社会科学版），2020，20（4）：34–47.

[3] 曹鼎新. 生态安全研究进展 [J]. 江西化工，2008（4）：54–56.

[4] 曾振，周剑峰，肖时禹. 基于生态干扰分析的城市生态安全格局构建及效益评估：以长沙市苏托垸为例 [J]. 现代城市研究，2014（9）：84–90.

[5] 柴宇，陆秀君，王铁良. 沈阳生态安全屏障：卧龙湖的退化原因分析与对策 [J]. 安徽农业科学，2006（20）：5312–5313.

[6] 陈柏峰. 土地发展权的理论基础与制度前景 [J]. 法学研究，2012，34（4）：99–114.

[7] 陈国阶. 对建设长江上游生态屏障的探讨 [J]. 山地学报，2002（5）：536–541.

[8] 陈海嵩. 环保督察制度法治化：定位、困境及其出路 [J]. 法学评论，2017，35（3）：176–187.

[9] 陈海嵩. 生态环境损害赔偿制度的反思与重构：宪法解释的视角 [J]. 东方法学，2018（6）：20–27.

[10] 陈海嵩. 中国环境法治的体制性障碍及治理路径：基于中央环保督察的分析 [J]. 法律科学（西北政法大学学报），2019，37（4）：149–159.

[11] 陈涛.压力传导及其非预期性后果：以霾污染治理为中心的讨论[J].中国地质大学学报（社会科学版），2018，18（1）：82–94.

[12] 陈涛.压力传导及其非预期性后果：以霾污染治理为中心的讨论[J].中国地质大学学报（社会科学版），2018，18（1）：82–94.

[13] 陈彤，刘维忠，柴军，等.新疆塔城老风口生态安全格局与可持续发展战略[J].新疆社科论坛，2004（1）：73–77.

[14] 陈伟.环境法典中的生态环境标准：属性、问题与体例[J].法学评论，2023，41（1）：164–175.

[15] 陈晓红，蔡思佳，汪阳洁.我国生态环境监管体系的制度变迁逻辑与启示[J].管理世界，2020，36（11）：160–172.

[16] 陈祎琬.生态文明视域中的环境教育制度探析[J].淮阴师范学院学报（自然科学版），2021，20（2）：156–159.

[17] 储金龙，王佩，顾康康，等.山水型城市生态安全格局构建与建设用地开发策略[J].生态学报，2016，36（23）：7804–7813.

[18] 崔晶.生态治理中的地方政府协作：自京津冀都市圈观察[J].改革，2013（9）：138–144.

[19] 崔胜辉，洪华生，黄云凤，等.生态安全研究进展[J].生态学报，2005（4）：861–868.

[20] 代云川，李迪强.生态屏障的内涵、评价体系、建设实践研究进展[J].地理科学进展，2022，41（10）：1969–1978.

[21] 党秀云，郭钰.跨区域生态环境合作治理：现实困境与创新路径[J].人文杂志，2020（3）：105–111.

[22] 邓新杰，朱晓荣.生态文明建设必须树立正确的政绩观[J].中小企业管理与科技（下旬刊），2010（6）：106.

[23] 邓志强，罗新星.环境管理中地方政府和中央政府的博弈分析[J].

管理现代化，2007（5）：19–21.

[24] 丁国民，高炳巡.论我国环境公益诉讼的归位与诉讼模式的选择[J].中国社会科学院研究生院学报，2016（6）：121–127.

[25] 杜辉.论制度逻辑框架下环境治理模式之转换[J].法商研究，2013，30（1）：69–76.

[26] 杜群.长江流域水生态保护利益补偿的法律调控[J].中国环境管理，2017，9（3）：30–36.

[27] 杜世勋，荣月静.山西省生态安全格局空间识别研究[J].水土保持研究，2017，24（6）：147–153，2.

[28] 范柏乃.我国地方政府信用缺失成因的实证调查[J].理论观察，2004（6）：38–41.

[29] 范伟.我国环境行政公益诉讼程序规则体系的构建[J].南京工业大学学报（社会科学版），2018，17（3）：60–67.

[30] 范战平.论我国环境污染第三方治理机制构建的困境及对策[J].郑州大学学报（哲学社会科学版），2015，48（2）：4–44.

[31] 冯琰玮，甄江红，马晨阳.干旱区城市生态安全格局优化研究：以内蒙古呼和浩特市为例[J].水土保持研究，2020，27（4）：336–341.

[32] 傅伯杰，欧阳志云，施鹏，等.青藏高原生态安全屏障状况与保护对策[J].中国科学院院刊，2021，36（11）：1298–1306.

[33] 高燕妮.试论中央与地方政府间的委托—代理关系[J].改革与战略，2009，25（1）：29–30，66.

[34] 耿言虎，陈涛.环保“土政策”：环境法失灵的一个解释[J].河海大学学报（哲学社会科学版），2013，15（1）：34–38，90.

[35] 耿玉超.全球气候治理中的中国选择[J].合作经济与科技，2022

（6）：13–17.
[36] 龚学德. 论公法制裁后环境民事公益诉讼中的重复责任 [J]. 行政法学研究，2019（5）：106–118.
[37] 巩固. 环境民事公益诉讼性质定位省思 [J]. 法学研究，2019，41（3）：127–147.
[38] 关文彬，谢春华，马克明，等. 景观生态恢复与重建是区域生态安全格局构建的关键途径 [J]. 生态学报，2003（1）：64–73.
[39] 郭施宏. 中央环保督察的制度逻辑与延续：基于督察制度的比较研究 [J]. 中国特色社会主义研究，2019（5）：83–91.
[40] 郭天威，陆春锋，王君櫹，等. 基于三生空间耦合的生态安全格局构建与优化：以扬州市为例 [J]. 南京农业大学学报（自然科学版），2021，45（5）：133–142.
[41] 何玲，贾启建，李超，等. 基于生态系统服务价值和生态安全格局的土地利用格局模拟 [J]. 农业工程学报，2016，32（3）：275–284.
[42] 贺年. 城市环境治理投入的中央政府与地方政府博弈 [J]. 天水行政学院学报，2013，14（1）：67–70.
[43] 侯鹏，高吉喜，陈妍，等. 中国生态保护政策发展历程及其演进特征 [J]. 生态学报，2021，41（4）：1656–1667.
[44] 侯鹏，杨旻，翟俊，等. 论自然保护地与国家生态安全格局构建 [J]. 地理研究，2017，36（3）：420–428.
[45] 胡海德，李小玉，杜宇飞. 大连城市生态安全格局的构建 [J]. 东北师大学报（自然科学版），2013，45（1）：138–143.
[46] 胡静. 环保组织提起的公益诉讼之功能定位：兼评我国环境公益诉讼的司法解释 [J]. 法学评论，2016，34（4）：168–176.

[47] 胡秋红，丛楠，殷国栋. 典型生态屏障区生态安全格局构建：以承德市为例 [J]. 生态学杂志，2021，40（9）：2914–2926.
[48] 胡小玲，张学军. 可持续发展战略选择与保护环境 [J]. 前沿，2003（10）：177–180.
[49] 黄麟，曹巍，徐新良，等. 西藏生态安全屏障保护与建设工程的宏观生态效应 [J]. 自然资源学报，2018，33（3）：398–411.
[50] 黄智洵，王飞飞，曹文志. 耦合生态系统服务供求关系的生态安全格局动态分析：以闽三角城市群为例 [J]. 生态学报，2018，38（12）：4327–7340.
[51] 黄智洵，王飞飞，曹文志. 耦合生态系统服务供求关系的生态安全格局动态分析：以闽三角城市群为例 [J]. 生态学报，2018，38（12）：4327–4340.
[52] 纪建文. 从排污收费到排污权交易与碳排放权交易：一种财产权视角的观察 [J]. 清华法学，2012，6（5）：66–72.
[53] 江必新. 中国环境公益诉讼的实践发展及制度完善 [J]. 法律适用，2019（1）：5–12.
[54] 姜珂，游达明. 基于央地分权视角的环境规制策略演化博弈分析 [J]. 中国人口·资源与环境，2016，26（9）：139–148.
[55] 姜明安. 行政法的基本原则 [J]. 中外法学，1989（1）：4.
[56] 蒋光贵. 从十六大到十八大党对生态文明建设的认识历程 [J]. 上海党史与党建，2013（4）：7–9.
[57] 蒋蕾，孙丽娜，韩维峥. 长春都市圈西北部生态安全屏障建设策略 [J]. 规划师，2020，35（S2）：75–80.
[58] 晋松. 困惑与突破：环境司法保护的诉讼模式：基于行政公益诉讼制度构思的反思 [J]. 法律适用，2014（2）：69–74.

[59] 靳文辉. 弹性政府：风险社会治理中的政府模式 [J]. 中国行政管理，2012（6）：22–25.

[60] 景永才，陈利顶，孙然好. 基于生态系统服务供需的城市群生态安全格局构建框架 [J]. 生态学报，2018，38（12）：4121–4131.

[61] 康艳青，毛柯予，朱永明. 成本分担下黄河流域跨省生态补偿利益均衡分析 [J]. 人民黄河，2023，45（3）：79–84.

[62] 蓝颖春. 首届联合国环境大会：共论可持续发展 [J]. 地球，2014（7）：54–57.

[63] 李冠煜. 环境犯罪刑事责任新论 [J]. 时代法学，2015，13（5）：35–42.

[64] 李国煜，林丽群，伍世代，等. 生态源地识别与生态安全格局构建研究：以福建省福清市为例 [J]. 地域研究与开发，2018，37（3）：120–125.

[65] 李慧明. 气候变化、综合安全保障与欧盟的生态现代化战略 [J]. 欧洲研究，2015，33（5）：18–34，5.

[66] 李莉. 环境保护中不可忽视的力量：环境 NGO[J]. 中国环境管理丛书，2006（3）：11–13，16.

[67] 李月辉，胡志斌，高琼，等. 沈阳市城市空间扩展的生态安全格局 [J]. 生态学杂志，2007（6）：875–881.

[68] 李宗尧，杨桂山，董雅文. 经济快速发展地区生态安全格局的构建：以安徽沿江地区为例 [J]. 自然资源学报，2007（1）：106–113.

[69] 梁春艳. 我国环境公益诉讼的模式选择 [J]. 郑州大学学报（哲学社会科学版），2015，48（6）：46–50.

[70] 廖华. 民族自治地方重点生态功能区负面清单制度检视 [J]. 民族研究，2020（2）：56–68，142–143.

[71] 林莉红，邓嘉咏. 论生态环境损害赔偿诉讼与环境民事公益诉讼之关系定位 [J]. 南京工业大学学报（社会科学版），2020，19（1）：37–46，111.

[72] 刘超. 论环境标准制度的环境侵权救济功能 [J]. 华侨大学学报（哲社版），2014（3）：107–115.

[73] 刘国华. 西南生态安全格局形成机制及演变机理 [J]. 生态学报，2016，36（22）：7088–7091.

[74] 刘加林，李素桃，李晚芳，等. 西部生态脆弱区生态保护红线划定与生态安全格局耦合问题探析 [J]. 青海社会科学，2016（6）：64–68，76.

[75] 刘江，谢遵博，王千慧，等. 北方防沙带东部区生态安全格局构建及优化 [J]. 生态学杂志，2021，40（11）：3412–3424.

[76] 刘兰. 全球极端天气走向常态化 [J]. 生态经济，2021，37（9）：5–8.

[77] 刘奇，张金池. 基于比较分析的中央环保督察制度研究 [J]. 环境保护，2018，46（11）：51–54.

[78] 刘伟忠. 政策失败的执行主体因素考量 [J]. 社会科学家，2006（5）：80–84.

[79] 刘洋，蒙吉军，朱利凯. 区域生态安全格局研究进展 [J]. 生态学报，2010，30（24）：6980–6989.

[80] 刘友宾. 环境保护与可持续发展教育：在中日以水为主题的环境与可持续发展教育研讨会上的致辞 [J]. 环境教育，2007（12）：61–62.

[81] 卢慧婷，严岩，赵春黎，等. 雄安新区多尺度生态安全格局构建框架 [J]. 生态学报，2020，40（20）：7105–7112.

[82] 罗丹. 策略博弈、约束性激励与规制“软化”：环境规制的悖论

及其治理 [J]. 北京理工大学学报（社会科学版），2021，23（5）：43–53.

[83] 吕文广. 生态安全屏障建设中的生态补偿政策效益评价：以甘肃省退耕还林还草为例 [J]. 甘肃行政学院学报，2017（4）：105–116.

[84] 马才学，杨蓉萱，柯新利，等. 基于生态压力视角的长三角地区生态安全格局构建与优化 [J]. 长江流域资源与环境，2022，31（1）：135–147.

[85] 马克明，傅伯杰，黎晓亚，等. 区域生态安全格局：概念与理论基础 [J]. 生态学报，2004（4）：761–768.

[86] 马永欢，吴初国，苏利阳，等. 重构自然资源管理制度体系 [J]. 中国科学院院刊，2017，32（7）：757–765.

[87] 蒙吉军，周平，艾木入拉，等. 鄂尔多斯主体功能区划分及其土地可持续利用模式分析 [J]. 资源科学报，2011，33（9）：1674–1683.

[88] 蒙吉军，朱利凯，杨倩，等. 鄂尔多斯市土地利用生态安全格局构建 [J]. 生态学报，2012，32（21）：6755–6766.

[89] 苗爱民. 深入理解习近平生态文明思想的三个维度 [J]. 中共山西省委党校学报，2019，42（2）：113–117.

[90] 牟雪洁，黄金，饶胜，等. 国家重点生态功能区产业准入负面清单制度的现状、问题与优化建议 [J]. 中国环境管理，2022，14（3）：38–47.

[91] 聂义明. 建国以来中国共产党生态文明认识历程及特点 [J]. 农村经济与科技，2020，31（23）：47–49.

[92] 宁清同. 刑事生态修复责任初论 [J]，深圳社会科学，2022，5（1）：

96–111，125.
[93] 欧阳洁，张静堃，张克中. 促进生态创新的财税政策体系探究 [J]. 税务研究，2020（9）：105–110.
[94] 潘峰，西宝，王琳. 地方政府间环境规制策略的演化博弈分析 [J]. 中国人口·资源与环境，2014，24（6）：97–102.
[95] 潘峰，西宝，王琳. 环境规制中地方政府与中央政府的演化博弈分析 [J]. 运筹与管理，2015，24（3）：88–93，204.
[96] 潘华，李暑霏. 生态资源资产的产权制度及产权交易机制研究 [J]. 昆明理工大学学报（社会科学版），2017，17（2）：58–64.
[97] 潘开文，吴宁，潘开忠，等. 关于建设长江上游生态屏障的若干问题的讨论 [J]. 生态学报，2004（3）：617–629.
[98] 彭德胜. 生态安全格局构建策略：以锦绣天府国际健康谷生态安全格局专项规划为例 [J]. 规划师，2018，34（6）：68–73.
[99] 彭建，赵会娟，刘焱序，等. 区域生态安全格局构建研究进展与展望 [J]. 地理研究，2017，36（3）：407–419.
[100] 戚建刚，余海洋. 论作为运动型治理机制之“中央环保督察制度”：兼与陈海嵩教授商榷 [J]. 理论探讨，2018（2）：157–164.
[101] 秦鹏，唐道鸿，田亦尧. 环境治理公众参与的主体困境与制度回应 [J]. 重庆大学学报（社会科学版），2016，22（4）：126–132.
[102] 秦晓楠，卢小丽，武春友. 国内生态安全研究知识图谱：基于 Citespace 的计量分析 [J]. 生态学报，2014，34（13）：3693–3703.
[103] 邱倩，江河. 论重点生态功能区产业准入负面清单制度的建立 [J]. 环境保护，2016，44（14）：41–44.
[104] 任世丹. 重点生态功能区生态补偿法律关系研究 [J]. 湖北大学学报

（哲学社会科学版），2013，40（5）：107–110.
[105] 任兆昌. 村民代表的参政成本与理性无知：以普洱市文村为例 [J]. 云南农业大学学报（社会科学版），2012，6（3）：11–16，21.
[106] 史振华，程婕，王百田. 天津市城镇扩展生态安全格局初探 [J]. 干旱区资源与环境，2009，23（5）：11–14.
[107] 四川省林学会办公室. 四川省林学会建设长江上游生态屏障学术研讨会纪要 [J]. 四川林业科技，2002（1）：41–43.
[108] 宋丽弘，唐孝辉. 我国草原生态补偿制度探析 [J]. 理论与现代化，2012（2）：60–64.
[109] 宋丽弘，唐孝辉. 我国草原生态补偿制度探析 [J]. 理论与现代化，2012（2）：60–64.
[110] 宋马林，崔连标，周远翔. 中国自然资源管理体制与制度：现状、问题及展望 [J]. 自然资源学报，2022，37（1）：1–16.
[111] 苏泳娴，张虹鸥，陈修治，等. 佛山市高明区生态安全格局和建设用地扩展预案 [J]. 生态学报，2013，33（5）：1524–1534.
[112] 孙海燕，王泽华，罗靖. 国内外生态安全屏障建设的经验与启示 [J]. 昆明理工大学学报（社会科学版），2016，16（5）：19–25.
[113] 孙鸿烈，郑度，姚檀栋，等. 青藏高原国家生态安全屏障保护与建设 [J]. 地理学报，2012，67（1）：3–12.
[114] 孙翔，王玢，董战峰. 流域生态补偿：理论基础与模式创新 [J]. 改革，2021（8）：145–155.
[115] 孙小丽，马丁丑，邱芳. 甘肃国家生态安全屏障制度化保障机制构建研究 [J]. 资源开发与市场，2016，32（4）：468–472.
[116] 孙志建. 迈向助推型政府监管：机理、争论及启示 [J]. 甘肃行政学院学报，2018（4）：57–66，127.

[117] 锁利铭. 地方政府区域合作治理转型：困境与路径 [J]. 晋阳学刊，2014（5）：115–126.

[118] 覃家科，符如灿，农胜奇，等. 广西北部湾生态安全屏障保护与建设 [J]. 林业资源管理，2011（5）：30–35.

[119] 谭洁. 民族地区横向生态转移支付的法治化构建：以广西金秀瑶族自治县为例 [J]. 广西民族研究，2020（1）：128–135.

[120] 唐大为，邓佳，李锦龙，等. 潘岳在接受媒体采访时强调全力防范我国结构性环境风险 [[J]. 环境保护，2006（4）：22–26.

[121] 唐啸，陈维维. 动机、激励与信息：中国环境政策执行的理论框架与类型学分析 [J]. 国家行政学院学报，2017（1）：76–81，127–128.

[122] 田青，李宗杰，宋玲玲，等. 甘肃河西地区 1986—2011 年水土保持生态安全格局 [J]. 中国沙漠，2014，34（6）：1692–1698.

[123] 田新程. 振奋！林业再绘宏伟蓝图：2011 年全国林业厅局长会议综述 [J]. 中国林业，2011（2）：4–7.

[124] 涂正革，邓辉，甘天琦. 公众参与中国环境治理的逻辑：理论、实践和模式 [J]. 华中师范大学学报（人文社会科学版），2018，57（3）：49–51.

[125] 万勇，杨思雅. 完善流域生态补偿机制研究：以安徽省为例 [J]. 地方财政研究，2021（6）：60–67.

[126] 汪万发，许勤华. 推动生态文明建设与 2030 年可持续发展议程对接 [J]. 国际展望，2021，13（4）：134–151+157–158.

[127] 王柏东. 我国政府环境问责问题研究 [D]. 长春：吉林财经大学，2016.

[128] 王斌，杨振姣. 基于海洋生态质量目标识别的海洋生态安全格局

研究 [J]. 海洋环境科学，2018，37（1）：33–37.
[129] 王灿发，周鹏. 环保督察问责机制困局与消弭径路 [J]. 湘潭大学学报（哲学社会科学版），2021，45（6）：61–64.
[130] 王海峰. 地方政府环境规制悖论的成因及其治理 [J]. 行政论坛，2016，23（1）：72–77.
[131] 王浩，马星，杜勇. 基于生态系统服务重要性和生态敏感性的广东省生态安全格局构建 [J]. 生态学报，2021，41（5）：1705–1715.
[132] 王佳雪，刘春芳，张世虎. 北方防沙带典型县域生态安全格局研究 [J]. 生态学报，2022，42（10）：3989–3997.
[133] 王梦浛. 环境污染治理中府际合作模式效果研究：基于典型事件的多案例分析 [J]. 河北北方学院学报（社会科学版），2018，34（3）：86–93.
[134] 王明远. 论我国环境公益诉讼的发展方向：基于行政权与司法权关系理论的分析 [J]. 中国法学，2016（1）：49–68.
[135] 王伟霞，张磊，董雅文，等. 基于沿江开发建设的生态安全格局研究：以九江市为例 [J]. 长江流域资源与环境，2009，18（2）：186–191.
[136] 王曦. 论环境公益诉讼制度的立法顺序 [J]. 清华法学，2016，10（6）：101–114.
[137] 王曦. 我国环境公益诉讼制度设计的弊端与改进 [J]. 昆明理工大学学报（社会科学版），2021，21（1）：1–8.
[138] 王夏晖，何军，牟雪洁，等. 中国生态保护修复 20 年：回顾与展望 [J]. 中国环境管理，2021，13（5）：85–92.
[139] 王小丹，程根伟，赵涛，等. 西藏生态安全屏障保护与建设成效

评估 [J]. 中国科学院院刊，2017，32（1）：29–34.

[140] 王晓玉，冯喆，吴克宁，等. 基于生态安全格局的山水林田湖草生态保护与修复 [J]. 生态学报，2019，39（23）：8725–8732.

[141] 王雪然，万荣荣，潘佩佩. 太湖流域生态安全格局构建与调控：基于空间形态学——最小累积阻力模型 [J]. 生态学报，2022，42（5）：1968–1980.

[142] 王永生. 在人与自然和谐共生中开好局、起好步：对第 52 个世界地球日主题的解读 [J]. 南方国土资源，2021（5）：11–14.

[143] 王玉宽，孙雪峰，邓玉林，等. 对生态屏障概念内涵与价值的认识 [J]. 山地学报，2005（4）：4431–4436.

[144] 王玉莹，金晓斌，沈春竹，等. 东部发达区生态安全格局构建：以苏南地区为例 [J]. 生态学报，2019，39（7）：2298–2310.

[145] 王云，潘竟虎. 基于生态系统服务价值重构的干旱内陆河流域生态安全格局优化：以张掖市甘州区为例 [J]. 生态学报，2019，39（10）：3455–3467.

[146] 王振波，梁龙武，方创琳，等. 京津冀特大城市群生态安全格局时空演变特征及其影响因素 [J]. 生态学报，2018，38（12）：4132–4144.

[147] 王振生. 刑罚个别化问题再研究 [J]. 政治与法律，2007（2）：110–115.

[148] 王智睿，陈纪. 中国环境管理体制改革的历史脉络与发生机理：基于历史制度主义视角的考察 [J]. 暨南学报（哲学社会科学版），2022，44（9）：121–132.

[149] 韦家怡，李铖，吴志峰，等. 粤港澳大湾区生态安全格局及重要生态廊道识别 [J]. 生态环境学报，2022，31（4）：652–662.

[150] 魏家星，张昱镇，连紫璇，等. 基于生态供需空间的区域生态安全格局构建研究：以苏南城市群为例 [J]. 长江流域资源与环境，2022，31（2）：387–397.

[151] 魏勇，范志東，孙雷，等. 中国公众环境意识的现状与影响因素 [J]. 科普研究，2017，12（3）：33–38，106.

[152] 邬志龙，杨济瑜，谢花林. 南方丘陵山区生态安全格局构建与优化修复：以瑞金市为例 [J]. 生态学报，2022，42（10）：3998–4010.

[153] 吴昌广，李生，任华东，等.USLE/RUSLE 模型中植被覆盖管理因子的遥感定量估算研究进展 [J]. 应用生态学报，2012，23（6）：1728–1732.

[154] 吴健生，岳新欣，秦维. 基于生态系统服务价值重构的生态安全格局构建：以重庆两江新区为例 [J]. 地理研究，2017，36（3）：429–440.

[155] 吴健生，张理卿，彭建，等. 深圳市景观生态安全格局源地综合识别 [J]. 生态学报，2013，33（13）：4125–4133.

[156] 吴健生，钟晓红，彭建，等. 基于生态系统服务簇的小尺度区域生态用地功能分类：以重庆两江新区为例 [J]. 生态学报，2015，35（11）：3808–3816.

[157] 吴舜泽，刘越，俞海. 全国生态环境保护大会三大成果的理论思考 [J]. 环境保护，2018，46（11）：12–16.

[158] 向佐群，张思琪.2010 年以来我国重大突发环境事件行政问责实证研究 [J]. 中南林业科技大学学报（社会科学版），2018，12（5）：41–48.

[159] 肖笃宁，陈文波，郭福良. 论生态安全的基本概念和研究内容 [J].

应用生态学报，2002（3）：354–358.
[160] 肖国兴. 论中国节能减排的法律路径 [J]. 郑州大学学报（哲学社会科学版），2010，43（6）：55–60.
[161] 肖建华，秦立春. 两型社会建设中府际非合作与治理 [J]. 湖南师范大学社会科学学报，2011，40（2）：38–42.
[162] 谢花林. 土地利用生态安全格局研究进展 [J]. 生态学报，2008（12）：6305–6311.
[163] 谢庆奎. 中国政府的府际关系研究 [J]. 北京大学学报（哲学社会科学版），2010（1）：26–34.
[164] 谢伟. 德国环境团体诉讼制度的发展及其启示 [J]. 法学评论，2013，31（2）：110–115.
[165] 熊玮，郑鹏. 江西国家重点生态功能区实行产业准入的负面清单研究 [J]. 老区建设，2018（16）：40–43.
[166] 熊文，邱凉. 城乡一体化景观生态安全格局研究初探：广州市城乡一体生态安全格局分析 [J]. 水利渔业，2006（2）：63–66.
[167] 徐德琳，邹长新，徐梦佳，等. 基于生态保护红线的生态安全格局构建 [J]. 生物多样性，2015，23（6）：740–746.
[168] 徐海静. 风险社会视域下环境治理模式的重构 [J]. 沈阳师范大学学报（社会科学版），2017，41（1）：86–90.
[169] 徐顺青，程亮，陈鹏，等. 我国生态环境财税政策历史变迁及优化建议 [J]. 中国环境管理，2020，12（3）：32–39.
[170] 徐以祥. 我国环境公益诉讼的模式选择：兼评环境行政公益诉讼为主模式论 [J]. 西南民族大学学报（人文社会科学版），2017，38（10）：86–94.
[171] 许光建，魏嘉希. 我国重点生态功能区产业准入负面清单制度配

套财政政策研究 [J]. 中国行政管理，2019（1）：10–16.

[172] 许珂，周伟. 区域生态环境治理中地方政府合作的困境与突破 [J]. 领导科学，2020（4）：7–11.

[173] 许晓彤，常军. 基于“山水林田湖草泉”系统的济南市生态安全格局构建 [J]. 水土保持通报，2022，42（1）：208–216.

[174] 薛红燕，王怡，孙菲，等. 基于多层委托—代理关系的环境规制研究 [J]. 运筹与管理，2013，22（6）：249–255.

[175] 颜海娜，曾栋. 河长制水环境治理创新的困境与反思：基于协同治理的视角 [J]. 北京行政学院学报，2019（2）：7–17.

[176] 燕继荣. 协同治理：公共事务治理新趋向 [J]. 人民论坛·学术前沿，2021（17）：58–62.

[177] 杨冬生. 论建设长江上游生态屏障 [J]. 四川林业科技，2002（1）：1–6.

[178] 杨海龙，杨艳昭，封志明. 自然资源资产产权制度与自然资源资产负债表编制 [J]. 资源科学，2015，37（9）：1732–1739.

[179] 杨姗姗，邹长新，沈渭寿，等. 基于生态红线划分的生态安全格局构建：以江西省为例 [J]. 生态学杂志，2015（1）：250–258.

[180] 杨天荣，匡文慧，刘卫东，等. 基于生态安全格局的关中城市群生态空间结构优化布局 [J]. 地理研究，2017，36（3）：441–452.

[181] 叶托. 环保社会组织参与环境治理的制度空间与行动策略 [J]. 中国地质大学学报（社会科学版），2018，18（6）：50–57.

[182] 叶鑫，邹长新，刘国华，等. 生态安全格局研究的主要内容与进展 [J]. 生态学报，2018，38（10）：3382–3392.

[183] 叶鑫，邹长新，刘国华，等. 生态安全格局研究的主要内容与进展 [J]. 生态学报，2018，38（10）：3382–3392.

[184] 易浪，孙颖，尹少华，等. 生态安全格局构建：概念、框架与展望 [J]. 生态环境学报，2022，31（4）：845–856.

[185] 银秋华. “两型社会”建设与环境法的完善 [J]. 长沙民政职业技术学院学报，2008，15（4）：46–48.

[186] 游达明，邓亚玲，夏赛莲. 基于竞争视角下央地政府环境规制行为策略研究 [J]. 中国人口·资源与环境，2018，28（11）：120–129.

[187] 余亚梅，唐贤兴. 政府部门间合作与中国公共管理的变革：对“运动式治理”的再解释 [J]. 江西社会科学，2012，32（9）：172–177.

[188] 余瑛，聂泽仙. 镇江市十里长山智谷的生态安全格局规划研究 [J]. 中国农业资源与区划，2015，36（2）：125–130.

[189] 俞孔坚，李迪华，段铁武. 生物多样性保护的景观规划途径 [J]. 生物多样性，1998（3）：45–52.

[190] 俞孔坚，王思思，李迪华，等. 北京市生态安全格局及城市增长预景 [J]. 生态学报，2009，29（3）：1189–1204.

[191] 虞慧怡，张林波，李岱青，等. 生态产品价值实现的国内外实践经验与启示 [J]. 环境科学研究，2020，33（3）：685–690.

[192] 郁建兴，刘殷东. 纵向政府间关系中的督察制度：以中央环保督察为研究对象 [J]. 学术月刊，2020，52（7）：69–80.

[193] 袁野阳光. 论公众参与作为环境法基本原则的多维证立 [J]. 环境法评论，2022：64–81.

[194] 湛中乐，尹婷. 环境行政公益诉讼的发展路径 [J]. 国家检察官学院学报，2017，25（2）：49–58，171.

[195] 张风娟. 推进环境教育应对环境挑战 [J]. 环境与可持续发展，

2016，41（5）：97–98.
[196] 张慧，邱凯玉，王宇瑶，等. 农业主产区土地生态安全格局构建：以克东县为例 [J]. 水土保持研究，2021，28（6）：274–282.
[197] 张纪华. 划定并严守生态保护红线，筑牢西南生态安全屏障 [J]. 环境保护，2018，46（15）：75–78.
[198] 张家其，葛咏，吴宜进，等. 武陵山区生态安全格局演变分析 [J]. 地球信息科学学报，2016，18（3）：315–324.
[199] 张立锋. 用能权相关法律问题辨析 [J]. 河北科技大学学报（社会科学版），2017，17（4）：33–39.
[200] 张利，张乐，王观湧，等. 基于景观安全格局的曹妃甸新区生态基础设施构建研究 [J]. 土壤，2014，46（3）：555–561.
[201] 张林波，陈鑫，梁田，等. 我国生态产品价值核算的研究进展、问题与展望 [J]. 环境科学研究，2023，36（4）：743–756.
[202] 张林波，虞慧怡，郝超志，等. 国内外生态产品价值实现的实践模式与路径 [J]. 环境科学研究，2021（6）：1407–1416.
[203] 张萌，刘吉平，赵丹丹. 吉林省西部生态安全格局构建 [J]. 干旱区地理，2021，44（6）：1676–1685.
[204] 张敏. 内蒙古边境牧区生态安全屏障建设路径研究 [J]. 内蒙古社会科学，2021，42（5）：207–212.
[205] 张首先. 中国生态文明建设的发展战略及现实运动 [J]. 大连干部学刊，2011，27（3）：33–36.
[206] 张玉虎，于长青，塔西甫拉提. 风景区生态安全格局构建方法研究：以北京妙峰山风景区为例 [J]. 干旱区研究，2008，25（3）：420–424.
[207] 章平，许志成，闫佳. 制度如何激发社会合作：基于公共品博弈

实验的前沿理论综述 [J]. 经济与管理评论，2015，31（1）：26-33.
[208] 赵筱青，谭琨，易琦，等. 典型高原湖泊流域生态安全格局构建：以杞麓湖流域为例 [J]. 中国环境科学，2019，39（2）：768-777.
[209] 赵旭光. 生态环境执法与刑事司法衔接中的证据问题及解决 [J]. 证据科学，2017，25（5）：547-557.
[210] 郑晓燕，何东进，游巍斌，等. 闽东地区生态安全格局及空间发展模式特征 [J]. 重庆师范大学学报（自然科学版），2013，30（2）：108-114，135.
[211] 钟祥浩，刘淑珍，王小丹，等. 西藏高原国家生态安全屏障保护与建设 [J]. 山地学报，2006（2）：129-136.
[212] 周大杰，董文娟，孙丽英，等. 流域水资源管理中的生态补偿问题研究 [J]. 北京师范大学学报（社会科学版），2005（4）：131-135.
[213] 周建. 环境保护进入以环境优化经济增长的新阶段 [J]. 中国发展观察，2007（4）：34-35.
[214] 周洁敏，寇文正. 中国生态屏障格局分析与评价 [J]. 南京林业大学学报（自然科学版），2009，33（5）：1-6.
[215] 周介元，孟丽红，吴绍雄，等. 浙江省生态安全格局时空演变特征及其影响因素 [J]. 水土保持通报，2020，40（6）：266-272，287.
[216] 周汝波，林媚珍，吴卓，等. 基于生态系统服务重要性的粤港澳大湾区生态安全格局构建 [J]. 生态经济，2020，36（7）：189-196.
[217] 周锐. 快速城镇化地区城镇扩展的生态安全格局 [J]. 城市发展研

究，2013，21（8）：82–87，100.
[218] 周伟. 合作型环境治理：跨域生态环境治理中的地方政府合作 [J]. 青海社会科学，2020（2）：76–83.
[219] 周文翠，于景志. 共建共享治理观下新时代环境治理的公众参与 [J]. 学术交流，2018（11）：46–51.
[220] 周亦峰. 西藏筑牢国家生态安全屏障的法治逻辑：以习近平生态文明思想为视域 [J]. 中国藏学，2021（4）：29–35.
[221] 周孜予. 环境行政问责：基于法治要义的规范分析 [J]. 南京大学学报（哲学·人文科学·社会科学），2015，52（5）：36–42.
[222] 朱陇强，郭泽呈，肖敏，等. 半干旱区县域生态安全格局构建研究：以临洮县为例 [J]. 生态学报，2022，42（14）：5799–5811.
[223] 朱应平. 澳大利亚行政公益诉讼原告资格探析 [J]. 行政法学研究，2012（3）：88–97.

（三）论文

[1] 蔡青. 基于景观生态学的城市空间格局演变规律分析与生态安全格局构建 [D]. 长沙：湖南大学，2012.
[2] 陈辉. 监察委员会处置权研究 [D]. 南京：东南大学，2020.
[3] 陈永林. 长株潭城市群生态空间变化与重构研究 [D]. 长沙：湖南师范大学，2018.
[4] 崔波. 中国低碳经济的国际合作与竞争 [D]. 北京：中共中央党校，2010.
[5] 邓志强. 我国工业污染防治中的利益冲突与协调研究 [D]. 长沙：中南大学，2009.
[6] 董张玉. 基于 GIS/RS 与多目标蚁群算法的三江平原沼泽湿地空间格局优化 [D]. 哈尔滨：中国科学院研究生院（东北地理与农业生

态研究所），2014.
[7] 段志国. 分权背景下的地方金融监管权研究 [D]. 北京：中央财经大学，2016.
[8] 何江. 环境公益诉讼程序协调论 [D]. 重庆：重庆大学，2019.
[9] 黄静文. 论环境刑事责任的发展与完善 [D]. 兰州：甘肃政法学院，2018.
[10] 黄璐. 基于生态系统连通性的湖南省生态安全格局构建 [D]. 长沙：湖南大学，2019.
[11] 兰莹. 论我国环境行政问责法律制度的完善 [D]. 武汉：武汉大学，2019.
[12] 李春娟. 改革开放以来中国环境政策及其实践走向 [D]. 呼和浩特：内蒙古大学，2010.
[13] 李汶. 我国节能减排政策法律完善研究 [D]. 咸阳：西北农林科技大学，2010.
[14] 李永宁. 生态利益国家补偿法律机制研究 [D]. 西安：长安大学，2011.
[15] 毛韫萦. 我国可燃冰开发环境风险管理机制研究 [D]. 武汉：武汉大学，2019.
[16] 彭毅. 资源型央企生态效率提升模式研究 [D]. 武汉：武汉理工大学，2011.
[17] 孙晓伟. 企业环境责任缺失：成因及治理：基于中国环境规制视角的研究 [D]. 成都：西南财经大学，2010.
[18] 唐惠敏. 央地关系法治化视域下地方政府施策能力研究 [D]. 合肥：安徽大学，2018.
[19] 滕明君. 快速城市化地区生态安全格局构建研究：以武汉市为例

[D]. 武汉：华中农业大学，2011.
[20] 王炜. 水资源公允配置理论研究 [D]. 北京：中国地质大学，2011.
[21] 杨永海. 环境健康风险规制中的公众参与法律保障研究 [D]. 武汉：华中科技大学，2021.
[22] 张崇清. 环境政策的有效性：以瓯海区水污染物总量控制政策为例 [D]. 上海：复旦大学，2010.
[23] 张慧. 基于生态服务功能的南京市生态安全格局研究 [D]. 南京：南京师范大学，2016.
[24] 张磊. 中国式分权下的地方政府环保职能研究：以官员政绩考评为视角 [D]. 长春：吉林大学，2014.
[25] 朱国华. 我国环境治理中的政府环境责任研究 [D]. 南昌: 南昌大学，2016.

（四）报纸

唐先武. 关注中国的生态安全 [N]. 科技日报，2002-03-15.

（五）网页

[1] 广东法院环境资源司法保护十大典型案例［EB/0L］.（2021-06-04）［2023-06-23］.http：//w ww.gdcourts.gov.cn/gsxx/quanweifabu/anlihuicui/content/mpost_1047104.html.
[2] 广东高院发布服务保障绿美广东生态建设典型案例［EB/0L］.（2023-06-02）［2023-06-23］.https：//www.gdzf.org.cn/zwgd/content/post_133865.html.
[3] 广东省惠州市惠城区人民法院发布涉环境资源保护六大典型案例［EB/0L］.（2022-09-15）［2023-06-23］.https：//www.pkulaw.com/pal/a3ecfd5d734f711d100522eabb6ef14020b811e1803b697fbdfb.html?way=listView.

[4] 南京市人民政府.《南京市环境教育促进办法》解读［EB/0L］.（2015-11-26）［2023-06-29］.https：//www.nanjing.gov.cn/zdgk/201511/t20151126_1056701.html.

[5] 人民法院报发布2016年度人民法院十大民事行政案件［EB/0L］.（2017-01-07）［2023-06-03］.https：//www.pkulaw.com/pal/a3ecfd5d734f711df1081a2a94c983130332a48f4da912cbbdfb.html.

[6] 最高人民法院发布10个长江流域生态环境司法保护典型案例［EB/0L］.（2021-02-25）［2023-06-03］.https：//www.pkulaw.com/chl/43893ca669d1a8c1bdfb.html.

[7] 最高人民检察院发布二十三起检察公益诉讼起诉典型案例之十四：吉林省德惠市人民检察院督促履行环境保护监管职责行政公益诉讼起诉案［EB/0L］.（2021-09-15）［2023-07-01］.https：//www.pkulaw.com/pfnl/c05aeed05a57db0a46da3d45ea3692a22f1b92673b922213bdfb.html.

[8] 最高人民检察院公布26起检察机关提起公益诉讼试点工作典型案例［EB/0L］.（2017-06-30）［2023-06-23］.http：//www.pkulaw.cn/fulltext_form.aspx?Db=chl&Gid=564a642514ddc122bdfb&isFromV6=1.

[9] 最高人民检察院指导案检例第31号：福建省清流县人民检察院诉清流县环保局行政公益诉讼案［EB/0L］.（2017-09-14）［2022-04-13］.http：//www.yasjicy.gov.cn/ms/article.html?id=984.

二、外文类

[1] ARORA S，GANGOPADHYAY S. Towarda the oretical model of voluntaryovercompliance[J]. Journal of Economic Behavior and

Organization，2004，28（3）：289-309.
[2] BENEDICT M A，MCMAHON E T.Green infrastructure：Smart conservation for the 21st century [J].Renewable Resources Journal，2002，20（3）：12-17.
[3] COSTANZA R. Social goals and the valuation of ecosystem services[J]. Ecosystems，2003，3（1）：2-3.
[4] ELMQVIST T，FRAGKIAS M，GOODNESS J，et al.Urbanization biodiversity and ecosystem services：Challenges and opportunities [M]. New York & London：Springer Dordrecht Heidelberg，2013：31-52.
[5] ESBAH H，COOK E A，EWAN J.Effects of increasing urbanization on the ecological integrity of open space preserves [J].Environmental Management，2009，43（5）：846-862.
[6] HACKETT S C.Self-regulation and social welfare：the political economy of corporate environmentalism［J］.The Journal of Law and Economics，1995，43（2）：6-7.
[7] HAINES A.Redefining security[J].Medicine，conflict，and survival，2009，25（4）：282-285.
[8] KONG F H，YIN H W，NAKAGOSHI N，et al. Urban green space network development for biodiversity conservation：Identification based on graph theory and gravity modeling [J]. Landscape and Urban Planning，2010，95（1-2）：16-27.
[9] LI W，HIGGINSP.Controlling local environmental performance：ananalys is of three national environmental management programs in the context of regional disparities in China[J].Journal of Contemporary China，2013，22（81）：409-427.

[10] PROBST A，MARKOM， KMETKO L. Ecosystem health：The state of the planet[J].Nature，2002，417（6885）：112–113.

[11] SEGAL G，LIEBERTHAL K，OKSENBERG M.Policy–making in China：Leaders，structures，and processes[M].International Affairs，1990，65（2）：379.

[12] WU Y Z，SUN X F，SUN L S，et al.Optimizing the governance model of urban villages based on integration of inclusiveness and urban service boundary （USB）：A Chinese case study [J].Cities, 2020, 96（1）：24–27.